Karl Friedrich Freiherr von Rumohr lebte von 1785 bis 1843.
»Er war ein merkwürdiger Mann und führte ein am Ende wohl zu preisendes Leben. Ein Dilettant, wie von Goethe geschätzt! Ihn ergötzten noch die Geschäfte, die er sich auflud. Fast war er ein Poet, zu seinem Vergnügen ein Schriftsteller. Doch wie ein professioneller Literat wußte er um die Vergeblichkeit des Strebens. Das gab ihm eine artige Melancholie. Aus seinem Stande war er, was jedermann gern wäre, wohlgeboren, reich, unabhängig, gebildet, ein Gelehrter aus tätiger Muße, ein entzückter Kunstkenner, ein glücklicher Sammler, ein Liebhaber am Rande der romantischen Bewegung, ein Gast, ein Mäzen bei den deutschen Künstlern in Rom, ein zuhörender Freund, ein wohlwollender Egoist, selbst ein Egotist im Sinne Stendhals, doch nicht frei von schlechtem Gewissen. ... Rumohr erreichte in Deutschland mit seinem Kochbuch nichts. Die Hausfrauen verkochen und vermanschen die Gottesgaben, und die feine, die bürgerliche und die Hotelküche begnügen sich mit dem Allerweltsabklatsch der französischen. Rumohr lebt im Gedächtnis der Literaturkenner und Tafelfreunde, doch sein Geist kommt nicht auf den Tisch.« *Wolfgang Koeppen*
Rumohrs *Geist der Kochkunst* erschien 1822. Drei Jahre später in Paris die *Physiologie des Geschmacks* von Brillat-Savarin. Beide kannten sich nicht und hätten sich, wie Wolfgang Koeppen meint, auch wohl nicht gemocht. Ein Kapitel aus Rumohrs Buch heißt »Von der Erziehung zum Kochen«. In ihm entwickelt er auch seinen Hauptgrundsatz: »Die Erziehung zum Kochen findet also, wie unser Werk hinreichend ins Licht setzt, in Beziehung auf die Kochkunst selbst, ganz und gar keine Schwierigkeit. Nichts ist wohl leichter, als die Auffassung des Grundsatzes: ›Entwickle aus jedem eßbaren Dinge, was dessen natürlicher Beschaffenheit am meisten angemessen ist.‹«

insel taschenbuch 326

Rumohr

Geist der Kochkunst

Karl Friedrich von Rumohr

Geist der Kochkunst

Vorwort
von Wolfgang Koeppen

Insel Verlag

insel taschenbuch 326
Erste Auflage 1978

Vertrieb durch den Suhrkamp Taschenbuch-Verlag
Umschlag nach Entwürfen von Willy Fleckhaus
Satz: Fotosatz Tutte, Salzweg-Passau
Druck: Ebner, Ulm
Printed in Germany

Vorwort
von Wolfgang Koeppen

Karl Friedrich Freiherr von Rumohr lebte von 1785 bis 1843 in Sachsen, Preußen, Bayern, Holstein, Italien. Die von der englischen Krone abgefallenen Staaten von Amerika etablierten sich in der Geschichte, Franzosen entzündeten das unauslöschliche Feuer der Freiheit, Napoleon stieg auf und fiel, Europas Fürsten blieben blind, Goethe wirkte hin, die Klassik geriet unter die Fuchtel der Schulmeister, die Moderne war romantisch, drängte vor und schritt zurück. Freiherr Karl Friedrich von Rumohr starb in Dresden beim Frühstück, das Novalis die Knospe des Tages nannte.
Er war ein merkwürdiger Mann und führte ein am Ende wohl zu preisendes Leben. Ein Dilettant, wie von Goethe geschätzt! Ihn ergötzten noch die Geschäfte, die er sich auflud. Fast war er ein Poet, zu seinem Vergnügen ein Schriftsteller. Doch wie ein professioneller Literat wußte er um die Vergeblichkeit des Strebens. Das gab ihm eine artige Melancholie. Aus seinem Stand war er, was jedermann gern wäre, wohlgeboren, reich, unabhängig, gebildet, ein Gelehrter aus tätiger Muße, ein entzückter Kunstkenner, ein glücklicher Sammler, ein Liebhaber am Rande der romantischen Bewegung, ein Gast, hoffentlich ein Mäzen bei den deutschen Künstlern in Rom, ein zuhörender Freund, ein wohlwollender Egoist, selbst ein Egoist im Sinne Stendhals, doch nicht frei von schlechtem Gewissen. Er steckte voller Widersprüche, wurde aristokratischen Hochmuts bezichtigt und demokratischer Gesinnung verdächtigt. Als Autor kamen ihm soziologische Einsichten, als Sterblicher konvertierte er zum katholischen Glauben, hoffte auf Vergebung und ewiges Leben.
Italien war sein irdisches Paradies. Florenz und Siena sah er noch in der Verklärung der alten Bilder. Rom hätte er beinahe noch so gefunden, wie es die Veduten des Piranesi zeigen: die Hinterlassenschaft der Antike in romantischer Verwilderung, die Goethe ergriff. »Und so haben Sonne und Mond, eben wie der Menschengeist, hier ein ganz besonderes Geschäft als anderer Orten, hier, wo ihrem Blick ungeheure und doch gebildete Massen entgegenstehen.« Rumohr war zu spät nach Rom gekommen. Es waren vor ihm die Franzosen mit Heeresmacht

dagewesen und hatten die Unordnung aufgeräumt. Die »ungeheuren und doch gebildeten Massen« der römischen Architektur waren freigelegt, gereinigt, registriert, umzäunt, in den Rang von Sehenswürdigkeiten erhoben worden und lebten nicht länger den Alltag ihrer Stadt. Aus den geplünderten, von Unkraut überwachsenen Steinbrüchen waren die Diebe und die Obdachlosen vertrieben, vom Forum die Hirten und ihre weißen Rinder, die Hütejungen mit der Bukolik der Schafe und der Ziegen, man durfte nicht mehr bei Nacht die alten Stätten beschreiten, und nur noch der ausgebrannte Krater des Kolosseums blieb die Zuflucht der interessanten Leute, die man das Gesindel und die Humanisten nannte, das großmütige Zelt heimatloser und verbotener Liebe. Rumohr hätte die gastfreundliche alte Welt sehr genossen, Sonne und Mond über den Ruinen wären ihm Hellas' Gestirne gewesen, die Hirten aus dem Homer. Die Touristen, die um 1800 nach Rom reisten, waren gebildete Individualisten. Sie kamen trotz der neugezogenen französischen Zäune auf ihre Kosten. Sie nahmen sich Zeit, sie blieben ein Jahr oder ein Leben lang, und viele, die ausgezogen waren, dem Papst und dem vatikanischen Apoll zu huldigen, wurden bei der Pyramide des Cestius in die gerühmte Erde gesenkt. Es war Glück in der römischen Luft; doch auch die Schwermut gedieh. Rom prägte seine Leute, und selbst wenn sie heimkamen und in Weimar oder in Dresden starben, waren sie zu Hause Fremdlinge geworden. Rumohr genoß das alles sehr, speiste bei Palmaroli, der für seine Gäste der damalige König der Fettucine war, lobte die Italiener als in allen Dingen, auch denen der Küche, die Vorläufer der modernen Geistesbildung, wenn er auch auf seiner nun beginnenden Suche nach dem Urbrei gegenwärtig in der italienischen Küche nur das Volksmäßige lobenswert fand und es in den einfachen Trattorien probierte.

Als studierter Kunsthistoriker war Rumohr, wie seine Generation, ein Jünger des großen Winckelmann, wenn er sich auch von dem mächtigen Einfluß zu befreien versuchte und Originalität über die strenge klassische Form stellte. In manchem lebte Rumohr Winckelmann nach. Ihre Katholizität war von südlicher Schönheit wie vom Tod ergriffen. Und wenn Winckelmann frommen Sinnes, guten Glaubens und unter dem Beifall begeisterter Kardinäle das Heidentum nackt und marmorn in die Säle des Vatikans gebracht hatte, schickte Rumohr im Auftrag des preußischen Königs die von keiner Ursünde gequälten reinen Leiber der Götter und Heroen, der Nymphen und der Knaben in die märkischen Museen, was in Berlin künftige Greuel wie die Siegesallee nicht inhibierte.

Rumohr hatte ein besonderes Talent, unbeliebt zu sein und Sottisen herauszufordern. Ein baltischer Baron verzeichnete in seinem Tagebuch: »Bei Tieck sah ich auch den Freiherrn von Rumohr, den Kunstforscher und Kunstkenner, ein Mann, der seine Weisheit sehr trocken und ungenießbar an den Mann brachte, und der dabei gesucht originell war.« Heinrich Laube, in seinen ›Reisenovellen‹ Heine kopierend, dem Spott verpflichtet, goß üppig Hohn auf Rumohr. »Er war in eine Frikassee vertieft ... ein großer dicker Mann mit schmutziger Leibwäsche, der sehr angelegentlich zu Mittag aß ... das starke, in saftlosem Fleische baumelnde Gesicht hatte von edlem Ausdruck nur eine kultivierte Schlauheit und eine fein fidele Gourmanderie ... als zerdrücke die Zunge süße Konfitüren ... tief in den halbkahlen Kopf schlich die Stirn hinein, und da waren alle die feinen, glatten Gedanken zu sehen ...« Noch nicht genug geschmäht! In seiner ›Geschichte der deutschen Literatur‹ rügt Laube, Rumohr habe »in einem ›Geist der Kochkunst‹ das niedrigstgestellte Sinnenpaar, Geruch und Geschmack, mit künstlerischen Gesetzen versorgt«. Caroline Schelling-Schlegel meinte blaustrümpfig, es »rumore in Rumohr« und »der Freßsinn ist ebenso vortrefflich bei ihm ausgebildet, es läßt sich gar nichts gegen seine Ansicht der Küche sagen, nur ist es abscheulich einen Menschen über einen Seekrebs ebenso innig reden zu hören wie über einen kleinen Jesus«. Es bleibt zu vermuten, daß Laube magenkrank war, Caroline nicht kochen konnte. Rumohr ertrug die Kritik und blieb im übrigen unbeweibt. Von den Gefährten fand nur die kindgemütige Bettina sich Rumohr wahlverwandt, ging mit ihm im Englischen Garten in München spazieren, hieß ihn »eine gute Seele« und bekundete, »er hat ein ganz ungemeines Talent, Landschaften mit der Feder zu kritzeln, zeichnet mir immer oben eine kleine Vignette an das Papier, worauf ich denn Briefe an Goethe schreibe, diesem gefallen sie sehr wohl«. Freundschaft verband Rumohr mit August von Platen. Er hatte den mittellosen Dichter in sein Haus in Siena eingeladen und betrachtete mit ihm das geliebte Land unter dem klaren Himmel.

Rumohr war ein fleißiger Mann. Sein literarisches Œuvre umfaßt einen vierbändigen Roman, zwei Novellensammlungen, Reisebeschreibungen, kunsthistorische Beiträge, seine ›Italienischen Forschungen‹, eine ›Schule der Höflichkeit‹ und Übersetzungen. Die Bücher sind vergessen, sind nur noch Titel der deutschen Bibliographie, obwohl eine Auswahl seiner Schriften in einem deutschen Lesebuch zu rechtfertigen wäre.

Nachruhm verlieh Rumohr allein sein Kochbuch, es hat ihn bei Literaturfreunden und Gourmets unsterblich gemacht. Ein früher Triumph des Sachbuches! Es waren gute Könige gute Köche, der Weise schätzt von alters her ein gelungenes Gericht höher als eine gewonnene Schlacht, doch ein Edelmann, der ein Kochbuch verfaßte, versteckte sich hinter seinem Koch und nannte die erste Ausgabe seines Werkes ›Königs Geist der Kochkunst‹. Er war aber zu stolz auf sein Kind, um es lange zu verleugnen. Er sagte bald: »Lesen Sie mein Buch und nichts als mein Buch.« Er wußte sehr wohl, daß ihm dieses Buch gelungen war, daß er etwas durchaus Originelles und Endgültiges geschaffen hatte, eine gründliche, redliche, solide Arbeit, Frucht der Begeisterung für die Kochkunst und einer für einen Amateur erstaunlichen Kenntnis der Kochtechnik, ein Kochbuch, nach dem man wirklich kochen kann, soweit dies überhaupt möglich ist, und nach dem zu kochen selbst heute noch Bewunderung eintrüge, dazu eine sehr modern anmutende Nahrungsmittelkunde, Soziologie des Haushaltens, Hygiene des Speisens, Theorie der Diätetik, eine amüsant belehrende Kultur-, Sitten- und Küchengeschichte, selbst ein literarisches Pamphlet.

Rumohr war Koch aus Leidenschaft für das Gute und Echte und aus Leiden an schlechten, fälschenden Küchen. Er war ein zugleich eingeschüchterter und aufmuckender Esser, vielleicht ein Lebenskünstler, doch ohne die provokante Haltung des Dandys. Nie hätte Rumohr wie Maupassant behauptet, daß nur die Dummköpfe keine Feinschmecker seien. Rumohr war deutsch, recht und redlich, was ihn bei den Hausfrauen störte, die deutsch, recht und unredlich waren. Das Gewissen des Moralisten hinderte Rumohr, seiner Zunge Ausschweifungen zu gestatten. Er wehrte sich dagegen, als Gourmet zu gelten; er wünschte nur ein vernünftiger Tischgast zu sein. Er wandte sich in seinem Buch gegen die Laster der Schleckerei und des Schlemmens, gegen »vergeudende Gefräßigkeit oder gefräßige Vergeudung«, er wollte nicht »der Lüstelei der Reichen frönen«. Am Ende war Rumohr ein praktizierender Soziologe, ein milder Armenvogt, ein Wirt der gesunden Volksküche, nicht unbedenklich beeinflußt von jenem englisch-amerikanisch-bayerischen Grafen Rumford, der die Kartoffel pries und eine Gefängnissuppe erfand, die leider heute noch als Suppenwürfel fabriziert wird und in Gaststätten und Hausfrauentöpfen brodelt. Rumohr war gegen Vermischungen. Hier übertrieb er. Er mißachtete die französische Küche. Was hätte er zur chinesischen gesagt? Dabei war sein Prinzip richtig, daß man schmekken soll, was man ißt. Er begann einen hoffnungslosen und leider verlorenen Kampf gegen die gedankenlose, verbreitete Würzung mit Zwiebel und Schnittlauch, deren Penetranz Salaten und Speisen ihre Eigenart raubt. Zwar hatte schon Goethe beim Besuch des Herzogs in Frankfurt seiner Mutter geraten, »kein Geköch, sondern Eure bürgerlichen Kunststück aufs beste« zu machen, aber sonst sah es in deutscher Küche und Literatur nach Rumohr folgendermaßen aus: »In der Tat gemahnt jenes ehrliche, hausmütterliche Ansehen der deutschen Kochbücher, bei ihrer tief verstrickten, fast apicischen Verderbtheit, an unsere marktgängigen Romane und Tragikomödien, welche eben wie jene die innere Unsittlichkeit durch Sentiment und Treuherzigkeit sorglich zu überkleiden bemüht sind.«

Apicische Verderbtheit! Das Rezeptbuch des Coelius Apicius, des Kochs des Lukullus, war für Rumohr, verwunderlich bei

seiner Vorliebe für alles Römische und Italienische, der Beginn der Dekadenz in der Kochkunst, die scheußliche »Verbindung des Lieblichen und Widrigen mit dem Bitteren und Zusammenziehenden«. Rumohr war gegen die »Schmorküche«, gegen die täuschenden Saucen, die frivolen Vermischungen in der Kasserolle, er lobte sich die »Urküche», den unverfälschten Braten, das von fremden Geschmackszusätzen freie Brot, den Salat, der nach dem Salatblatt schmeckt. »Überall, wo man der Schminke gebraucht, fehlt es an der Wesenheit.«
Nichts zog Rumohr nach Frankreich. Paris nannte er wohl mit Winckelmann den »Sitz der törichten Lüste«. Gegen Napoleon opponierte er patriotisch. Selbst das Licht seiner Tage, die Französische Revolution erregte ihn nicht, obwohl er in Rom mit Wilhelm von Humboldt umging, der sich in Paris umgesehen hatte, immerfort auf Paris blickte und fasziniert war. Die französische Küche kochte für Rumohr nach der Regel des Apicius und war verworfen. Rumohrs ›Geist der Kochkunst‹ erschien 1822. Drei Jahre später veröffentlichte in Paris Brillat-Savarin seine ›Physiologie des Geschmacks‹. Die Autoren haben einander nicht gekannt. Der Zeitgeist brachte sie manchmal zu Übereinstimmungen; gemocht hätte keiner den andern. Das Buch des Franzosen eröffnete nach dem Sturz des Absolutismus die Epoche der großen bourgeoisen Küche, die die großen bürgerlichen Schriftsteller von Balzac bis Flaubert nährte und noch heute, ein wenig anachronistisch, beim Essen zur Verleihung des Prix Goncourt die Literatur beeinflußt. Rumohr erreichte in Deutschland mit seinem Kochbuch nichts. Die Hausfrauen verkochen und vermanschen die Gottesgaben, und die feine, die bürgerliche und die Hotelküche begnügen sich mit einem Allerweltsabklatsch der französischen. Rumohr lebt im Gedächtnis der Literaturkenner und Tafelfreunde, doch sein Geist kommt nicht auf ihren Tisch.
Carus, der Arzt, sezierte Rumohrs Schädel und entdeckte Anomalien des Gehirns.

Karl Friedrich von Rumohr

Geist der Kochkunst

Vorrede zur zweiten Auflage

Günstiger Leser! Obwohl durch Erfahrung mit der Tatsache bekannt, daß Vorreden niemals gelesen werden, weiß ich doch ebenfalls, daß sie zur literarischen Uniform gehören und als Verbrämung den Büchern ganz unerläßlich sind. Nun unterscheiden sich die Vorreden der verschiedenen Auflagen, die eine von der andern. Die Vorrede zur ersten entschuldigt die Dreistigkeit des Autors, seine Paradoxie, seine Anmaßung, irgend etwas besser einsehen zu wollen, als seine Vorgänger. Hingegen verrät die Vorrede zur andern und zu den folgenden bereits eine gewisse Zuversicht. Voraussichtlich ist der Leser schon gewonnen, seine Meinung schon günstig; der Autor fühlt sich daher als ein großer Mann, aus dessen Munde das Publikum mit Interesse die allerliebsten kleinen Umstände, unter welchen sein Werk entstanden ist, mit Vergnügen, ja mit Begier wird vernehmen müssen. – Dieses vorausgesetzt, werde ich, günstiger Leser, auch von diesem Werke die Geschichte seiner Entstehung kürzlich vor dir erzählen dürfen.

Die größten Ereignisse haben oftmals geringfügige Veranlassungen: Ohrfeigen, Lehnstühle und so fort. Weshalb denn sollte ich mich schämen, dir einzugestehen, daß auch mein Werk in einigen Kapiteln seinen Anfang genommen, welche darauf ausgehen, gewisse ästhetische Gemeinplätze und Stichwörter durch ihre Anwendung auf eine niedrig geachtete Kunst, doch ohne Bitterkeit, zu verspotten. Bei der unbegrenzten, unsichern, schwankenden Allgemeinheit ihrer täglichen Anwendung schienen sie mir der einen Kunst ganz so gut sich anzupassen, als der andern; wenigstens war dabei der Gewinn für beide gleich groß.

Nun geschah es in der Folge, daß mein damaliger Mundkoch, der bekannteste Joseph König, mich dringend und wiederholt aufforderte, zur Erziehung seiner aufblühenden Söhne nachdrücklicher beizusteuern, als eigentlich mir gelegen war. Es blieb mir daher, nach vielen anderweitigen Versuchen, kein anderer Ausweg, als nur jenem Anfang die nötigste Fortsetzung zu geben, daraus ein Buch zu bilden, welches der liebevolle Vater für seine Familienzwecke verkaufen könne. Er fand dafür den Verleger. – Es ist demnach das Werk im eigentlichsten Sinne eine Benefizvorstellung, nicht zu Gunsten des Autors, sondern zu Gunsten des darstellenden, oder plastischen Künstlers.

Mit diesem, nach gemeiner deutscher Moral, edlen Zwecke verband ich einen andern, vielleicht höheren, gewiß allgemeineren: das wirtschaftliche Publikum aufmerksam zu machen sowohl auf jene damals ihm bevorstehende dauernde Preislosigkeit der Produkte des Bodens, als besonders auf das wohlfeilste Mittel, sie abzuwenden, oder wenigstens ihre Nachteile zu vermindern.

Das nördliche Deutschland blieb bekanntlich vom Baseler Vertrage 1794 bis zum Jahre 1806 im tiefsten Frieden; es ackerte während dieser Zeit für die kriegführenden Mächte, deren Nachfrage damals den Preis der Komestibilien dauernd auf einer gewissen gleichmäßigen Höhe erhielt, was mehr noch als Kunst und Wissenschaft den norddeutschen Landbau dahin leitete, sein Produkt zu verdoppeln.

Die Richtung auf Mehrung des Produkts dauert fort, hingegen hat nach dem allgemeinen Frieden der auswärtige Markt teils ganz sich verschlossen, teils auch neue Zufuhr eingelassen. Das Mittelmeer versorgt sich aus Ägypten, Südrußland und neuerdings sogar aus dem langvergessenen Sardinien; Westindien, aus den westlichen Staaten von Nordamerika; aus Ländern, in welchen auf fruchtbaren Gründen ohne baren Geldaufwand, durch Frohnen- und Sklavendienste erzielt wird, daher bei jedem Preise immer noch mit einigem Überschusse verkauft werden kann.

Aus dem hier veränderten, dort bleibenden Verhältnisse mußte demnach bei uns sehr bald eine verderbliche Überfüllung des Marktes entstehen, daraus wiederum eine Niedrigkeit in den Preisen der ersten Erzeugnisse des Landbaues, welche die Unkosten der Hervorbringung bald nicht mehr deckte. Die Not, welche dieses Mißverhältnis herbeiführte, war nicht etwa, wie man bisweilen, die Klagen der Landleute abweisend, gesagt hat, bloß Not der Besitzer oder Pächter von liegenden Gründen; vielmehr war sie eine ganz allgemeine. Wenn Grundeigentümer und Pächter gezwungen sind, ihre Steuern unregelmäßig zu erlegen, jeder nicht ganz unumgänglichen Ausgabe zu entsagen, bisweilen sogar schon eingegangene Verpflichtungen unerfüllt zu lassen, so werden auch in den übrigen Geschäfts- und Nahrungszweigen Stockungen eintreten, könnte man leugnen wollen, daß ich richtig vorausgesehen? – nachdem wir erlebt haben, daß Regierungen, bei dem größesten Segen der Natur, ganze Provinzen haben mit Geldvorschüssen unterstützen müssen; gleich den Apfelbäumen, wenn sie zu reichlich tragen, oder von Früchten übermäßig beladen sind.

Gewiß gelang es dem menschlichen Witze, für welchen ich übrigens große Achtung hege, in den jüngstverflossenen Jahren auf keiner Weise, das Gold des Natursegens in Fluß zu bringen. Mit der Aufspeicherung, dem einzigen ernstlich versuchten Mittel, nahm es mit Schrecken ein Ende. Eine projektierte Konsumtionsgesellschaft, welche mit den bestehenden Ackerbau- und Hortikultur-Gesellschaften Hand in Hand gehen sollte, scheiterte, ehe sie dahin kam, nur den Namen zu verdienen, an einer gänzlichen Abwesenheit von Energie des Willens und klarer Einsicht in die Verhältnisse und Bedürfnisse der Gegenwart. Eher möchte es geglückt sein, das faulende Getreide in Kornaktien umzuwandeln, was ein sonderbarer Mann, ich weiß nicht ob im Ernst, oder nur im Spotte, vor etwa zehn Jahren in Vorschlag gebracht. Denn in vielen Stücken gleichen unsere Zeitgenossen der Herde, welche der weltberühmte Law durch seine Mississippi-Aktien an den Abgrund lockte, wie damals im byzantinischen Reich ein falscher Messias jene dreißigtausend Juden ins Ägäische Meer. Beide hielt man nachmals für verkleidete Teufel; ob sich selbst für verblendete Dummköpfe, ist unerweislich.

Nun würde ich an diesen sonderbaren Verlegenheiten keinen Anstoß nehmen, wäre es nicht in der Staatswirtschaft eine ganz allgemein bekannte, zugestandene und angenommene Regel, daß Produkte, welche roh nicht länger mit Vorteil abzusetzen, unumgänglich zu verarbeiten, in Kunstprodukte umzuwandeln sind; nach den Umständen, zum Aushandeln in die Fremde oder auch für den heimischen Verbrauch, oder endlich gemeinschaftlich für Beides. Wem könnte es fremd sein, daß, etwa die Wollenproduktion, bei abnehmender Nachfrage, entweder sich mindert oder zur Fabrikation von Tüchern und Teppichen führt. So Flachs und Hanf zu Linnen und Segeltuch, Bergbau zu Arbeiten in Stahl und Eisen. Es lag also gar nahe, den anerkannten, unumstößlichen Grundsatz auf jene Komestibilien anzuwenden, deren Überfluß so ernstliche Verlegenheiten hervorrief. Denn es ist ganz so gewiß als das Vorige: daß ein verbesserter Feldbau, nachdem die künstliche Steigerung der Preise aufhört, welche dessen Fortschritte begünstigt hatte, zurückschreiten muß, wenn ihm nicht durch eine allgemeine Verbesserung der Volksnahrung ein fester, unveränderlicher Markt gesichert wird.

Durch Verbesserung der so wichtigen Fabrikation des Bieres, etwa nach der musterhaften alten Bierordnung Bayerns; durch vermehrten Verbrauch eines feiner ausgesichteten Mehles; durch Gewöhnung an ein besser genährtes, fetteres Schlachtvieh und Geflügel; hätte, vermute ich, die vorhandene Getreidemasse merklich können verringert werden. Es ist nicht so gar viel, was in guten Jahren die Vorstellung von unerschöpflichem Überfluß und vermöge dieser die niedrigen Preise hervorbringt. Wäre es gelungen, diesen Überschuß zu bewältigen, *ihn nutzbar zu machen,* so würde die Nachfrage lebhaft, die Spekulation wach geblieben, nicht abgeschreckt sein; was stets hinreicht, Mittelpreise hervorzurufen, die einzigen, welche wünschenswert sind, weil sie ausgleichen und hierdurch allen gleichmäßig nützen.

Diese Gedanken mit Bescheidenheit und Feinheit anzuregen, dem verständigen, leichtfassenden Deutschen gleichsam Appetit zu machen, das Produkt seines Bodens für den freilich vorübergehenden Tafelgenuß, allein auch für den mehr dauernden einer gut unterhaltenen Gesundheit, ganz auszunutzen; da hast du, großgünstiger Leser, den ernstlichen Zweck des vortrefflichen Buches, welches ich dir nun zum zweitenmal und zwar vermehrt und verbessert übergebe. Möge diese Auflage auf deine Lebenseinrichtung mehr Einfluß ausüben, als der ersten verliehen war. Mögest du künftig an dem feinen Aroma leicht zu erzielender Küchenkräuter, an der guten und gut bereiteten Qualität deiner Landesprodukte ein recht inniges Gefallen erwerben. Du würdest hierdurch einem wichtigen Zweige des deutschen Kunstfleißes aufhelfen, dabei höchstwahrscheinlich dich selbst ungleich besser befinden, als bisher.

Ob ich nun von diesen verschiedenen Zwecken einige, oder alle, oder auch keinen einzigen erreicht habe? Freilich gestaltet sich das Eisen nicht schon auf den ersten Schlag so ganz, wie man's will. — Unter allen Umständen ward mein Buch gewiß zum Vorteil der Nachkommen meines Koches verkauft, also wenigstens dieser eine Zweck durchaus erfüllt. Hingegen kann ich nicht umhin, mit Beschämung einzugestehen, daß mein Werk auf die Ansichten der Staatswirte nicht den geringsten Einfluß gewonnen hat. Freilich ist es ein spitzfindiger Gedanke: *daß Komestibilien der reichhaltigste Gegenstand des inneren Handels sind.* Wie könnte man nun auch diesem zersplitterten Kleinhandel des Landes mit den Märkten und Küchen der Städte nachfolgen, die Summe seines jährlichen Belaufes genau ermitteln können? — und dennoch scheint er von Belang zu sein. Denn vergleicht man in den Ausgaberechnungen geordneter städtischer Haushaltungen den Gesamtbetrag ihrer jährlichen Ausgaben für Herd und Keller mit denen für Bekleidung, Gerät und anderweitige Bedürfnisse, so zeigt sich, daß jene meist die Hälfte des Ganzen erreichen, ja bei den Ärmeren sie weit übersteigen. — Allein andrerseits will ich einräumen, daß unsern Staatswirten, welche nur Millionen zählen, die Komestibilien nicht eher als ein ihres höheren Standpunktes würdiges Objekt des Handels erscheinen dürfen, als nachdem sie in den Magazinen und Schiffen zu Lagern und Ladungen sich umgestaltet haben. Müssen sie nicht mit einer Art Verachtung auf die Engländer sehen, diese reichen Leute! welche doch, so reich sie sind, dem Handel mit Komestibilien so viel kleinliche Aufmerksamkeit zuwenden und sich stellen, als hielten sie ihn unter den inneren Betriebszweigen geradehin für den erheblichsten.

Nach dieser gründlichen Rechenschaft bleibt mir nichts übrig, als eines sonderbaren, eigentlich ganz persönlichen Verhältnisses zu erwähnen, in welches ich wider Wunsch, noch Willen durch eben dieses Buch geraten bin. Doch werde ich die Sache historisch einleiten müssen.

Noch unlängst, wem wäre es nicht erinnerlich! wurden die Frauen auch in Deutschland in einer Art Unterordnung und Dienstbarkeit gehalten, das Haus und Küchenwesen ihnen gleichsam als ein verantwortliches Amt und Ministerium aufgetragen. Diese Stellung hat, dem Himmel sei's gedankt, seit einiger Zeit ganz aufgehört. Denn nirgend hört man noch jene rauhen Anmahnungen, jenen strengen, an Vorwurf grenzenden Tadel, welcher vor Zeiten sanften Frauen nicht selten Tränen entlockte. Allein, wenn nun auch die Frauen aufgehört haben, die Verpflichtung zur Sorge für Haushalt und Küche unbedingt anzuerkennen, so wollen sie doch andrerseits den Anspruch nicht aufgeben, dieses wichtige Departement ausschließlich zu lenken. Sie machen's wie die Männer, welche ebenfalls daran Gefallen haben, Geschäftszweige festzuhalten oder auch neue an sich zu reißen, welche gehörig auszufüllen, Zeit, Lust und Fähigkeit ihnen fehlt. – Aus diesem Grunde nun erschien die frühere Ausgabe des vorliegenden Werkes den Frauen häufig, teils als Eingriff in ihre Befugnisse, teils auch als lästige, unwillkommene Anmahnung an veraltete, vergessene Pflichten.

Was ist es nun? – ein Eingriff? – in diesem Falle würden die Frauen die Pflicht, ihrem Hausstande tätig vorzustehen, in aller Form anerkannt haben. Ist es hingegen eine Mahnung an verhaßte und längst abgeworfene Pflichten, so kann es nicht zugleich auch als Eingriff aufgefaßt werden. – Allein, was bleibt mir zu tun übrig? Die Frauen, welche mit Distinktionen und Konsequenzen sich ungern befassen, nehmen hierin nun einmal durchaus keine Gründe an.

So viel, um zu zeigen, daß mein Werk höchst sittlichen, philanthropischen und patriotischen Beweggründen seinen Ursprung verdankt, was zwar meinem Charakter Ehre bringt, doch nicht beitragen mag, der Arbeit selbst mehr Gunst zu erwerben. Ein klein wenig Teufelei stehet nach heutigem Geschmacke den Kunstwerken ungemein wohl an; weshalb ich seinerzeit mit Vergnügen vernommen habe, daß man vor alters darin, neben dem geraden, auch einen zweiten, oder sogenannten Doppelsinn vermutet und gesucht habe. – Nun freilich wohl; denn, was überhaupt gilt und wahr ist, muß, genau genommen, auch von allem und jeglichem gelten können.

Wachwitz, den 17. April 1832.

Vorrede des Herausgebers

Der Verfasser der vorliegenden Schrift besitzt in seinem Fache, bei seltener Sachkenntnis und Geschicklichkeit, auch jenen Geist der Vergleichung, welcher ihm möglich machte, einer Sache, die scheinbar bloß auf der Anwendung beruht, ihr Allgemeines abzugewinnen.
Indes wird gerade die Ernstlichkeit und beinahe wissenschaftliche Strenge unsers Autors gar manchem neu und befremdlich in die Sinne fallen. Denn die Kochkunst ist in den letzten Zeiten nur selten in ihrer ganzen Bedeutung und nach ihrem vollen Einfluß auf das körperliche und geistige Wohlsein des Menschengeschlechts aufgefaßt worden. Zwar hat man schon vorlängst versucht, dem Ackerbau und der Viehzucht eine wissenschaftliche Gestalt zu geben; es haben selbst die Dichter nicht verschmäht, für den Landbau sich zu begeistern; Staatswirte endlich wetteifern täglich noch mit Menschenfreunden in dem Bestreben, alle Gattungen und Arten der nährenden Pflanzen und Tiere über die Erde auszubreiten. Doch blieb man, wie's so oft geschieht, auf halbem Wege stehen, indem jenes wissenschaftliche, dichterische, staatswirtschaftliche Lärmen bisher in einem verschämten Stillschweigen sein Ende nahm, sobald als man zum Kochen, oder zu der Verarbeitung derselben rohen Nahrungsstoffe gelangte, um deren Besitz man doch so eifrig bemüht zu sein schien. Jene edlen Menschenfreunde gestatteten sich kaum, etwa mit der Erfindung von Armensuppen an das Licht zu treten, aus denen in diesen Zeiten eines niederschlagenden Überflusses der gemeinen Wohlfahrt keine wesentliche Vermehrung erwachsen kann. Denn aus leidiger Sentimentalität schämten sie sich zu bekennen, daß man so emsig wirtschafte, um den Leuten besseres Brot und fetteres Schlachtvieh zu schaffen. Ja, sie wollten lieber ahnen lassen, daß alle Verbesserungen im Landbau nur darauf ausgehen, den Handel zu beleben oder den Geldumlauf zu befördern, als sich und andern

eingestehen, daß überhaupt sehr viel daran gelegen sei, den Menschen eine bessere Nahrung zu schaffen.
Doch bin ich weit davon entfernt, in jener edlen Scham, welche der größere Teil unserer Zeitgenossen bei Erwähnung des Kochens und Essens zu empfinden pflegt, ein zartes Gefühl für menschliche Würde zu verkennen. Gern stimme ich daher in den bekannten Gemeinspruch ein, daß der Mensch esse, um zu leben; nicht lebe, um zu essen. Allein folgt nicht eben daraus, daß der Mensch vernünftig essen und in der Wahl und Bereitung seiner Speisen, eben wie in allen andern Dingen, sein Urteil erproben müsse?
Gewiß soll er aus Gesundheit freudig, aus Überzeugung mäßig, aus Verständigkeit gut essen; und vergebens wird man sich überreden wollen, daß eine Vernachlässigung des Essens, die geradehin aus der Trägheit hervorgeht, die Wirkung stoischer Weisheit sei.
Allein, während ich mich bemühe, eine Geistesrichtung, der ich selbst den ersten Anstoß gegeben habe, gegen die Vorurteile der Zeitgenossen in Schutz zu nehmen, kann ich nicht umhin, sehnsüchtig in die klassische Vorzeit zurückzublicken. Diese in Allem gesund, unbefangen und gerade herausredend, berühret die Kochkunst ohne Scham und Furcht, wie jeden andern Gegenstand, der mehr oder minder auf das Wohlsein der Menschen einwirkt. Die Homerischen Gesänge schildern uns die Schmäuse der Helden mit sichtbarem Wohlgefallen an der saftigen, dem kräftigen Urgeschlechte wohlangemessenen Nahrung. Gastmahle geben späterhin den Hintergrund philosophischer Untersuchungen. Die Beschaffenheit und Wirkung der Nahrungsstoffe beschäftigt endlich philosophische Ärzte und Naturforscher, unter diesen vorzüglich den Hippokrates[1] und Galen; denn die Wahl und Bereitung der Speisen schien von jeher allen Ärzten[2] wichtig, denen die Gesundheit des Menschengeschlechts überhaupt am Herzen lag. Im alten Rom aber erwarb die Einführung wichtiger Gemüsepflanzen berühmten Geschlechtern die Beinamen: Lentulus, Piso, Cicero; und die römische Literatur erfüllte sich mit den herrlichsten Andeutungen zur Geschichte der Kochkunst der Alten, welche

von neueren Archäologen noch lange nicht genügend benutzt worden sind.

Ganz anders, und wenn gleich an sich selbst weniger würdig, doch mit ungleich mehr Anspruch auf Würde des Gegenstandes, gehaben sich die Schriftsteller der meisten neuern Nationen. Kaum wagte noch hier und da ein Schäfergedichtlein mit einem Mahl aus Milch und Brot hervorzurücken; doch ward auch die Kartoffel mehr als einmal besungen, gewiß nicht ohne Rücksicht auf ihre rundlichen, dem Schönheitssinne zusagenden Formen. Auch darf ich nicht übergehen, daß die Reisebeschreiber hier eine Ausnahme machen, und durch eine löbliche Eßlust und vorgehende Aufmerksamkeit auf alles Genießbare sich rühmlich auszeichnen. Allein, da Fahrten über Land und Meer den Appetit[3] zu schärfen pflegen, da ferner der Hunger die beste Würze ist, so möchte ihr Verdienst nicht gar so hoch gestellt werden können; ja, man wird vielleicht annehmen dürfen, daß ihre anziehenden Schilderungen von mancherlei Speisen und Mahlzeiten keinen wissenschaftlichen oder menschenfreundlichen Zweck haben, vielmehr reine Herzensergießungen sind.

Niemand aber wird mißdeuten können, daß ich die unter uns überhandnehmenden Kochbücher oder Rezeptsammlungen nicht zu den Geisteswerken zähle, noch als einen Beweis anerkenne dafür, daß unsere Zeitgenossen auf eine verständige und würdige Weise sich mit der Kochkunst beschäftigen. Denn diese Bücher – sowohl die halbhin brauchbaren, als vorzüglich die Masse der völlig unbrauchbaren – sind sämtlich entweder aus platter, unnachdenklicher Erfahrung, oder geradehin aus[4] Kompilation entstanden und entbehren daher alles wissenschaftlichen Geistes. Ich enthalte mich, über sie mich weiter auszusprechen, und verweise in dieser Beziehung auf die Bemerkungen, welche unser Schriftsteller im Laufe seines Buches mitteilt. In jedem Falle würde ihm Unrecht geschehen, wenn man sein Werk mit jenen Kochbüchern in die Reihe stellen wollte. Freilich ist es ebenfalls nicht streng wissenschaftlich; sowohl der Form nach, als weil es aus den Naturkenntnissen, aus der Chemie und Mechanik nicht alle Vorteile zieht, welche diese Wissenschaften der Kochkunst gewähren könnten. Indessen enthält sein Buch doch endlich einmal einige richtige Grundsätze; es sind darin treffende Bemerkungen und anwendbare Vorschläge verbreitet; kurz, die Kunst ist hier wenigstens auf dem Wege, sich selbst zu erkennen, und ihre Theorie im Entstehen.

Die im Anhange verbreiteten kleinen Wahrnehmungen über den Auftrag und die Anordnung der Speisen, über die moralischen Ursachen, welche den Genuß erhöhen oder vermindern, die Verdauung begünstigen oder aufhalten, wurden höchstwahrscheinlich hinter dem Stuhle aufgegriffen, von woher die meisten Kommensalen viel weniger beobachtet zu sein wähnen, als im Durchschnitt wohl der Fall ist.

Der Anteil, den ich selbst an der Ausfertigung dieses Werkes genommen, ist verhältnismäßig so gering, so gänzlich auf den äußern Zuschnitt und auf vereinzelte Anmerkungen beschränkt, daß ich keinen Anstand nehmen durfte, dasselbe mit den voranstehenden Zeilen zu begleiten und mit einem – nach meiner geringen Einsicht – sehr gemäßigten Lobe in die Welt einzuführen.

Einleitung

Reisen, zu denen meine früheren Dienstverhältnisse die Gelegenheit herbeiführten, verbunden mit einiger Belesenheit in älteren und neueren Schriften, welche mein Lieblingsfach behandeln oder doch berühren, veranlaßten mich, wahrzunehmen, daß die Kochkunst mit dem Nationalcharakter, mit der Geistesbildung der Völker, kurzum mit den allgemeinsten und höchsten Interessen des Menschengeschlechts in Verbindung stehe. Es braucht kaum zu bekennen, wie sehr eine solche Wahrnehmung meinen Eifer für die Kunst und für die wissenschaftliche Betrachtung derselben ansporntc.
In der Tat möchte die Behauptung nicht gewagt sein, daß die Bildungsstufe eines Volkes jedesmal an dem Sinn und Verstand erkannt werden könne, der in der Wahl und Zurichtung seiner üblichen Speisen dem geschichtlichen Blicke sich darlegt. Von der ekelhaften Nahrung eines Eskimo oder Koräken, bis zu der schmackhaften und reinlichen Frugalität eines gebildeten, aber noch lange nicht überbildeten Volkes, gibt es unendlich viele Mittelstufen, welche, wenn man nur darauf Bedacht nehmen wollte, jederzeit der gesamten sinnlich-sittlichen Bildung der Nationen Stück für Stück entsprechen. Stumpfsinnige, für sich hinbrütende Völker lieben mit schwerverdaulicher, häufiger Nahrung gleich den Masttieren sich anzustopfen. Geistreiche, aufsprudelnde Nationen lieben Nahrungsmittel, welche die Geschmacksnerven reizen, ohne den Unterleib sehr zu beschweren. Tiefsinnige, nachdenkende Völker geben gleichgültigen Nahrungsmitteln den Vorzug, als welche weder durch einen hervorsprechenden Geschmack, noch durch eine schwerfällige Verdauung die Aufmerksamkeit zu sehr in Anspruch nehmen.
Diese Abweichungen durch alle Übergänge und Abstufungen zu verfolgen, wäre des Schweißes der größten Geschichtsforscher nicht unwürdig. Uns aber liegt vielmehr ob, unser Werk

gegen den Argwohn zu verwahren, als wolle es der Lüstelei der Reichen fröhnen; denn man ist nur zu sehr geneigt, wo vom Kochen die Rede ist, an Leckereien zu denken. Im Gegensatze nämlich zu dem Walfischfraße der Grönländer und zu ähnlichen verabscheuungswürdigen Rohigkeiten, pflegt bei den gesitteten Völkern, meist in Begleitung des[1] manierten Geschmackes in der Literatur und Kunst, eine gewisse Überfeinerung der Kochkunst einzutreten. Und da jedes Äußerste sehr bald seinen Gegensatz hervorruft, so zeigt sich diese Überfeinerung jederzeit in Begleitung der schnödesten Vernachlässigung, und es bilden sich in der Kochkunst gleichsam zwei Sekten, die einander, wie Epikuräer und Stoiker, eine Weile das Gleichgewicht halten. Gerade aus diesem Gegensatz aber entstehen zwei ungeheure Laster, die Schlemmerei und die durch ihre größere Verbreitung noch ungleich verderblichere Schleckerei. Weit davon entfernt, diesen Aftergeburten jemals das Wort reden zu wollen, ist es vielmehr meine Absicht, ihnen durch meine Schrift entgegenzuwirken.

Unter Schlemmerei verstehe ich eine gewisse vergeudende Gefräßigkeit oder gefräßige Vergeudung, die vorzüglich solchen Reichen eigen zu sein pflegt, welche ihre Glücksgüter einer kalten berechnenden Selbstliebe verdanken; welche mithin einer wohlwollenden, großmütigen, belebend in jede menschliche Tätigkeit eingreifenden Verwendung ihres Überflusses[2] durchaus unfähig sind. Der Charakter der Schlemmerei ist die Begier nach allerlei kostbarer Atzung, mit Hintansetzung des Vorzüglicheren, wenn dieses gerade nahe liegt und wohlfeileren Preises zu haben ist. Ferner gehört es zur Schlemmerei, durch Seltsamkeit, Wechsel und Mannigfaltigkeit die Eßlust anzuregen, und durch allerlei Künste der Verdauung nachzuhelfen. In allen diesen Launen und Künsten haben die alten Römer der Nachwelt ein Beispiel gegeben, welches weder im Übermaße der Torheit, noch in der Großartigkeit des Aufwandes, jemals so leicht wird übertroffen werden. Wenigstens sind nirgend, seit dem Verfalle des römischen Weltreiches, wiederum so unermeßliche Reichtümer aufgehäuft, diese nirgend von so tief verdorbenen Menschen vergeudet worden; und es möchte schwerfallen, einen schicklicheren Mittelpunkt für die Vereinigung aller Leckereien der alten Welt auszumitteln, als gerade Rom war. Indeß zeigt auch kein Beispiel der alten und neuen Welt einleuchtender, daß alle Schätze und alle Leckereien der Erde nicht genügen, um dem Schlemmer selbst, oder dem Volke, welches diese Schlingepflanze ernähret, eine gesunde und schmackhafte Nahrung zu gewähren, weil eine falsche Ansicht der Kochkunst alle Vorteile eines wohlbesetzten Marktes augenblicklich aufhebt. Die römische Küche war in der Tat schon, als Horaz[2] schrieb, im Begriffe, die natürliche Bestimmung der eßbaren Dinge zu verkennen und überall in tote, übereinkömmliche Zurichtungen zu verfallen. Als aber Cölius Apicius um zwei Jahrhunderte später jenes Kochbuch verfertigte, welches allen modernen in der Form und Richtung zum Muster diente, da war bereits jegliche Spur von Würdigung der arthaften, jedem Nahrungsstoff eigentümlichen Güte verschwunden; da schien es der Gipfel der Kunst zu sein, den Charakter jeglicher Speise durch Mischung und Verarbeitung zu vernichten. Doch möchten selbst jene in heißer Asche gebratenen Rüben, bei denen die Abgeordneten Samniums den großen Curius antrafen, einem unverdorbenen Gaumen ein sehr schmackhaftes Gericht scheinen, im Vergleiche mit den überpfefferten Brühen und Gehäckseln, welche Apicius anempfiehlt.

Folgendes ist ein Beispiel seiner zerstörenden Kochart[3]. »Brate Schweinsleber, und reinige sie darauf von allem Häutigen; vorher jedoch zerreibe Pfeffer, Raute und Fischsülze[4], und darauf tue deine Leber, und vertreibe und mische es eben wie die Fleischklöße. Bilde Klöße daraus[5], wickele sie mit einzelnen Lorbeerblättern in[6] die Netzhaut, und hänge sie in den Rauch so lange, als dir beliebt. Wenn du sie essen willst, so nimm sie aus dem Rauch und brate sie von neuem. Wirf sie in einen trockenen Mörser, auch Pfeffer, Liebstöckel, Majoran, und zerstoße es. Gieße etwas Fischsülze daran; tue gekochte Gehirnlein hinzu, vertreibe es fleißig, damit es keine Fladern habe. Wirf fünf Eidotter dazu und treibe es gut zusammen, so daß es einen einzigen Körper bilde; mische es mit Fischsülze, schütte es in

eine eherne Pfanne und koche es darin. Wenn es gekocht ist, so schütte es auf einen reinen Tisch und schneide es in kleine Würfel. Wirf Pfeffer, Liebstöckel und Majoran in einen Mörser und zerstoße es ineinander. Mische alles in einen Breikessel und lasse es darin heiß werden. Nachdem es heiß geworden, ziehe es hervor, zerarbeite es, binde es und schütte es in eine Schüssel. Streue Pfeffer darüber und trage es auf.«
Selbst angenommen, wie mir nicht unwahrscheinlich ist, daß diese flüchtige Übersetzung hie und da die Meinung des schwierigen, auch wohl verdorbenen Textes nicht wiedergebe, so bleibt doch so viel übrig, daß wir eine vollkommen mumienhafte Ausdorrung und Überwürzung nicht verkennen können.
Ganz anders freilich mußte die römische Küche beschaffen sein, als Cato in sein Buch vom Ackerbau manche Vorschriften zu häuslichen Mehl- und Gemüse-Speisen einwob. Selbst Horaz[7] durfte noch ausrufen:

– Necdum omnis abacta
Pauperies epulis regum.

Dahingegen stellt schon Athenäus[9] mit Beschämung seine eigene, gegen Apicius gehalten, höchst einfache Kochart der hohen Simplizität der Homerischen gegenüber. Wir lernen also aus dem Apicius, noch weniger aus den Schwelgereien des Helagabal – bei Lampridius – die goldene Zeit der griechisch-römischen Kochkunst durchaus nicht kennen. Es ist daher ein Irrtum, aus jenen über diese zu entscheiden, wie schon mehr als einmal geschehen ist. Die hie und da angestellten Versuche auf Apicische Art zu kochen, welche Smollet im Pickle so witzig verspottet, scheiterten aber nicht allein an der innern Verkehrtheit jener spätrömischen Kochart; vielmehr auch an dem Mangel an jenen kräftigen Sülzen und Säften der Seetiere, welche die Alten in der Küche verwendeten, und vornehmlich an der höchst unwahrscheinlichen Vermutung, daß ein den Neuern ungewisser, gewürzhafter Pflanzensaft, den die Alten sehr häufig verbrauchten, die unbeliebte Asa foetida unserer Apotheken sei.

Doch behielten auch die spätern Alten, bei aller Mengerei, doch immer einigen Sinn für die eigentümliche Güte und Schmackhaftigkeit der eßbaren Naturstoffe. Selbst Apicius lehrt uns, das Gemüse schön grün zu sieden, worin die Italiener noch heutzutage Meister sind, und Athenäus bratet nach uralter Weise seine Zwiebeln in heißer Asche. Noch jetzt bäckt der Italiener die Zwiebeln, die Beten, die Kürbisse, die Liebesäpfel, aus Überlieferung, nach dem Brot im Ofen.

Was wir nun auch gegen das System spätrömischer Kochlehren eingewendet haben mögen, so können wir dennoch nicht leugnen, daß uns Modernen die Vorrichtungen Achtung gebieten, welche die Römer gegen das Ende der Republik und in den ersten Jahrhunderten des Reiches getroffen, um Küche und Keller mit allen Leckereien der Erde anzufüllen. Ihre Behälter[10], in denen Fische aus allen bekannten Gewässern aufgezogen und gemästet wurden; die Versetzung fremder Arten an das italienische Ufer, könnten unsern Weichlingen wohl ein Erröten abzwingen. Denn die neubeliebten Austern- und Pasteten-Posten ertragen schwerlich den Vergleich mit jenen Vorräten lebendiger Fische, weil eine abgestandene Pastete oder eine grüne, stinkende Auster doch nur allein deshalb für einen Leckerbissen gelten kann, weil sie sich bemüht hat – gleich den Braten des Schlaraffenlandes – um hundert Meilen weit herbeizureisen. Allein eben weil unsere moderne Schlemmerei ungleich beengter und kleinlicher, und mithin fast gegen ihren Willen vernünftiger geblieben ist, als die altrömische, scheint sie nur um so mehr im kleinen begünstigt, gelehrt und ausgeübt zu werden. Denn es sind selbst die gemeinsten und scheinbar hausgebackensten unserer zahlreichen Kochbücher nichts weiter, als kleine Winkelinstitute der Schlemmerei, in denen wenig von dem die Rede ist, was jede gute Hausmutter, oder jeder andere Vorsteher einer Haushaltung eigentlich zu wissen bedarf; vielmehr nur von allerlei[11] Vermischungen, Surrogaten und Verkleidungen, welche teils an sich selbst überflüssig sind, teils ihrer Natur nach der freien, schaffenden Phantasie und dem subjektiven Geschmacke müssen überlassen bleiben. In der Tat gemahnt jenes ehrliche, hausmütterliche

Ansehen der deutschen Kochbücher, bei ihrer tief versteckten, fast Apicischen Verderbtheit, an unsere marktgängigen Romane und Tragikomödien, welche eben wie jene die innere Unsittlichkeit durch Sentiment und Treuherzigkeit sorglich zu überkleiden bemüht sind.
Diese Kochbücher nun, oder besser diese planlosen Anhäufungen von allerlei häufig höchst widersinnigen Vorschriften, haben sämtlich die Tendenz, die National- und Provinzialgerichte zu verdrängen[12], welche doch stets in der Volks- und Landesart begründet, und fast ohne Ausnahme schmackhaft und nahrsam sind. Die neueren deutschen Kochbücher sind leider meist bloße Nachäffungen der französischen, wie dies schon ihre barbarische, unnötigerweise durchaus französische Nomenklatur beweist. Man sondere nur einige brauchbare Anweisungen zu wahren Landes- und Volksgerichten aus, welche man leicht aus dem Vaterlande des Schriftstellers, oder dieses aus jenen wird erkennen können, so bleibt auch den besten deutschen Kochbüchern nichts weiter übrig, als was man ungleich besser in jeder älteren französischen Anweisung zum Kochen auffinden wird. Die Franzosen sind, wenn nicht die ersten Erfinder, doch die Verbreiter aller Gehäcksel und Vermengungen. Wenn man diese liebt, so kehre man doch zur Quelle zurück, denn man wird sie dort noch immer reiner, einfacher und zweckmäßiger auffinden, als bei dem »Gesindel der Nachahmer«.

Man gestatte mir, eine kurze Hinweisung auf die französische Literatur des Faches an diesem Ort einzureihen.
Voran will ich bemerken, daß die Italiener, in allen Dingen die Vorläufer der modernen Geistesbildung, auch hierin den Franzosen vorgeleuchtet haben. Die italienische Küche war im sechzehnten Jahrhunderte bereits in hohem Maße überfeinert; vielleicht schon früher, wie aus einzelnen Zügen, vornehmlich der Novellen-Literatur, hervorgeht. Die Italiener hatten ihren vollen Kunstgeschmack und Schönheitssinn auf die Tafel übertragen, wie die Künstlerschmäuse der goldenen Zeit (s. den Osservatore Fiorentino) und jene auf Gelee gemalten Wappen

bezeugen, durch welche die Gesandten Pius II. zu Siena beinahe vergiftet wurden (s. Novelle Senesi). Der oberste Mundkoch des heiligen Pius V., Bart. Scappi[13], gab um 1570 ein vortreffliches und lehrreiches Kochbuch heraus, dessen vereinzelte Bemerkungen sehr schätzbar sind, wenngleich der Geschmack seiner Zeit sich bereits zum Manierten hinüberneigte. Gegenwärtig ist in der italienischen Küche nur das Volksmäßige lobenswert; wo man mit Anspruch auf Feinheit kocht, ist Kampf des Geizes mit der Übermengung.
Jene ästhetische Feinheit der älteren italienischen Küche kam mit den Mediceischen Prinzessinnen an den französischen Hof, zugleich mit dem Kunstgeschmack und mit der vergeblichen Nachäffung der italienisch-spanischen Poesie. Von Frankreich aus gelangte sie früh nach Deutschland, wie die Kochbücher bezeugen, welche um 1600[14] zu Frankfurt gedruckt worden, und die Gastgebote des Kommandanten von Hanau im Simplicissimus, dieser unvergleichlichen Sittenschilderung des dreißigjährigen Krieges. Doch stand im Norden einer vollständigen Ausbildung feinerer Kochart jene barbarische Neigung zur Völlerei entgegen, welche einer notgedrungenen Mäßigkeit noch immer nicht gänzlich gewichen ist; denn ein bestialisches Saufen verdirbt den Magen; und ohne Gesundheit der Verdauung ist Feinheit des Geschmacksinnes nun einmal nicht denkbar.
Welchen Einfluß nun auch die Italiener vor Zeiten auf die französische Küche ausgeübt haben mögen, so bleibt den Franzosen doch das Verdienst, die Fleischbrühe zur Grundlage aller nassen Bereitungen erhoben und gerade hierdurch eine Unendlichkeit von Speisen gesunder und schmackhafter gemacht zu haben. Sowohl bei den alten als bei den neueren Italienern blieb die Fleischbrühe ganz unbenutzt[15]. Denn Griechen und Römer besaßen eine große Menge mehr und minder feinen Olivenöles; dieses diente ihnen zur durchgängigen Bindung flüssiger und feuchter Speisen, und veranlaßte andrerseits, wie noch im südlichen Europa, einen übertriebenen Verbrauch hitziger Gewürze, an welchem schon Plinius[16] Anstoß nahm. Wo dieser Fettstoff für den Geschmack nicht ausreichte, bediente man sich

der liquamina, der flüssigen Sülzen, welche man früher auch aus gesalzenen Birnen, bald nur noch aus kostbaren Fischen bereitete, wie noch der Orient. Jura und Juscula, wie sie Apicius hinreichend beschreibt, waren nichts weniger als kräftige Fleischbrühe, vielmehr nur auf die Zunge berechnete Mischungen von Öl, von Säuren, von Gewürzen und Pflanzensäften.
Im Norden aber herrschte vor Zeiten statt des Öles ein starker Verbrauch des Schmalzes, der Butter und anderer animalischer Fettstoffe. Die Franzosen allein, die nur an dem südlichsten Küstenrande gutes Öl, und an dem nördlichsten einige Butter erzielen, befanden sich in der Lage, den mangelnden Fettstoff ersetzen zu müssen. Dieser Zwang leitete sie, wie es so oft auch in andern Dingen sich ereignet, auf jene köstliche Verwendung der Fleischbrühe, welche in der Weltgeschichte Epoche macht; an welche der größere Teil der Europäer gegenwärtig so sehr gewöhnt ist, daß ihm die verfeinerte Küche der Alten, oder auch die noch immer verwandte der neueren Spanier, Italiener und Griechen ein Greuel zu sein scheint.
Ich besitze vom Jahre 1756 die Originalrechnungen des Hausstandes Ludwigs XV., aus denen erhellt, daß die königliche Familie damals mit vieler Mäßigkeit speiste. Nur acht oder neun Gerichte wurden aufgetragen. Allein zwei Dritteile des in der Küche verwendeten Fleisches wurden in Kraftbrühen für die Zurichtung des Übrigen verwandelt. Dies ist nun freilich in dem Maße nur in königlichen Küchen ausführbar; aber es spricht sich darin die Tendenz der neueren Kochkunst ungemein vernehmlich aus. Weniger vielleicht in einem gleichzeitig mehrmal wiederholten Buche, den Dons de Comus, welches neben der echt französischen Bereitungsart durch Fleischbrühe, zum Belege dessen, was ich oben bemerkt habe, auch sehr viele überfeinerte Gerichtchen auf Italienisch aufnimmt. Siehe nur das Kapitel: Divers Entremets, wo alle rôties (besetzte Brotschnitzchen, crustini) vorkommen, welche noch immer eine vorzügliche Zierde der italienischen Mahlzeiten ausmachen.
Erst die Französische Revolution brachte mit dem dritten Stande zugleich die altfranzösische Haussuppe, den pot au feu,

zu höheren Ehren. Er war mit allem Recht der Stolz der französischen Nation. Der Geschmackssinn, allmählich der starken Würzen entwöhnt, ward wiederum feiner und reizbarer. Die neue Kochart ward nun, nicht ohne Verdienst der Franzosen, immer weiter ausgebreitet. Zugleich veranlaßte die Vorliebe für die Engländer, vorzüglich in ihrer Wiedergeburt als Nordamerikaner, eine Annäherung an die englische Art zu braten, deren die französische Küche nur zu sehr bedurfte. Gewiß war sie damals auf dem Wege, jener Vollkommenheit nahe zu kommen, welche mein Ideal ist. Man findet noch eine Spur der Richtung dahin in den neueren Abzügen der Parisischen Cuisinière bourgeoise. Allein nach einem kurzen Rausche politischer Schwindelei ward der immer rege Lebensgeist der Franzosen von gewaltiger Hand genötigt, seinen Scharfsinn an gleichgültigeren Dingen zu wetzen. Er fiel nun auf die Kochkunst, an welche seit einigen Dezennien mehr Witz und Erfindungsgeist verschwendet worden ist, als an die meisten anderweitigen Zweige der neuesten Literatur französischer Nation. Die Richtung dieser Werke[17] geht auf Überfeinerung; ich rate angehenden Kochkünstlern, sie nur mit Mißtrauen zu benutzen.
Die französische Küche ist also von alters her und gegenwärtig von neuem auf dem Abwege der Übermischung. Vergleicht man aber die französischen Kochbücher mit der Mehrzahl der deutschen, so wird man die letzten noch viel überladener finden, als ihre Vorbilder. Denn bei jeglicher Richtung des menschlichen Geistes pflegt es einzutreten, daß stumpfsinnige Nachahmung gerade die Schiefheit ihres Vorbildes zu übertreiben strebt. In der Tat möchte es schwerfallen, in den besseren französischen Büchern ein Gegenstück zu manchen deutschen Rezepten zu finden, die geradehin nach der Apotheke schmecken. Im Wienerischen Kochbuche z. B. fand ich Champignons, Schalotten, Zitronenschalen und Basilikum, mit mehr anderen, weniger hervorsprechenden Würzen in dasselbe Gehäcksel gemengt. Wer seine Geschmacksnerven nicht durch häufiges Tabakrauchen abgestumpft hat, oder überhaupt ganz phantasielos ist, dem wird schaudern vor dieser Verbin-

dung des Lieblichen und Widrigen mit dem Bitteren und Zusammenziehenden.
Wo es nun jenen sinnlosen Anhäufungen der wunderlichsten Vorschriften gelungen ist, alle Nationalspeisen zu verdrängen, oder wenigstens sie zu verschlechtern; wo mithin von den meisten bürgerlichen Tafeln alle Genüglichkeit zu verschwinden beginnt: da tritt die Schleckerei, wie leider bereits in mehr als einer Gegend Deutschlands geschehen ist, gleichsam durch beide Torflügel ein. Die Schleckerei ist eine unregelmäßige Begierde nach allerlei zufälligen Reizen des Gaumens; eine Bezahlung a conto an einen Magen, dem die landesüblichen Termine nicht mehr in vollen und hinreichenden Summen eingehalten werden. Solange genügende, ernährende und ergötzliche, der Landesart völlig angemessene Mahlzeiten einen frohen Familienkreis vereinigen, wird die Schleckerei vergebens an das Tor des mittelmäßig begüterten oder gewerbsamen Bürgers anklopfen. Eines guten und regelmäßigen Mahles gewiß, fällt es dem Hausvater nicht im Traum ein, seine Eßlust durch eine gehaltlose Leckerei zu verderben. Erst nachdem es ihm zur Gewohnheit geworden ist, daheim eine unschmackhafte, schlecht gewählte und schlechter geordnete Mahlzeit zu erwarten, verläßt er die Arbeit in den besten Morgenstunden, um aus dem Schmutz eines Italienerkellers versalzene und übersäuerte Bissen hervorzuholen, deren Unverdaulichkeit den Mangel an gesunder Nahrung nur insofern ersetzt, als sie alle gesunde Eßlust zerstört. Wie nun überhaupt von einem deutschen Landstriche zum andern in Sitten und Gewohnheiten die größte Verschiedenheit herrscht, so ist auch die Schleckerei mit ihren eigentümlichen Gast- und Lust-Häusern bis jetzt nur in einigen Provinzen, vorzüglich aber in Obersachsen, recht eigentlich zu Hause.
Ich fordere die Unglücklichen auf, welche dem Laster der Schleckerei häufige Opfer zu bringen pflegen, die ganze Verkettung zu überdenken, in welcher sie allgemach bis zur Unheilbarkeit verdorben worden sind. Die ehr- und tugendsame[18] Gattin richtet und ordnet ihre Mahlzeiten unverständig an, weil ihr keine nationale, auf eine vernünftige Verwendung und

Zurichtung der Landesprodukte gerichtete Kochkunst überliefert worden ist; weil sie entweder einen ästhetischen Abscheu vor dem Kochen hat (was nicht immer mit einer Abneigung gegen das Essen verbunden ist), oder weil sie in Ermanglung einer lebendigen Kunst den geisttötenden Kochbüchern mit ihren lächerlichen Rezepten sich hingeben muß. Hieraus folgt zunächst mancher häusliche Unfriede; die Mahlzeit, bis dahin der Moment einer fröhlichen Vereinigung der den Tag über verschieden beschäftigten Gatten, gibt nun die Veranlassung zu allerlei albernen, leicht zu meidenden Verdrießlichkeiten. Bald kostet es dem Nachbarn nur ein einziges Wort, um den bis hierher fleißigen Hausvater mit sich auf den Markt, in die Apotheke, oder zu welchem andern beliebigen Giftmischer zu locken. Die üble Gewohnheit hat damit ihren Anfang genommen, und Gesundheit, häusliche Genüglichkeit, nicht selten das bürgerliche Fortkommen selbst, gehen nun ihrem gänzlichen Verfalle mit Riesenschritten entgegen.
Es gibt überdem auch eine häuslich-einsame und eine häuslich-gesellige Schleckerei. Der häuslich-einsame Schlecker unterhält eine fortwährende Verbindung mit Küche, Keller und Vorratskammer; er meldet sich auf den ersten Blick durch verdorbene Zähne, geschwollene Augen, träumerisches Aussehen. Die häuslich-gesellige Schleckerei dreht sich aber um jene neubeliebten Vesperbrote, welche eine armutselige Vornehmigkeit unter den Namen von thé dansant, thé dégoutant usw. in Umlauf gebracht hat. Gewiß wird das geistige Leben bei diesen Gewohnheiten und Anstalten weniger gut bestehen können, als bei gesunden, derben, zwar wohlüberlegten, aber schnell beseitigten Mahlzeiten.
Doch ungleich bedeutender in ihren Folgen ist jene mehr beachtete Schleckerei deutscher Gymnasiasten und Burschen, welche den an sich selbst so unerheblichen Rosinen und Mandeln den Spitznamen eines Studentenfutters erworben hat. Freilich ist die Schleckerei der studierenden Jugend, welche hie und da sogar mit dem sogenannten Rappenfutter sich begnügen muß, durchaus notgedrungen, da noch bis jetzt kein Menschenfreund die Mühe auf sich genommen, auf den deutschen

Universitäten eine gründliche Verbesserung der Gast- und Kost-Häuser zu veranlassen. Die ungewöhnliche Ausartung der letztgenannten Anstalten zwingt denn freilich die Studierenden, zu allerlei Zuckergebäck und anderen Näschereien ihre Zuflucht zu nehmen, weshalb die Studierten von Schulen und Universitäten eine so von Grund aus verdorbene Verdauung hinwegzunehmen pflegen, daß ihnen späterhin weder Brunnenkur noch Reitpferd jemals zu einem gesunden und freudigen Leben verhilft. Wer wird verkennen, daß hierin der erste Beweggrund aller literarischen Fehden, Unzufriedenheiten und Parteisachen verborgen liege?

Wenn nun der deutsche Studiosus hierfür nach Anleitung meines Buches in einer Messe, auf Art der englischen Offiziere, je zwanzig oder vierzig aus einem Säckel, kochen lassen wollte, so würde nachkommenden Zeiten unstreitig mancher Verdruß erspart werden. Nur dürfen hieraus, wie sich versteht, keine Hetärien[19] entstehen.

Wahrnehmungen dieser Art, und der Wunsch, jenen großen Übeln unserer Zeit so viel, als noch möglich sein mag, abzuhelfen, leiteten mich auf den Gedanken und erhielten in mir den Mut aufrecht, die Kochkunst in ihrem Geist aufzufassen und auf ihre echten Grundsätze zurückzuführen. Daß auch für die praktische Kochkunst alles davon abhänge, ihre Grundsätze richtig gefaßt zu haben, dies erfuhr ich an mir selbst, indem mein großer Meister und Vorgänger allein durch Aufstellen und Festhalten der Grundsätze aus mir einen brauchbaren Mundkoch bildete. Es war seine Maxime, daß die Anwendung der Vorschriften, die er in unbedingter Allgemeinheit auszusprechen pflegte, und daß überhaupt alle Übergänge und Schattierungen der Kunst der Phantasie, dem Erfindungsgeiste, der lokalen und individuellen Lage des Kochkünstlers müssen überlassen bleiben. Wenn es mir gelungen wäre, seine Grundsätze rein aufzufassen und darzustellen, so würde ich auch hoffen dürfen, in allen deutschen Ländern, wo die Überlieferung einer nationalen Kochkunst seit einiger Zeit unterbrochen war, eben diese bis auf einen gewissen Punkt ersetzt zu haben. Es ist daher meine Schrift vorzüglich solchen Frauen gewidmet, die ihrem Haus unmittelbar vorstehen, oder doch in dessen innere Tätigkeit aus dem Standpunkt einer geistigen Überlegenheit eingreifen, wie die vorgenannten Damen, welche die Beschützung und Gönnerschaft meines Werkleins gegen dessen Verdienst gnädiglich übernommen haben.

Erstes Buch

Elemente der Kochkunst
Tierische Nahrungsstoffe

Erstes Kapitel
Begriff der Kochkunst

Die Kunst zu kochen entwickelt in den Naturstoffen, welche überhaupt zur Ernährung oder Labung der Menschen geeignet sind, durch Feuer, Wasser und Salz ihre nahrsame, erquickende und ergötzliche Eigenschaft. Auf die Kochkunst allein ist daher jener berühmte Ausspruch des Horaz anzuwenden, den man so oft von den höchst nutzlosen und ganz einseitig schönen Künsten der Poesie und Malerei hat verstehen wollen; nämlich dieser: »Vermische Nützlichkeit mit Anmut.«

Nützlich macht sich die Kochkunst, indem sie den dauernden Zweck des Essens, Ernährung und Labung, unablässig verfolgt. Ergötzliches aber bringt sie auf zweierlei Wegen hervor; zunächst, indem sie dem voranbenannten Zwecke nachgeht, denn alle nahrhaften und gesunden Speisen sind meist auch wohlschmeckend; sodann, indem sie zu den bloß nahrhaften Gerichten und Speisen eine paßliche Würze hinzufügt, ihnen dabei auch ein wohlgefälliges Ansehen gibt.

Übrigens wird in den verschiedenen Epochen und Schulen der Kochkunst bald der eine, bald der andere Charakter vorherrschend, und man könnte daher recht wohl im Kochen, wie in den schönen Künsten, einen strengen, anmutigen und gleißenden Stil annehmen.

Von dem strengen Stil erhielt sich bis auf den heutigen Tag hinab manche Probe in den echten Nationalgerichten. Was ist z. B. der Rinderbraten der Engländer anderes, als ein Denkmal jener Vorzeit, die in den Homerischen Gesängen sich abspiegelt? Saftig gebratenes Fleisch lieben auch die uralten Chinesen, welche gleich den Engländern ein abgesondertes, einsames, das Alte bewahrendes Volk sind. Auf gleiche Art erhielt sich seit Jahrtausenden von China bis nach Italien bei allen den Reis vorzugsweise anbauenden Völkern jene schmackhafte Zurichtung desselben, der Pillaw[1], in welchem die Körner härtlich gesotten und wiederum abgekühlt, dann mit animalischem Stoffe noch einmal zum Feuer gebracht, gewürzt und völlig gar bereitet werden. Auf diese Weise zugerichtet, bewahrt sich der Mehl- und Zuckerstoff, den dieses treffliche Korn so reichlich enthält; die Nordländer jedoch, denen der Reis von fernher zugeführt wird, pflegen diese besseren Bestandteile gänzlich zu verkochen, und mit den ausgesogenen mark- und geschmacklosen Fibern sich zu begnügen.

Der anmutige Stil der Kochkunst, ein Gipfel, auf dem es schwer ist, lange zu verweilen, verbindet mit der Nahrhaftigkeit den Reiz und die Zierde. Dieser Stil ist es, den ich vorzüglich ins Auge zu fassen bemüht bin. Dies ist: le genre mâle et élégant, wie der vortreffliche Carême[2] sich ausdrückt.

Aber gerade aus dem anmutigen Stile pflegt der überfeinerte, gleißende hervorzugehen, der die Ernährung, den Gehalt, mehr und mehr vernachlässigen, alles in die Zierde und Zurichtung setzen wird. Diesen Standpunkt betraten die Griechen schon sehr früh; die Römer nahmen ihn später ein und vorzüglich damals, als Apicius das Vorbild aller modernen Kochbücher verfaßte. Sein Buch ist in mehr als einer Hinsicht merkwürdig. Zunächst, weil doch hier und da einige noch immer brauchbare römische Hausregeln darin sich anfinden, welche man vornehmlich aus den Schriftstellern vom Ackerbau ergänzen kann. Alsdann, wie schon bemerkt worden, weil es im übrigen die denkbar größte Entartung der Kochkunst darstellt; weil man daraus abnimmt, an welch' einen seltsamen Nebengeschmack der Mensch sich gewöhnen kann, wenn er, ohne zurückzudenken, oder sich selbst Einhalt zu tun, dem Reize der Neuheit sich hingibt, und durch fortgehende Steigerung das Neue neu zu erhalten strebt.

Zweites Kapitel
Von den allgemeinen Eigenschaften der eßbaren Naturstoffe

Die eßbaren Dinge, nach ihren allgemeinsten Beziehungen auf den Menschen betrachtet, zerfallen in einfach ernährende, in einfach würzende und in solche, die beide Eigenschaften vereinigen.
Die Nahrhaftigkeit darf unter keinen Umständen, wie leider nur zu oft geschieht, durch überkünstelte Bereitungen unterdrückt oder vernichtet werden. Im Gegenteil soll man jederzeit dahin streben, sie zu erhalten, zu entwickeln und zu erhöhen. Eben daher muß man auch vermeiden, die Nahrhaftigkeit eines Grundstoffes schon vor der Bereitung zu vermindern. Dies geschieht z.B., wenn man, nach deutschem Mißbrauche, das Fleisch und die Fische zu sehr wäscht, oder gar längere Zeit in kaltem Wasser liegen läßt. Denn das Wasser löset den Leimstoff auf[1] und laugt beides, Fische und Fleisch, mehr und minder aus. Man siede nur, um sich davon zu überzeugen, zwei Stücke desselben Fisches; das eine, nachdem es eine Viertelstunde im Wasser gelegen hat, das andere aber sogleich, nachdem der Fisch zerschnitten worden, und verkoste darauf beide. Auch das sogenannte Blanschieren ist in den meisten Fällen ein nutzloser, durchaus aber ein die Nahrhaftigkeit vermindernder Gebrauch. Das Blanschieren wird häufig auch da angewendet, wo sein alleiniger Zweck, den Speisen ein schöneres Ansehen zu geben, durchaus nicht erreicht werden kann. Allein man sollte nicht einmal dem guten Ansehen die Nahrhaftigkeit und den Wohlgeschmack der Speisen aufopfern. Die Zierde ist viel-

mehr nur insofern wünschenswert, als sie aus dem Charakter[2] der Speise hervorgeht.

Die gewürzhaften (aromatischen) Eigenschaften und die feineren Salze, welche in einem großen Teile der Nahrungsstoffe enthalten sind, müssen ebenfalls vor der Auswässerung, und vorzüglich vor einer übergroßen Kochhitze bewahrt werden.

Ungleichartige, einander widerstrebende Würzen soll man nicht durcheinander mischen, weil sie entweder sich gegenseitig aufheben, oder einen widrigen Geschmack hervorbringen würden. Diesen höchst wichtigen Grundsatz tritt man täglich in der Theorie, wie in der Praxis, mit Füßen.

Nahrungsstoffe, welche zugleich ernährend und wohlschmekkend sind, muß man mit gedoppelter Sorgfalt behandeln, weil die flüchtigen Salze und Arome, welche sie enthalten, bisweilen der Hitze weichen, welche man anwenden muß, um die ernährende Eigenschaft vollständig zu entwickeln.

Es gibt aber auch eine vierte Klasse von Nahrungsstoffen, welche bedürfen, von einer herben, oder wohl gar von einer schädlichen Nebeneigenschaft durch Waschen, Auslaugen, langes Kochen oder Ausdünsten befreit zu werden. Die Kartoffel z. B., enthält in einigen ihrer Arten einen giftigen Saft, in allen einen schädlichen[3]. Im ersten Fall ist man genötigt, ihn durch Pressen auszusondern; im letzten, der uns Europäer allein angeht, genügt es, die Kartoffel durch häufiges Waschen und längeres Auslaugen in frischem Wasser von ihrem Safte zum Teil zu befreien, und den Überrest bei gelinder Hitze verdünsten zu lassen. Die Artischocke bedarf ebenfalls durch längere Wässerung von ihrem Gallenstoffe befreit zu werden; gesalzene und lufttrockene Nahrungsstoffe befreit man, wie Jedermann weiß, durch Wässerung vom Nitrum, vom Salz und von der Lauge, in der sie etwa eingeweicht worden sind.

Von großer Wichigkeit ist es, die Güte der rohen Nahrungsstoffe im Ganzen, wie im Einzelnen beurteilen zu können. Selbst bei Dingen derselben Art ergibt sich oft ein bedeutender Unterschied. Dies beklagt schon Hippokrates[1] als ein Hindernis, von den Wirkungen der Nahrungsmittel allgemein gültige

Auskunft zu geben. Es dient aber der Geruch, die Betastung, das Ansehen, wenn diese Sinne durch Übung geschärft sind, um den Einkauf und die Auswahl der Nahrungsmittel mit einiger Sicherheit zu besorgen. Es würde zu weit führen, wenn ich an d.O. die jedem Koche höchst wichtige Anatomie der größern Schlacht- und Jagdtiere behandeln wollte. In der Ausführung dieses Teiles unserer Wissenschaft sind die englischen Systeme der Kochkunst vorzüglich gründlich.

Drittes Kapitel
Vom Ursprung und von den ersten Erfordernissen der Kochkunst

Die Bildung des menschlichen Gebisses, welche, bei seltenen Ausnahmen[2], den Freßwerkzeugen der Raubtiere gleicht, eben wie jene alte Überlieferung von einem ursprünglichen Jagd- und Jägerleben der Menschheit, leiten darauf hin, die animalischen Nahrungsstoffe, oder das Fleisch, doch mit den fleischigen Baumfrüchten zugleich, als die ursprünglichsten anzusehen, und daher vor allen andern in Betrachtung zu nehmen. In der Tat enthält das Fleisch der Tiere, chemisch oder diätetisch betrachtet, den verhältnismäßig größten Anteil ernährender Grundstoffe. Uns kommt es jedoch nur darauf an, wie die Nahrsamkeit des Fleisches am zweckmäßigsten durch die Kunst entwickelt werde.

Wilde, dem tierischen Zustande nahestehende Nationen pflegen die animalischen Stoffe ohne große Umstände roh zu verzehren, wie die Patagonier in Ansons Reisen. Kalmucken und Tschergisen, welche in der Kunstbildung um einen Schritt weiter gekommen sind, streben schon dahin, ihr Pferdefleisch zu erhitzen, indem sie darauf spazieren reiten. Gebildeten Nationen jedoch würde sowohl die ganze, als die halbe Rohigkeit äußerst widrig und ekelhaft sein; ja es scheint, daß gerade die gebildete Lebensweise die Verdauung schwächt und das Bedürfnis einer künstlichen Hilfe hervorruft. Diese Hilfe, welche die Kunst einer verfeinerten oder geschwächten Verdauung zu leisten bemüht ist, erfolgt durch eine wohlverteilte Einwirkung des Feuers, des Wassers und des Kochsalzes.

Seit vielen Jahrtausenden dienen die ebengenannten drei Elemente unzähligen Völkerschaften gleichsam zu ihren äußeren Verdauungswerkzeugen; man gewöhnt sich daher von Jugend auf daran, den angezündeten Herd oder die Feuerstelle, nach welcher hie und da sogar die Familien gezählt und beschatzt werden, als ein Ding anzusehen, welches nicht wohl anders sein könne. Indes mußte eine sehr lange Zeit darauf hingehen, bis da irgend ein guter Kopf auf den Einfall geriet, seine Jagdration an der Spitze eines Stockes zu befestigen, und sodann dem Feuer auszusetzen. Einmal erfunden, fand diese Verbesserung unstreitig schnelle und häufige Nachfolge.

Ein zweites längeres Weltalter mußte vorüberschreiten, ehe man ein wasserdichtes, feuerfestes Gerät, sei es aus Ton oder aus Metall, erfunden hatte, ohne welches das Sieden und halbfeuchte Dünsten überall nicht möglich wäre. Die Erhitzung des Fleisches an der Flamme, ja selbst den Gebrauch des natürlichen Kochsalzes, kann der Zufall die Menschen gelehrt haben. Wer aber ohne vorangegangene Erfahrung a priori auf den Nutzen des Siedens und auf den Gebrauch des Topfes schloß, war ohne alle Frage ein Geist von seltener Fähigkeit. — Doch ist es möglich, daß der Topf ursprünglich nur zum Trinkgeschirre gebildet worden, und daß alsdann der Zufall oder der Vorwitz allmählich darauf hingeleitet hat, darin Flüssigkeiten zu erwärmen, und vermöge der letzten eßbare Dinge mittelbar zu erhitzen.

In Beziehung auf unsere Zeitgenossenschaft ist nun freilich nicht mehr davon die Rede, ob wir Feuer, Wasser und Salz in unserer Küche verwenden sollen; uns gilt vielmehr nur die

möglich beste Beschaffenheit und angemessenste Verwendung jener Elemente.
Es ist mithin die erste und wichtigste Aufgabe, die Feuerstelle bequem anzulegen; aber gerade in diesem Stücke hinkt unsre übrigens wohlbestellte Baukunst; denn ein Kamin, der nicht raucht, ist fast so selten geworden, als ein Theater, in dem man gehörig hört. Wer nun zufälligerweise in dem Besitz einer Küche ist, die nicht raucht, der mag sich wohl in acht nehmen, sie einer freventlichen Neuerungssucht aufzuopfern; denn der erste Stein, den man daran verrücken würde, möchte schwerlich der letzte bleiben, der überhaupt des Verrückens bedürfte.
An einem guten Feuerherd — und gut ist ein solcher, an dem man kochen kann, ohne zu weinen — soll ein bequemer Platz für ein frisches, loderndes Bratenfeuer befindlich sein, welches allenfalls auch einige Spieße mit hinreichender Hitze versehen möge. Zur andern Seite dieses zentralen Glutfeuers muß es einen Raum geben für Wasserkessel und allerlei Hafen und Töpfe, damit die abwärts gerichteten Glutstrahlen nicht etwa völlig verlorengehen. Gegen den Rand des Herdes hin und in den vorgeschobenen Winkeln desselben setze man Kasserollenlöcher oder Seitenkamine, in denen nur Kohlen verbrannt werden. Einige pflegen sich auf solchen vorgeschobenen Posten gewöhnlicher Meilerkohlen zu bedienen, welche bisweilen rauchen und jederzeit einen üblen Dunst geben, der nachteilig auf die Gesundheit der Köche wirkt. Ich rate daher, alle Kohlen am Glutfeuer anzuzünden, und sie erst, nachdem sie recht ausgebrannt sind, in die Seitenkamine zu bringen.
Es sind in neueren Zeiten mancherlei Sparherde und Öfen erfunden worden, über welche man die bewährtesten physikalisch-mechanischen Bücher, z. B. des Grafen von Rumford kleine Schriften, nachlesen kann. Diese nützlichen Erfindungen sind nur selten in Anwendung gesetzt worden, entweder weil man überhaupt nur ungern von seinen Gewohnheiten abgeht, oder auch weil man bei dem Hergebrachten sich wirklich besser befand. Allgemeiner verbreitet sind jene Kochöfen, die überall in Bauernhäusern und Gesindestuben des oberen Deutschlands sich vorfinden. Wenn die eisernen Platten, wel-

che den oberen Teil des Ofens vom unten angebrachten Feuer absondern, nicht zu dünn sind, und mithin sich nicht zu jäh erhitzen, so eignen sich diese Öfen vortrefflich zum Sieden, Dünsten, Backen und Warmhalten. Indessen haben sie auch zu jenen ausgedörrten Rohrbraten die Veranlassung gegeben, die man überall in Oberdeutschland antrifft, und welche verständige Hausmütter aus ihrem Küchenzettel verbannen sollten.

Allein in Sachen des Feuers entscheidet nicht allein der Herd, vielmehr auch die Beschaffenheit des brennlichen Stoffes. Eine Gattung des Holzes hat vor der anderen Vorzüge; das Buchenholz vor allen. Man muß ferner darauf Bedacht nehmen, daß immer ein überjähriges Holz zur Hand sei; denn saftiges, nasses Holz wird unwillig brennen und rauchen, mithin gar manche Speise verderben. Ich würde selbst raten, jederzeit etwas recht trockenes Buschholz oder Reisig in Vorrat zu halten, weil es viele Fälle gibt, in denen man nur durch ein frisches, schnell loderndes Feuer erwünschte Wirkungen hervorbringt.

Unter den übrigen Brennstoffen verdient die echte Steinkohle[3] den Vorzug; ja, wo gerade eine sehr gedrängte und heftige Hitze nötig ist, wie bei den Ochsenschnitten und Ochsenbraten der Engländer, ist die Steinkohle jeder anderen Feuerung vorzuziehen. Je toniger aber die Kohle, je unbrauchbarer ist sie zum Kochen, teils weil sie um so weniger Hitze ausgibt, teils weil sie bei langsamerem Verbrennen nur um so mehr üblen Geruch veranlaßt, der den Speisen sehr leicht sich mitteilen kann. Torf, oder mit Erdharz durchdrungener Pflanzenstoff, ist in den meisten Fällen der Braun- oder Lettenkohle vorzuziehen, weil er mit minderem Geruch und schneller verbrennt, und, einmal verkohlt, den Geruch ganz zu verlieren pflegt. Man tut daher wohl, den Torf mit leichtem Holzwerke zu verkohlen, bevor man die Speisen daran setzt.

Holzkohlen sind ein vorzügliches Brennmaterial; sie erhitzen bis wenig unter dem Grad eines guten Steinkohlenfeuers, und sind dabei geruchloser. Doch muß ich angehende Kochkünstler darauf aufmerksam machen, daß nicht alle Holzkohlen redlich, oder nach den wahren Grundsätzen der Kunst verfertigt wurden. Wenn sie aus zu nassem Holz, oder bei starkem Winde gebrannt werden, oder wenn geizige Köhler die Glut erstickt haben, ehe alle toten Teile verzehrt sind, so pflegt sich ein unruhiger Spuk- und Luft-Geist in den Kohlen zu regen, der sprühet, lärmt und knallt, wenn das Feuer angeblasen wird, und die Töpfe mit Staub und Kohlenstücken erfüllt.

Dieses von der Feuerung. Das Wasser aber, diese edelste Gabe der Natur und trefflichste Labung des Menschen, wird von den Neueren nicht mehr mit jener sorgsamen Liebe und Pflege behandelt, welche das klassische Altertum, ja sogar noch das Mittelalter auszeichnete. Die Trümmer großer Wasserleitungen, welche noch immer den ganzen Umfang des römischen Weltreiches bedecken, beweisen, daß die Römer nicht allein um die Menge, vielmehr auch um die möglich beste Beschaffenheit des Wassers bekümmert waren; denn die große Empfänglichkeit dieses Elements veranlaßt, oft sogar bei naheliegenden Quellen, die größte Verschiedenheit in seinen Bestandteilen oder besser in seinen Beisätzen. Wie es nun überhaupt sehr wichtig ist, ein gutes Trinkwasser zu haben, so wird es auch nicht weniger von Belang sein, mit welchem Wasser man koche: denn nicht jedes gute Trinkwasser taugt zum Kochen, eben wie umgekehrt nicht jegliches Kochwasser zum Trinken geeignet ist. Zum Kochen eignet sich nur ein weiches, wenig mit mineralischen Bestandteilen geschwängertes Wasser, und es ist immer noch besser mit einem lauen, stehenden Wasser zu kochen, als mit einem mineralischen; denn die fauligen Pflanzenteile des ersten werden im Sieden teils durch das Schäumen abgesondert werden können, teils bei beruhigtem Wallen im Grunde des Gefäßes einen Niederschlag oder Bodensatz bilden; während die mineralischen Wasser im Kochen die in ihnen enthaltenen Salze und Säuren nur um so mehr auflösen und den Speisen mitteilen.

Es gibt nun freilich Niederungen, wie Holland, in denen man auf ein gutes Trinkwasser durchaus verzichten muß, und Gebirgsarten, die durchaus kein reines, brauchbares Kochwasser hervorzubringen imstande sind. In diesen Fällen muß man sich durch die Kunst helfen; denn ein fauliges Wasser kann durch eine rasche Bewegung in den Leitungen, ferner indem es durch Kohlen, durch Kies, durch poröse Steinplatten gesintert wird, ungemein verbessert, ja der Vollkommenheit sehr nahe gebracht werden. Es ist nicht unmöglich, auch in den mineralischen Wassern, ehe man sie zum Kochen verwendet, durch hinreichend einfache und wohlfeile chemische Mittel einen Niederschlag zu bewirken, der sie ziemlich nutzbar macht. Eine solche Vorbereitung selbst des Trinkwassers würde in manchen Gebirgsländern, welche, wie Kärnthen und Savoyen, der Krankheit der Kröpfe ausgesetzt sind, unstreitig von großem Nutzen sein.

Im übrigen liegt es nicht an mir, die Hausväter und Gemeindevorsteher über chemische Proben und Verbesserungen des vorhandenen oder etwa herbeizuleitenden Wassers zu belehren. Ich darf sie vielmehr an diese Wissenschaft, an deren Bekenner und vorzüglich an die praktischen Anweisungen verweisen, welche in vielen lobenswerten Büchern des Faches vorkommen.

Das Kochsalz endlich, obgleich in seinen Hauptbestandteilen immer dasselbe, ist dennoch in Beziehung auf seine Beisätze mannigfaltig verschieden. Das edelste Salz ist ohne alle Frage das reine, in Massen vorhandene Steinsalz, unter diesem hat das spanische den Preis. Seine Güte erprobt sich in den Einsalzungen der Fische, z. B. der holländischen Heringe. Doch ist auch das Meersalz sehr eindringend und macht kleinere Salzfische, wie die italienischen und französischen Sardinen, vollkommen gar. Lister, zum Apicius im neunten Buche und dreizehnten Kapitel, rühmt den Gebrauch des französischen Meersalzes in englischen Einsalzungen der leckerhaftesten und dauerhaftesten Art. Zu allen Einsalzungen soll man nun jederzeit das beste Salz nehmen, welches immer zu haben ist, sollte es gleich etwas teurer sein, als das gewöhnlichere. Die größte Ungleichheit findet sich bei den Quellsalzen, indem sie nicht selten einen zu großen Anteil von Ton und Kalkerde übrig behalten, je nachdem die Quellen mehr und minder reich sind und ihre Salze mehr und minder kunstgerecht bereitet werden. Ein gutes Quellsalz kündigt sich auf den ersten Blick durch die Reinheit

und Durchsichtigkeit seiner Kristalle an; das Meersalz bleibt aber immer dunkelfärbig, weil es ein wenig Nitrum zu enthalten pflegt. Dieser Umstand ist Ursache, daß man des Salpeters bei Einsalzungen mit Meersalz gänzlich entbehren kann.
Da nun ein mehr und minder reichlicher Zusatz von Kochsalz zur Entwickelung des Geschmackes und der Zuträglichkeit der meisten Speisen erforderlich gewesen ist, so werde ich in der Folge die Anwendung dieses Salzes, mit alleiniger Ausnahme der entschieden süßen Speisen, als notwendig voraussetzen, und nur selten in Erinnerung bringen.

Viertes Kapitel
Von der Einrichtung der Küche, nach dem Bedürfnisse gebildeter Völkerschaften

Ich habe oben von den ersten Erfordernissen der Kochkunst gehandelt. Es steht damit in Verbindung, daß ich die Ordnung meines geschichtlichen Systems unterbreche, um an diesem Ort auch der Geräte zu erwähnen, deren eine Küche bedarf, die auf der Höhe der Zeit arbeitet.
Das erste Bedürfnis einer solchen Küche ist eine gewisse Anzahl kleinerer und größerer Spieße, welche sämtlich dem auf mancherlei Weise anlegbaren Bratenwender gehörig angepaßt werden können.
Dem Spieß ist der Rost verwandt. Ich rate, mehrere von verschiedener Größe und von verschiedener Dichtigkeit des Git-

terwerkes anzuschaffen, ja selbst zu feineren Bereitungen den einen und den anderen mit Silber belegen, oder doch oberhalb glätten zu lassen. Denn das rauhe Eisen ist wohl nicht ganz rein zu erhalten.

Demnächst ist ein kupferner oder eiserner Wasserkessel zum Aufhängen, oder an seiner Statt ein umfassender Topf durchaus erforderlich; denn man muß zum Reinigen der Gefäße, zum Abputzen des Geflügels und zu mancherlei anderen Zwecken das siedende Wasser immer zur Hand haben.

Irdene Geschirre von mancherlei Form und Anwendung, als Töpfe, Hafen, Tiegel, Schalen, deren ich nicht insbesondere erwähnen will, weil sie zu den gemeinsten Hausbedürfnissen gehören. Die große Wohlfeilheit der irdenen Geschirre veranlaßt, daß die Köche und Küchenmägde damit sehr fahrlässig umgehen und im Umsehen alles zerbrochen haben. Man sehe deshalb fleißig darauf hin, daß sie die Gefäße dieser Art bedachtsam an ihren Ort stellen, damit sie keine Feinrisse bekommen, die nachher am Feuer zu Sprüngen werden. Auch nehme man beim Ankaufe darauf Rücksicht, ob das irdene Geschirr eine Bleiglasur habe, oder nicht, denn diese Art der Verglasung ist der Gesundheit nachteilig, wie ein vortreffliches Buch, *der Tod in den Töpfen*, zwar unwidersprechlich, jedoch nicht ohne die Gefahr zu übertreiben, ins Licht stellt. Freilich bedürften wir in Deutschland einer durchgängigen Verbesserung unserer Töpfereien, etwa nach dem Muster der englischen Steingutgeräte. Hie und da kocht man vorzugsweise in diesen, welche man gegen das Zerspringen von außen her mit Kupfer überzieht. Geräte dieser Art erhitzen sich ungemein langsam und sind daher nicht für alle Bereitungen geeignet. Doch gerät die Fleischbrühe, das Dunstfleisch, die Kartoffel, kurzum alles, was langsam und ruhig behandelt werden soll, darin ausnehmend wohl.

Gegen die Geschirre von wohlverzinntem, nicht verbleitem Kupfer, welche so lange Zeit hindurch in den Küchen verwendet worden sind, erhob sich gegen die Mitte des verflossenen Jahrhunderts ein großes Geschrei. Unaufmerksame und unreinliche Köche hatten hie und da durch Grünspanvergiftungen Veranlassung gegeben, daß man laut und dringend ihre Abstellung begehrte. Hypochondrische Gelehrte bekämpften, doch vergeblich, die Vorurteile ihrer Frauen, Köche und Hausmeister, Gelegenheit zu ergötzlichen Vorfällen, welche in verschiedenen Büchern verzeichnet worden sind.

Es ist jedoch das metallene Gerät durchaus erforderlich, wo man, wie so oft, einer schnellen Mitteilung der Hitze bedarf. Man hat das Kupfergerät daher mit dem Gußeisen ersetzen wollen. Indessen verkalkt sich auch dieses und wirkt sodann nachteilig auf die Zähne und auf die Verdauung, nicht zu gedenken, daß eiserne Geräte sehr leicht den Geschmack und die Farbe der Speisen verderben. Ich glaube daher, daß man die Kupfergeräte beibehalten, aber mit großer Reinlichkeit und Vorsicht behandeln sollte.

Eine oder auch zwei kupferne, wohlverzinnte Tortenpfannen, welche jedoch, wenn gleich unvollkommen, durch ein auf dem Herd angebrachtes Rohr ersetzt werden können.

Einige eiserne Dreifüße; vorzüglich, wenn es dem Herd an Winkelkaminen fehlte. Einige Mörser von Metall, Stein und Holz.

Eine, auch zwei Kasserollen von möglichst reinem Silber sind zu verschiedenen Speisen erforderlich, welche wir unten anzeigen wollen. Auch diese müssen sehr reinlich gehalten werden, weil der nicht zu vermeidende Zusatz von Kupfer leicht Grünspan aufwirft.

Einige blecherne Schüsseln dienen zu verschiedenen Zwecken, wie zur Unterlage von allerlei Gebackenem. Es ist besser, die Vertiefungen hineinzuschlagen, weil sie alsdann nicht bedürfen mit Blei gelötet zu werden.

Einige blecherne Puddingformen, die aber mit Zinn und nicht mit Blei gelötet sein müssen. Man kann ihrer jedoch entbehren und den Pudding in reine Tücher geschlagen absieden. – Es gibt gegenwärtig Formen für Pudding und Gallerte, aus englischem, feuerfestem Steingute, welche empfehlenswert sind. Man kann darin den Pudding ausbacken.

Einige kupferne, wohlverzinnte Formen und Model, um allerlei Mehlspeisen, Gallerte und anderes darin zu bereiten, oder

doch zu gestalten. Ich verstehe nicht, weshalb man nicht schon längst die Formen für den Gallert aus Glas bereitet hat, da sie doch der Hitze nicht ausgesetzt werden, und da man die Farbe, Reinheit und Dichtigkeit des Gallertes in gläsernen Formen viel besser würde beurteilen können, als in den kupfernen oder tönernen.
Eiserne Hafen und Kessel können bloß zum gemeinsten Gebrauch angewendet werden, weil sie den Speisen sehr leicht Geschmack und Farbe mitteilen.
Ein Durchschlag von Messing oder Kupfer und verschiedene Haarsiebe, welche voraussetzlich sehr reinlich zu halten sind.
Einige Reibeisen von verschiedener Feinheit, damit man nicht jegliches Ding auf demselben Gerät aufzureiben brauche.
Eine geglättete Steinplatte mit hölzerner Rolle, um allerlei Teig, zum Backen und Sieden, darauf zu verarbeiten. In Ermangelung der Marmorplatte bediene man sich eines guten, glatten Brettes.
Ein feiner Hobel, um Trüffeln in Späne zu hobeln. Gröbere, um das Kraut, Äpfel und anderes aufzuschneiden.
Ein Hackbrett von hartem, wohlausgelaugtem Holze, mit feinen Rändern umher, damit das Gehäcksel nicht herabfalle. Hierzu gehört ein Wiegemesser mit gedoppelter oder mehrfältiger Schneide, ein Hackmesser, ein Stoßmesser mit schlangenförmiger Schneide. Hölzerne Kochlöffel, Küchenmesser und Handbeile; ein großes italienisches Fetthändlermesser, um Schinken, Salame, Beefsteaks u.a. in recht lange Streifen zu schneiden; kleine Hohleisen zum Ausstoßen der Gehäuse des Obstes, oder um allerlei Kleinigkeiten in bestimmte Formen auszuschneiden; blecherne Zangen und Formen, um dem Backwerke bestimmte Gestalten zu geben und Ähnliches. Endlich wird ein papinianischer Suppentopf und ein englischer Dampfkessel gerade nicht schaden können.
Alle diese Geräte müssen sehr reinlich gehalten werden, welches, nach den Ermahnungen des trefflichen Neubauer[1] zu urteilen, nicht immer in deutschen Herrschaftsküchen der Fall ist. »Was für eine Ehre ist es nicht«, ruft er aus, »wenn Herrschaften und andere Leute in die Küche kommen und sehen, daß alles

glänzt wie Gold.« Aber nicht allein die Ehre der Küche, auch der Geschmack der Speisen und die Gesundheit des Tischherrn hängen größtenteils davon ab, daß alles Gerät sogleich nach dem Verbrauche geputzt und gescheuert werde. Wenn gedachter Neubauer in dieser Beziehung die französischen Herrschaftsküchen den deutschen zum Muster aufstellt, so hätte er dabei die fast durchgängige Reinlichkeit der bayerischen Bürger- und Bauern-Küchen nicht unerwähnt lassen sollen, von welcher die Küche des Herrn Wirtes zum Hirschgarten, unweit München, ein so erfreuliches Beispiel abgibt.

Fünftes Kapitel
Vom Braten im allgemeinen

Ich habe bereits angedeutet, daß der Braten höchstwahrscheinlich, unter dem Gekochten, die Urspeise der Menschheit ist, und stelle denselben deshalb allen anderen Zurichtungen voran. Der Braten im strengeren Sinne ist ein Stück Fleisch oder Fett von warmblütigen Tieren oder Fischen, welches unmittelbar durch die erhitzte Luft, die ein gegebenes Feuer umgibt, ganz gar bereitet worden. Um die Austrocknung der Oberfläche eines Bratens zu vermeiden, pflegt man ihn mit seinem eigenen abfließenden Saft und Fett, oder mit dem zerlassenen Fett anderer Tiere, endlich sogar mit Butter oder Öl anzufeuchten. Diese Behandlung, zugleich mit einer nachdrücklichen äußeren Ansalzung während des Bratens selbst, geben einem gebratenen Fleisch einen besonders hervorstechenden Geschmack, weshalb man diese Speise, als die abgestumpfte Eßlust anreizend und übrigens leichter verdaulich, erst gegen das Ende der Mahlzeiten aufzutragen pflegt. Die Methoden, welche die verschiedenen Nationen beim Braten zu befolgen pflegen, sind un-

ter sich abweichend; nicht alle aber sind gleichmäßig empfehlenswert.
Die englische, oder vielmehr die homerische Art zu braten, beruht auf dem Kunstvorteile, dem Fleische gleich anfangs durch eine schnell andringende Hitze einen Überzug zu geben, welcher die Verdünstung der edleren, im Fleisch enthaltenen Säfte und Salze während der nachfolgenden[2] langsameren Erhitzung verhindert. Diese Art zu braten muß daher voraussetzlich an einem freien Feuer vorgenommen werden, welches eine übelangewendete Knauserei aus vielen deutschen Küchen verdrängt hat; denn die Wirkung eines guten, flammenden Feuers kann weder durch die sogenannte Bratenmaschine, noch durch das Rohr und den Ofen, am wenigsten aber durch den Topf oder Tiegel ersetzt werden.
Durch Erfahrung habe ich seither aufgefunden, daß jegliches Begießen und vorzeitige Ansalzen dem Braten nachteilig werde. Um ihn in seiner Vollkommenheit herzustellen, muß man ihn ganz trocken an das schon flammende, wohlangezündete Feuer bringen, an demselben trocken umdrehen, bis die Oberfläche sich durchaus erhitzt hat. Auch dann ihn nicht begießen, sondern nur an etwa gefährdeten, zu stark austrocknenden Stellen mit kleinen Stückchen Butter belegen, besser, nur berühren. Die Butter wird auf dem schon stark erhitzten Teile sogleich schmelzen und Blasen treiben; doch gehe man damit sparsam um, damit nichts abträufe. Denn es belegt sich ein wohlgehaltenes Bratenstück während des Bratens mit einem leichten Schweiß aus jener feinen, schmackhaften und zuträglichen Substanz, welche die neuere Chemie das Osmazoma nennt. Dieser Schweiß nimmt gegen den Ablauf der Bereitung das Salz auf, welches man, fein zerstoßen, reichlich und wiederholt auf alle Teile der Oberfläche ausstreuen muß. Wollte man dasselbe früher darauf streuen, so würde der Braten sogleich Saft lassen, träufen und sein Bestes, eben das Osmazoma, verlieren. Wollte man den Braten von Anbeginn begießen, oder auch erst späterhin viel Fett und Flüssigkeit darauf ausgießen, so würde dessen Oberfläche nie fest werden, daher der Saft verdünsten, die Fiber nachlassen und erschlaffen. Ein guter Braten

muß anschwellen, die Fiber straff und gespannt, die Oberfläche fest, das Innere aber leicht zu durchschneiden und zart zu essen sein. Obwohl bis auf den Knochen gar, muß er dennoch schon beim ersten Schnitte die Schüssel von seinem Saft erfüllen. Ein solcher Braten verschmähet seine schmierige, rußige Jauche, welche ein verdorbener Geschmack unter dem Namen der Bratenbutter für eine unerläßliche Beigabe dieser Speise hält. Wer dem lederartig eingeschmorten Fleische, dem falschen Lügenbraten entsagt, wird nun auch wohl so viel Heroismus und echte Standhaftigkeit zeigen, als nötig sein mag, dem Schlendrian der schmierig angebräunten Butter den Kauf abzukündigen. Übrigens muß der Braten auf seinem Punkte vom Spieß abgezogen werden; man erwarte nicht, daß er zu sinken oder einzutrocknen beginne. Eine Regel dafür anzugeben, ist untunlich, weil von der Größe, Art oder dem Grade der Abgelegenheit des Fleisches hier alles abhängt. Ein junges Huhn, ein Beispiel anzugeben, erfordert zehn bis zwanzig Minuten. – Auch glaube man nicht etwa, daß im Ofen zu braten sparsamer sei; denn es kostet ein Arm voll Holz auch in den Städten nicht so viel, als das halbe Pfund Butter, welches nach meiner Methode erspart wird.
Da, wo die Feuerung sehr kostbar ist, kann der Rostbraten beschränkten Haushaltungen einigen Ersatz für den wirklichen Braten gewähren. Dünnere Fleischschnitte, wie die bekannten Ochsenschnitte (Beefsteaks) der Engländer, werden mit Vorteil über lebhaftem Kohlenfeuer auf dem Roste gebraten. Jegliche derbe Fleischart, ja die meisten Fische, geraten auf diese Weise sehr schmackhaft. Nur muß das Feuer heftig glühen, und es darf der Koch den Rost nicht verlassen, damit er schnell und zeitig die Schnitte umdrehen und sie gerade in dem Augenblicke abnehmen könne, wenn sie ihren Punkt erreicht haben, denn um wenige Sekunden später möchten sie bereits zähe geworden und gänzlich ausgetrocknet sein. Schnitte vom Fleische der Rinder, Kälber und Hämmel, oder von anderen fetten und saftigen Arten, soll man hierbei mit keinem fremdartigen Fette beschmieren, was ihnen nur ihren reinen, arthaften Geschmack benehmen würde, ohne sie saftreicher zu ma-

chen. Schnitte von Fischen dahingegen bedürfen, wenn man sie auf dem Roste braten will, mit seltenen Ausnahmen, ein wenig mit frischer Butter oder lieblichem Öl angenetzt werden. Gegen das Ende der Bereitung muß man diese letzteren übersalzen; hierbei können sie nach Belieben mit Semmelbrösel (Brosamen) bestreuet werden, um das Fett aufzutrocknen, welches etwa auf der Oberfläche der Schnitte sich gesammelt haben könnte.
Alle andern Surrogate des wahren Bratens, vorzüglich das Gebrätelte (Geschmorte, smothered) wird eine sparsame Hausmutter wohl tun, ganz fallen zu lassen. Der Dunstbraten aber (auf italienisch: stufato) ist vielmehr als eine selbständig treffliche Speise zu betrachten. Wir werden unten ausführlicher vom Dämpfen oder Dünsten reden.

Sechstes Kapitel
Von einigen besonderen Braten

Zum eigentlichen Ochsenbraten ist eine große Masse um den Hüftknochen ausgelösten Fleisches erforderlich. Je größer die Masse des Fleisches, je mehr konzentriert und verkocht sich im Innern derselben der tierische Leimstoff, je mehr erhalten sich die dem Fleisch eigentümlichen Säfte und Salze. Man lasse das Fleisch bei kühlem Wetter acht bis vierzehn Tage, bei warmem weniger, immer jedoch an einem kalten Orte hängen, damit es in sich selbst mürbe werde. Erst nach dieser Vorbereitung stecke man es an den Spieß, gebe ihm ein schnelles Feuer, pflege die Oberfläche, nach obiger allgemeiner Vorschrift, bis es gar ist. Wenn eine solche Masse gebratenen Rindfleisches gehörig bereitet worden, so bleibt sie zwar sehr saftreich, gibt aber unter

dem Schnitt, indem sich der rötliche Saft bei der ersten Berührung des Messers von der Fiber trennt, ein weißes, zartes Ansehen, fast wie ein wohlgemästetes Kalbfleisch. Es ist aber auch hierzu erforderlich, den Rinderbraten nach Art der Engländer in sehr dünne Streifen aufzuschneiden.
Dieses Nationalgericht hat die Engländer in den Ruf gebracht, daß sie das Rohe lieben. Denn viele Völker des Kontinents bilden sich ein, daß ein saftreiches Fleisch durchaus roh sein müsse, und halten das Fleisch nicht eher für hinlänglich gar, als nachdem es so dürre geworden ist wie ein Wespennest. Allein sie sind im Irrtum; ein guter Roastbeef ist nur darum so saftig, weil der Überzug, den ihm die erste schnelle Kohlenhitze gegeben, die Verdünstung der Säfte verhindert hatte.
In der Notwendigkeit, mich auf wenige Personen einzurichten, habe ich häufig kleinere, aus dem Rücken gehauene Stücke Rindfleisch am Spieße gebraten; die Fettdecke, die diese Stücke zu haben pflegen, auch der anliegende Knochen, verhinderte die Ausdorrung, und es war ein erträgliches Surrogat des kolossaleren Roastbeef.
Bei Nationen, welche eine größere Verschiedenheit von Speisen aufzutragen lieben als die Engländer, kann man ohnehin nur an Wirtstafeln oder in größeren Vereinigungen sich darauf einlassen, jene unermeßlichen Fleischmassen aufzutragen. Wir verdanken diesem Beweggrund ein anderes, sehr artiges Surrogat des englischen Rinderbratens, welches, wenn mich nicht alles betrügt, eine Erfindung der Franzosen ist: nämlich das Filet de bœuf (auf deutsch: der Mürbebraten, Lungen- oder Lenden-Braten). Man kann die Zartheit dieses ausgesuchten Stückes noch durch eine Beize von Essig, Gewürz und allerlei feinen Kräutern erhöhen; wem aber dieser umständliche Geschmack nicht behagt, tut besser, das Fleisch einige Tage hängen zu lassen und alsdann recht mürbe zu klöpfeln und so kurz als möglich zu richten (zusammenzudrängen). Alsdann wird dies Stück recht säuberlich gespickt und zuerst bei raschem, dann bei stillem Feuer so lange gedreht, bis es so gar gebraten ist, als einem beliebt. Indes ziehe ich vor, den Lungenbraten nach obiger allgemeiner Vorschrift, ohne ihn zu spicken, noch

zu klöpfeln oder zu beizen, ganz einfach am Spieße zuzurichten. Allerlei mehlige Gemüse, als Kartoffeln, graue oder preußische Erbsen, auch wohl frische, halbgereifte weiße Bohnen, diese mit Öl und Zitronensaft, geben hierzu eine willkommene Beilage; allein auch Möhren, Rüben, gedämpfte Gurken und Blättergemüse, als Lattich, Endivien usw., worüber im zweiten Buch an seiner Stelle.

Junge Lämmer, Spanferkel, gemästetes Federvieh und andere Tiere, die eine starke Fettdecke haben, wird man jederzeit mit Vorteil an einem schnellen Feuer braten und ihnen dann später, bis zum Auftragen, nur eine mäßige Hitze lassen, welche hinreicht, sie warm zu halten, ohne ihnen durch Ausdünstung zu viele Säfte zu entziehen.

Fasanen, Schnepfen und anderes Geflügel, welches gerade mehr fleischig als fett ist, wird man mit einer Decke von feinen Scheiben frischen oder gesalzenen Speckes bekleiden müssen, welche sich entweder wie ein Hemdchen zusammennähen oder sonst befestigen läßt. Die Franzosen pflegen über dem Hemdchen auch wohl ein in Olivenöl getränktes Papier anzubringen, welches allerdings noch bei weitem mehr gegen die Austrocknung schützt. Das genannte leckere Geflügel erhält sich in einem solchen Habit ungemein saftreich und frisch; um ihm entschiedener den Geschmack eines Bratens zu geben, kann man das Hemdlein einige Minuten vor dem Anrichten halb auftrennen und die Hitze an die Haut dringen lassen. Ich brauche nicht daran zu erinnern, daß man den gewürzhaften Schnepfendreck während des Bratens auf geröstete Semmelschnitte träufeln läßt. In Italien nimmt man die Eingeweide halbgebraten aus dem Leibe der Schnepfen, hackt sie mit einigen Sardellen und feinen Kräutern, legt das Gehäcksel auf Semmelscheiben und läßt es dann in der Bratenschüssel vollends gar werden.

Kalbfleisch, Hasen und Rebhühner, Kalbsleber und ähnliches wird man mit besserem Erfolge spicken oder auf der ganzen Oberfläche mit kleinen Speckschnittchen durchziehen. Es ist besser, hierzu gesalzenen Speck zu nehmen, um jenen süßen Fleischarten einen angenehmen Gegensatz zu geben. Doch hängt dergleichen jederzeit von der Subjektivität des Tisch-

herrn ab, welche jeder denkende Mundkoch nie aus den Augen verlieren wird.
Es kann aber auch der Fall eintreten, daß ein Bratenstück mehr Fett enthält, als angenehm oder zuträglich ist. Dieser Art ist der Aal. Am Trasimenischen See lernte ich eine sehr vorteilhafte Behandlung dieses Fisches kennen, die mehr und weniger glücklich auf alle fetten Fleischarten angewendet werden kann. Nachdem er von der Haut befreit und in Stücke geschnitten worden war, reihte man diese an einem Vogelspieß auf und legte den Spieß neben und über mäßigem Kohlenfeuer an. Sobald die genannten Stücke des Aales, die man nicht allzu enge zusammenreiht, ihr Fett auszuschwitzen anfangen, beginnt man auch, sie mit einer Mischung von fein gestoßenem Salz und fein geriebenen Brosamen (Semmelbrösel) zu bestreuen, und fährt damit so lange fort, als das Ausschwitzen des Fettes stattfindet. Wenn diese Handlung mit vieler Aufmerksamkeit und nicht, wie in den meisten Küchen geschieht, mit gedankenloser Fertigkeit vorgenommen wird, so inkrustiert sich jedes einzelne Stück ganz ebenmäßig mit einem Überzuge, den man einige Minuten vor dem Anrichten durch Verstärkung des Kohlenfeuers etwas sperre (krokantkroß) machen und nach Belieben mit etwas gestoßenem Pfeffer schärfen (pikanter machen) kann. Die Süßigkeit und Milde des Aales bekommt durch die Kruste, zu der ich eben die Anweisung gegeben habe, einen sehr angenehmen Gegensatz, und sein schwer verdauliches Fett verliert sich teils in den trockenen Teilchen der geriebenen Semmelrinde, teils verschwitzt es sonst. Es muß auffallen, wieviel Vorzüge diese Art der Bereitung besitzt, und ich wünsche von Herzen, daß sie in Deutschland allgemein werde und vorzüglich die Barbarei eines in Butter gebratenen oder geschmorten Aales gänzlich verdränge. Aal am Spieße gebraten wird freilich auch in deutschen Kochbüchern anempfohlen, aber mit allerlei künstlichen Vorbereitungen, welche dem guten Geschmack entgegenstehen und dem Fische seine erforderliche Frische nehmen.
Auf dieselbe Weise behandle man in kleine, derbe Stücke geschnittenes Lämmer-, Hammel- und Schweine-Fleisch, wel-

ches dem schmackhaften Kjebab der Türken nicht unähnlich sein wird, vorzüglich wenn man Schnitte von spanischen oder levantischen Zwiebeln zwischen den Fleischstücken aufreiht. Man kann auch, wenn man anders den Geschmack nicht zu stark findet, frische Lorbeerzweiglein, Salbei, Rosmarin oder andere bittere und aromatische Kräuter abwechselnd mit den Fleischstücken aufreihen, damit sie nicht zu nahe aneinander stehen. Unter die Brosamen muß man etwas mehr Salz als bei dem Aal und nach Belieben ein wenig Gewürz nehmen, von der Art, welche der Herrschaft gerade am meisten gefällt.
Ich kann nicht umhin, auf diese Veranlassung der Art zu erwähnen, auf welche in Italien frische Schweinelebern am Spieße gebraten werden. Man zerschneidet dieselben in derbe Stücke, umwickelt diese, nachdem sie gesalzt, gewürzt, auch wohl mit etwas Kümmel bestreut worden, mit der fetten Netzhaut des Schweins, und reiht diese Stücke, mit frischen Blättern von wildem Lorbeer abwechselnd, an einen Vogelspieß. Dann dreht man sie bei raschem Feuer lustig herum und trägt sie auf, wenn sie wohl gebraten sind. Dieses Gericht paßt ungemein zu einem herbstlich-ländlichen Jagdleben; Städtern möchte ich es, als unverdaulich, widerraten.
Brüste von großem Geflügel, als Indianischen Hühnern (Kalekuten, Kuhnen oder Piepstückeln), rasch abgerissen, nachdem man das Schultergelenk abgelöst und die Haut rings um den Brustmuskel aufgetrennt hat, geraten vorzüglich am Baumelspieß und auf dem Roste. Diese Art von Braten gibt zu einigen feinen Gemüsen eine paßliche, kräftig schmeckende Beilage. Die übrigen Teile des also geminderten Geflügels lassen sich in wohlgeordneten Haushaltungen mannigfaltig verwenden.

Siebentes Kapitel
Von dem Annetzen oder Anfeuchten der Braten und von den Fettstoffen im allgemeinen

Im allgemeinen wird man wohl tun, die Braten so viel als möglich mit ihrem eigenen ausbratenden Saft und Fett anzufeuchten, insofern es überall nötig wird, um ein übermäßiges Ausdorren der Oberfläche des gebratenen Fleisches zu verhindern. Denn jeder fremdartige Fettstoff wird, wenn auch nur sparsam angewendet, den reinen, arthaften Geschmack einer gegebenen Fleischart stören. Freilich gibt es viele bratbare Dinge, welche durch ihre natürliche Magerkeit, oder auch durch die Kleinheit ihres Umfanges, dem Ausdorren mehr ausgesetzt sind, mithin während der stärksten Wirkung des Feuers einer Tunke oder Schmiere bedürfen. Im letzten Falle muß man sorgsam bedacht sein, möglichst geschmack- oder geruchloses Fett oder sehr gute Butter anzuwenden. Ein edles Olivenöl, zu dem man freilich in Deutschland nicht immer gelangen kann, in Ermangelung desselben ein frisches Mohn- oder Nußöl, ist für kleine Vögel eine vortreffliche Tunke. Es schützt auch bei der sparsamsten Anwendung hinreichend vor der dem kleineren Geflügel so gefährlichen Austrocknung, nimmt das Salz sehr gut an und befördert das Sperrewerden der häutigen Oberfläche, während eben hierdurch das Innere äußerst saftig erhalten wird, wenn man anders das Feuer recht zu ermäßigen weiß. In anderen Fällen würde ich den Gebrauch des Öles widerraten, teils weil es durch die Erhitzung zähe und harzig, mithin sehr unverdaulich wird, teils weil es im Kochen nicht selten einen Beigeschmack entwickelt. Beides ist beim Annetzen der kleinen wilden Vögel weniger zu befürchten, weil hier ein Eßlöffel Öles hinreichend ist, um einen ganzen Spieß voll feucht zu erhalten, und weil das meiste noch abträuft oder bei raschem Feuer verdunstet.

Auf diese Veranlassung will ich die Ordnung unterbrechen, um von den Fettstoffen, welche soeben erwähnt wurden, einiges Allgemeine zu bemerken.

Eine zu fette Bereitung der Speisen, zu häufiger Genuß der Butter, des Speckes, fetten Fleisches und was sonst dahin gehört, ist den meisten Personen schädlich. Wie sehr aber ein mäßiger Genuß des Fettes zur Erhaltung der Schlüpfrigkeit der Eingeweide, der Gelenke und anderer organischen Teile erforderlich ist, weiß ein jeder Arzt und bezeugen die ärmeren Volksklassen aller ackerbauenden Länder durch den instinktmäßigen Trieb, ihre trockene, vegetabilische Nahrung mit etwas Schmalz, Öl oder Butter anzunetzen. Die Begüterten, welche bei weitem mehr animalische als vegetabilische Stoffe zu verzehren pflegen, sollen also, um das Gleichgewicht herzustellen, in ihren Küchen den Gebrauch des Fettes in eben dem Maße zu vermindern trachten, als die Armen wünschen müssen, ihn zu vermehren.

Da man aber selbst in der edelsten Küche den Gebrauch der Fettstoffe nicht gänzlich vermeiden kann, so soll man den besten und zuträglichsten zur Hand zu haben suchen.

Frischer Speck soll von gesunden, ausgediehenen, bei kühler Witterung eingeschlachteten Schweinen genommen werden. Die Güte des gesalzenen und geräucherten Speckes wird man an der Dichtigkeit, an der Farbe und am Geruch erkennen.

Die Güte der Butter hängt teils von der Beschaffenheit der Weiden, teils von der Art der Bereitung ab. Holsteinische, holländische und schweizerische Butter verdienen den Vorzug, weil sie die Verdienste der natürlichen Beschaffenheit und der reinlich-verständigen Bereitung vereinigen. Viel trägt zu ihrer Güte bei, daß man den Rahm (die Sahne) schon von der süßen und frischen Milch abnimmt. Aber wo die Milch weniger fett

oder weniger häufig ist, da pflegt man sie unter dem Rahm gerinnen zu lassen, um eine vollkommenere Aussonderung alles Fettstoffes zu bewirken. Es ist bei dieser Behandlung unvermeidlich, daß die Sahne einen ranzigen Käsegeschmack annehme, welcher der Butter verbleiben wird.
Mittelmäßige Butter kann durch wiederholtes Durchkneten in frischem Wasser oder durch fleißiges Abschäumen bei gelindem Sieden um etwas verbessert werden. Butter, vorzüglich die herbstliche, erhält sich den Winter hindurch gesalzen, wie die holsteinische, oder durch Abschäumen, wie oben, von allem Käsestoffe gereinigt, in welchem Zustande man sie Schmalz zu nennen pflegt. Zum Abbacken läßt sich nur die letzte anwenden.
Das Fett der Gänse, welches übrigens nie in sehr großer Menge vorkommt, ist hie und da beliebt, und wird zu manchen Bereitungen vorgezogen. In Italien, wo die Butter seltener ist, wo sie meist durch Speck und Schweineschmalz ersetzt wird, bedienen sich die Juden des Gänseschmalzes. Mit welchem Erfolg, ist mir unbekannt.
Das Olivenöl ist für die gemäßigten Erdstriche, was die Butter den nördlichen und völlig südlichen. Wir Nordländer bedienen uns desselben nur zu kalten Tunken. Doch kann man nicht leugnen, daß es besser ausbackt, als Schmalz und Butter, und hie und da in der Küche jedem andern Fettstoffe vorzuziehen ist.
Die Güte des Olivenöls ist von der Beschaffenheit und Lage des Erdreichs und von der Behandlung des Ölbaums abhängig. In der Bereitung kann es durch die Behandlung gewinnen und verlieren. Das kalabresische Öl z.B. würde vortrefflich sein, wenn die neapolitanische Verwaltung nicht eine schwere antizipierende Auflage auf die Ölmühlen gelegt hätte, wodurch unbegüterte Eigentümer genötigt werden, die Oliven faulen zu lassen, bis sie Geld genug haben, um sie mahlen zu können. Die Olive aber, wenn sie einmal in Gärung geraten ist, teilt dem Öle den ranzigen Geschmack ihres verdorbenen Fleisches mit, welchen es nie mehr verliert. Die Alten bedienten sich jedoch mancher künstlichen Reinigungsmittel des Öles; andere werden die

Provençalen kennen. Es bedarf also, selbst um aus einem trefflichen Gewächs ein gutes Öl zu bereiten, einer beschleunigten Verarbeitung der Oliven. Das erste ohne Druck abfließende Öl (das Jungfraunöl oder der Ausbruch) ist das lieblichste und edelste. Man kann es frisch genießen, während das gepreßte längere Zeit abliegen, und, vor dem Gebrauche, seinen Bodensatz gebildet haben muß.
Das edelste Öl zeigt sich in mehr als einer Gestalt. Wasserhell, leicht, flüssig und weniger fett, wie das Öl von der Insel Capri und von Olevano und Civitella im Kirchenstaat; oder hochgelb, aber durchsichtig und geruchlos, nur fetter auf der Zunge, wie das Öl von Lucca, Calci, Genua, Korfu. Im Altertume war griechisches und spanisches Öl gesucht, welches jetzt unter andern Namen in den Handel kommt. Das sogenannte Provençeöl ist ungleich. Der größere Teil des von dorther in den Norden versendeten wird in der Levante in Italien und Spanien aufgekauft.

Achtes Kapitel
Vom Braten durch eine langsame, verschlossene Hitze

In den Entdeckungsreisen der Engländer und anderer Nationen ist häufig von dem auf den Südseeinseln üblichen Braten auf erhitzten Steinen oder in erhitzten Gruben die Rede, worüber man Cook, Bougainville und Neuere nachlesen kann.
Diese Art der Bereitung nahm, als national, einfach und offenbar dem strengen Stile der Kunst angehörend, meine ganze

Aufmerksamkeit in Anspruch. Ich sah freilich wohl ein, daß sie nicht so gar reinlich ausgehen könne, indem es nicht wohl möglich ist, das Bratenfleisch auf jene Weise von Asche, Kohlen und Erde frei zu erhalten. Nach einigem Nachdenken jedoch fand ich ein Mittel aus, mit jener einfachen, gewiß uranfänglichen Bereitung die Reinlichkeit zu verbinden, welche in der Küche gebildeter Nationen ein Haupterfordernis ist. Ich wählte nämlich eine wohlverzinnte und dichte Tortenpfanne, setzte eine blecherne Schüssel hinein und legte auf diese ein Stück feisten Ochsen-, Hammel- oder Schweinefleisches, welches zwar so ziemlich den innern Raum des Gefäßes ausfüllte, aber dennoch oberhalb und an den Seiten seine Wände nirgendwo berührte. Dann verschloß ich das Gefäß und verklebte alle Ritzen und Öffnungen sorgsam mit etwas Brotteig. Alsdann bedeckte und umgab ich das Gefäß unten, an den Seiten und von oben her mit einem ganzen Berge von glühender Asche, und ließ es 4 bis 6 Stunden, je nachdem das Fleischstück groß war, ruhig stehen. Gegen das Ende dieser Zeit vermischte ich die Asche nach oben hin mit frisch glühenden Kohlen. Vor dem Eröffnen des Gefäßes, welches unmittelbar vor dem Anrichten geschehen muß, ließ ich es vollständig von aller Asche reinigen, und zog ohne Ausnahme einen sehr saftigen und reinschmeckenden Otaheitischen Braten hervor.

Unter das Fleischstück rate ich eine etwas vertiefte Schüssel von Blech oder von im Feuer erprobtem englischen Steingute zu stellen, die den abfließenden Saft des Fleisches aufnehmen könne.

Item rate ich das Rind- und vorzüglich das Schweinefleisch, im Winter acht Tage, im Sommer aber vier Tage lang vorzusalzen. Das Hammelfleisch, welches leicht einen ranzigen Geschmack zu geben pflegt, wird man wohl tun, zu salzen und in ein mit Essig genetztes Tuch einzuschlagen.

Man kann das Fleisch, wenn noch Raum da ist, mit frisch geschälten, leicht übersalzenen Kartoffeln umgeben und diese in derselben Hitze gar werden lassen. Sie nehmen den ablaufenden Saft des Fleisches an und werden sehr wohlschmeckend.

Die sogenannte Bratenmaschine scheint ebenfalls aus dem Bestreben hervorgegangen zu sein, die Bewohner der Südseeinseln nachzuahmen. Sie dörrt aber das Fleisch aus und teilt ihm den Geruch und die Säure der Kohlen mit, die man höchst zweckwidrig im Innern der Maschine anzündet. Knauserei und Faulheit der Köche haben diesem verderblichen Gerät in Deutschland vielen Eingang verschafft.

Neuntes Kapitel Vom Sieden im allgemeinen

Ich habe schon im dritten Kapitel auf die Wichtigkeit der Erfindung des Topfes aufmerksam gemacht. Leider ist für uns der Name des ersten Erfinders, ja selbst das Vaterland der Erfindung verlorengegangen; wenn anders die Mythe des Prometheus nicht etwa eine Allegorie auf den Topf ist, der in der irdenen Form auf eine geheimnisvolle Weise Bewegung und Feuer umschließt und als leeres Gefäß bis auf die heutige Stunde das Sinnbild moralischer Wertlosigkeit verblieben ist.

Unter allen Umständen müssen wir zugeben, daß der Topf uralt sei; denn er kommt bereits in der Mosaischen Urgeschichte vor, als wo der Fleischtöpfe Ägyptens häufig erwähnt wird, welche beinahe sprichwörtlich geworden sind. Auch ist nur dem kleinsten Teile der wilden Nationen, welche die neueren Seefahrten kennenlernten, der Topf völlig unbekannt.

Durch die Erfindung des Topfes ward die Eßbarkeit unendlich vieler Naturprodukte herbeigeführt; andern ward eine neue Seite abgewonnen. Denn man hatte nun endlich Sieden und Dünsten gelernt und konnte mithin animalische Stoffe mit nahrhaften und gewürzhaften Erzeugnissen des Pflanzenreiches innig verbinden, sie zu einem Ganzen umbilden. Hierdurch also ward es der Kochkunst zuerst möglich, nach allen Seiten hin sich zu entwickeln.

Wir treten nun, den Topf in der Hand, in das Gebiet des Siedens und Dünstens hinüber. Sieden aber ist: einen Gegenstand durch im Wallen erhaltenes Wasser eßbar machen oder doch wenigstens seine Eßbarkeit erhöhen.

Zehntes Kapitel
Vom Sieden des Fleisches und der Fische

Durch das Braten wird nichts, als gerade nur der Braten gewonnen; aber durch das Sieden gewinnt man außer dem zu siedenden und gesottenen Fleisch auch noch die Brühe des Gesottenen, deren Verwendung äußerst mannigfaltig ist.

Nationen, welche, wie die englische, eine zwar lobenswerte, doch einseitige Vorliebe für das Gebratene gefaßt haben, pflegen gegen das gesottene Fleisch ein Vorurteil zu hegen. Auch ich stimme der Meinung berühmter Ärzte bei, daß ein zu sehr verkochtes, fast bis auf die bloße Fiber eingesottenes Fleisch durchaus keine nahrhafte und nicht einmal eine schmackhafte Speise abgeben könne. Aber glücklicherweise läßt sich durch ruhiges, verständig bemeistertes Sieden ein gedoppelt erfreuliches Resultat, gute Brühe und saftreich gesottenes Fleisch hervorbringen.

Will man überhaupt auf die Brühe verzichten, so wird man wohl tun, ein gegebenes Stück Fleisch in ein mehrmals ohne Seife durchgewaschenes Tuch fest einzubinden, oder noch besser einzunähen, und es dann so lange zu sieden, als die Dicke und Art des Fleisches erfordert. Auf diese Weise pflegen die Engländer ihr boil'd mutton, auf Deutsch, ihre gesottene Hammelkeule, zuzubereiten, ein ebenso saftiges als nahrhaftes Gericht. Ich rate, einer solchen Zurichtung, nach der jedesmaligen

Dimension in die Breite oder Dicke des Stückes, eine zwölf- oder vierundzwanzigstündige Einsalzung vorangehen zu lassen, weil man es während der Bereitung selbst nicht mehr nachsalzen kann. Allein es wird auch das Gesottene selbst nach den Umständen durch die Flüssigkeit, in der es gesotten wird, gewinnen können, weil es während des Siedens ebensoviel einsaugt als abläßt. Aus diesem Grunde gerät alles in kräftiger Fleischbrühe Gesottene höchst schmackhaft, wie die Hühner aus dem Kessel, den man zu Paris unausgesetzt im Sieden erhält, oder wie das Donkinsche Patentfleisch, welches im eigentlichsten Sinne in kräftiger Fleischbrühe eingemacht wird. Daß Gesalzenes in Milch abgesotten lieblicher werde, bemerkt schon Apicius. Man siedet den Schinken auch in Wein oder mit gewürzhaften Kräutern und Spezereien in Wasser.
Es ist noch ungleich größeren Schwierigkeiten unterworfen, die Fische, als das Fleisch zu sieden. Ein kunstgerechtes Sieden der Fische wird an den meisten fischreichen Ufern, vorzüglich aber in Holland, durch eine stumme Überlieferung in allen Klassen der Gesellschaft fortgepflanzt und erhalten, während es an anderen Orten häufig selbst den berühmtesten Köchen mißlingt.
Vergeblich habe ich mich bemüht, der Theorie vom Sieden der Fische auf den Grund zu kommen. Die Art und die Größe der Fische, das Wasser, in dem sie gelebt haben, die Zeit, die seit ihrem Ableben verflossen, die Witterung, das Wasser endlich, in dem sie gesotten werden sollen, bringt bei jedem neuen Versuche neue Erscheinungen hervor. Die Kunst, die Fische gut, das heißt vollkommen gar, doch nicht auseinander zu kochen, beruht daher auf einer Feinheit des Taktes, der dem Koche schon zur anderen Natur werden muß, wie dem Holländer oder jenen neapolitanischen Fischern, die Winters an die toskanische Küste zu kommen pflegen.
Beim Sieden der Fische kann zweierlei beabsichtigt werden: das eine, den Fisch selbst gar zu machen; das andere, eine gute Fischbrühe zu gewinnen. Im ersten Falle muß gerade, weil man auf die Fischbrühe verzichtet, vorzüglich dahin getrachtet werden, dem Fleische des Fisches seinen tierischen Leimstoff zu er-

halten. Dieses geschieht, wenn man den Fisch nicht eher in das Wasser einlegt, als bis dasselbe den höchstmöglichen Grad der Siedehitze erreicht hat. Denn die jähe Hitze zieht die Außenseite des ganzen Fisches oder seiner einzelnen Stücke schnell zusammen und verhindert mithin das Auslaugen, welches stattfinden würde, wenn man den Fisch mit kaltem oder lauem Wasser ans Feuer bringen wollte. Aus demselben Grunde muß man die Fische nicht etwa in kaltem Wasser liegen lassen, nachdem sie gereinigt und ausgeweidet worden, wovor ich schon oben gewarnt habe. Doch mit Ausnahme einiger Seefische, welche durch vorangehende leichte Ansalzung sich wesentlich verbessern, daher vor dem Sieden wiederum zu wässern sind; gleich dem Kabliau, den die Holländer stets in Scheiben schneiden und wenigstens auf einige Stunden einsalzen.

Seefische geraten am besten im Seewasser, wenn man dieses gerade haben kann.

In einigen Gegenden von Deutschland siedet man alle Fische mit Zwiebeln, Essig und Pfeffer ab. Obgleich dies nicht geradezu schlecht ist, so hebt es doch den Unterschied des Geschmakkes von einem Fische zum andern auf. Einige ganze Pfefferkörner pflegen übrigens, eben wie ein reichliches Salz, keinem Süßwasserfische zu schaden. Mit Essig pflege ich Forellen und Lachse nur alsdann abzusieden, wenn ich sie mehrere Tage hindurch unter einfachem Fischgallerte erhalten will. In einigen Gegenden liebt man die Forelle in gutem Wein abzusieden, was zwar nicht übel ist, doch einer Forelle aus den Hochgewässern vieles von der unbeschreiblichen Feinheit ihres Geschmackes benimmt. Ich würde immer vorziehen, sie in ihrer eigenen Brühe aufzutragen und nichts anderes als frische Butter und gutes Brot dazuzugeben.

Süßwasserkrebse können mit kaltem Wasser angesetzt werden, weil ihre Schale sie schützt. Indes halte ich es für ein Vorurteil, daß sie auf diese Weise schmackhafter geraten sollen. Einige sieden die Krebse mit Pfeffer, Salz und Kümmel. Mir schien dieser Zusatz passend; andere mögen sich nach dem Geschmack ihres Tischherrn richten.

Seekrebsen der größeren Art, als dem Hummer, der Lokuste

und dem Taschenkrebse, muß man das Maul und den After mit etwas Kork verstopfen, damit das Wasser nicht eindringe und das Fleisch auslauge. Dieses empfiehlt schon der mehrerwähnte Bartolommeo Scappi. Strandkrebslein siedet man geradezu in Seewasser und bestreut sie, wenn sie gesotten sind, reichlich mit Salz.

Elftes Kapitel
Von der Brühe des Fleisches im allgemeinen

Wem es aber vorzüglich darum zu tun ist, eine gute Brühe zu gewinnen, sei es behufs einer schmackhaften und kräftigen Suppe, oder zur Bereitung von Gemüsen, Tunken (Soßen) u. dgl., der muß darauf Bedacht nehmen, seinen Fleischtopf wohl ans Feuer zu bringen. Man setze das Fleisch mit wenigem Salze bei, fülle den Topf bis an den Rand mit kaltem Wasser und schäume ihn während des langsam unterhaltenen Siedens fleißig ab. Nach etwa zwei Stunden gebe man ihm sein volles Salz, welches alle übrigen Unreinigkeiten und toten Stoffe noch vollends in die Höhe zu steigen zwingt. Dann richte man sich allgemach darauf ein, allerlei aromatische Wurzeln und Kräuter hinzuzutun, als Sellerie, Möhren, Petersilie, Porree, und was dergleichen mehr ist, und wie man es am meisten liebt, nur keine Zwiebeln, weil sie gesotten einen faden Geschmack geben. Mit diesen fülle man, wo möglich, den eingesottenen Topf so an, daß die durch Verdünstung verringerte Brühe beinahe wieder den Rand des Topfes erreicht, und lasse alles zusammen etwa noch eine Stunde lang gelinde fortsieden. Wenn man die Kräuter und Wurzeln zu früh hineintut, so verkocht nicht selten der gewürzhafte Geschmack, um dessen willen sie hauptsächlich der Fleischbrühe zugegeben werden. Bei allem Sieden und Dünsten muß man aber vor zwei Gefahren sich in Sicherheit stellen: dem Anbrennen und dem Einschlagen des Rauches.

Brühe gewinnt man von besserer Beschaffenheit in hohen, tönernen, als in metallenen und flachen Gefäßen. In flachen Gefäßen wird das Fleisch sich bei abnehmender Flüssigkeit zeitig bloßlegen, daher oberhalb ausdorren, auch wohl an den Seiten anbrennen, nach dem Kunstausdrucke: beschnirren. In den hohen aber sinkt es mit der Flüssigkeit, bleibt daher stets von ihr bedeckt. Empfehlenswert sind in dieser Beziehung die hohen zylindrischen Dampfkessel, in welchen man Suppe, Gemüse und Fleisch zugleich bereiten kann. Man bilde über dem Gitter ein Bett von Kohl, Möhren und Rüben, lege darauf ein Stück Rind- oder Hammelfleisch und salze es leicht. In den unteren Behälter aber so viel Wasser, als für die Dampfbereitung und zugleich zur Suppe hinreichen wird. Man bringe darauf das Geschirr zum Feuer, wo es einige Stunden zu wirken hat, in welcher Zeit man bisweilen nachsieht, die Suppenkräuter in die Flüssigkeit wirft und später wieder herausnimmt, um Reis, Gerste, gebrochenes Korn oder Mehlpasten hineinzuwerfen. Sind diese hinreichend gesotten, so nimmt man das Gefäß vom Feuer, öffnet es, gibt zuerst die Suppe ein, nachher das Fleisch mit seinem Gemüse, welches während des Kochens alles Fett in sich aufgenommen hat, so daß man die Brühe nicht, wie beim gewöhnlichen Sieden, davon zu befreien hat. Sparsamen und beschränkten Haushaltungen kann dieses Gerät und dessen häufige Anwendung nach obiger Vorschrift nicht genug empfohlen werden. Man findet es von deutschem Gußeisen, kann es jedoch wohl auch von Blech schlagen lassen.

Übrigens gewinnt jede Fleischbrühe auch durch Vermischung der Fleischarten an Wohlgeschmack und Kräftigkeit. Man wird daher wohl tun, die Zuwagen der Fleischer und allerlei in der Haushaltung sich angebende rohe Fleisch- und Knochenreste zu zerschlagen oder zu zerstoßen, und sie mit dem Hauptfleische zugleich anzusetzen. Den Bodensatz, den diese Zusätze bilden, kann man mit einem neuen Aufgusse von Wasser noch

vollends verkochen lassen, nachdem das eßbare Suppenfleisch und die gute Brühe bereits aus dem Topfe genommen worden ist. Diese erste zur Suppe bestimmte Brühe darf man auf keine Weise durch einen zweiten Aufguß von Wasser verlängern, wie nur zu häufig in deutschen Haushaltungen geschieht, denn diese Mischung wird durchaus kein Ganzes werden, vielmehr schal und geschmacklos bleiben. Der oben anempfohlene zweite Aufguß aber, den man allmählich wieder einkochen lassen kann, wird entweder für den Gesindetisch oder bis auf den folgenden Tag zurückgesetzt, zu Gemüsen und Tunken verwendet werden können. Ja, ich rate, jederzeit etwas Brühe vom vorangehenden Tage bereitzuhalten, damit man die frische Brühe um so besser schonen könne; denn das in Deutschland, vorzüglich aber in Italien übliche zweite Auffüllen des Suppentopfes hat seinen Grund gewöhnlich in einer vorangegangenen anderweitigen Verwendung der guten Fleischbrühe, welche durch die oben angeratene überständige, oder Reservebrühe, ganz überflüssig gemacht wird.
Einige nehmen zwar die zur Suppe bestimmte Brühe unvermischt aus dem Topfe, füllen aber frisches Wasser über das Suppenfleisch. Ich widerrate dieses Verfahren, weil das Gesottene selbst dadurch entkräftet wird, wie man durch Versuche leicht ins Reine bringen kann. In den Küchen der Reichen und in besuchten Gasthäusern pflegt man weiße und braune Kraftbrühen in Vorrat zu machen, um Tunken und allerlei leckere Speisen damit zu verlängern. Gewiß wird hierbei viel Zeit erspart, weshalb die Coulis, und wie diese Brühen sonst genannt werden, sich vorzüglich für Gasthäuser eignen. Übrigens geben sie eine zu große Gleichförmigkeit des Geschmackes und verderben sogar die Speisen, wenn sie, wie im Sommer oft geschieht, schon abgestanden sind.
Die Franzosen lieben, ein Stückchen Kalbs- oder Rinds-Leber mit dem Fleische verkochen zu lassen, welches der Suppe vielen tierischen Leim- oder Gallert-Stoff mitteilt, wie man beim Erkalten der Brühe aus ihrem willigen Erstarren abnehmen wird. Freilich gibt die Leber der Brühe auch ein wenig Gallenstoff, an dem man, ohne vorangehende Gewöhnung, kein Behagen

finden wird. Allein da die Franzosen sich gewissenhaft enthalten, ihre Brühe mit Wasser aufzufüllen, auch sehr viele gewürzhafte, schmackhafte Kräuter und Wurzeln in den Suppentopf tun und diese nicht länger am Feuer lassen, als durchaus notwendig ist, um sie gar zu machen: so wird jene Herbigkeit des Lebergeschmackes fast gänzlich überkleidet und verlieblicht.

Als ich in meinen früheren Jahren mit meinem Herrn in Italien reiste, befanden wir uns etliche Monde zu Rom in einem Quartier, wo mir nur der äußerste Winkel des Herdes zu Gebote stand, auf dem ich nichts als einen hohen, schmalen Suppentopf ansetzen konnte. Auf Anordnung dieses meines Herrn und Meisters, dessen zarte Gesundheit die schwere römische Kochart nicht ertragen konnte, setzte ich in diesem Topfe täglich, nebst einem Lot Schinken, zwei Pfund Rindfleisch, ein Pfund Kalbfleisch, ein junges Hühnchen und eine junge Taube ans Feuer; die letzteren sind in Rom besonders zart und schmackhaft. Wenn dieses Fleisch hinreichend geschäumt und gekocht hatte, tat ich soviel Wurzeln, Kräuter und feine Gemüse hinzu, als gerade der Markt darbot, und ließ sie hinreichend gar werden. Alsdann richtete ich in der Mitte des Tisches die Gemüsesuppe an und umher die vier Fleischarten mit ihren Beilagen an Sardellen, frischer Butter, Rettich, Gurkensalat und dergleichen. Da ich in der Mischung der Gemüse abwechselte, und da mein Herr heute von diesem, morgen von jenem Fleisch aß, so schien ihm diese vereinfachte, vielleicht sogar veredelte Ollapotrida immer neu, und er trug wohl sechs Wochen lang nicht das geringste Verlangen nach anderen oder anders zugerichteten Speisen. Die angeführten Quantitäten hätten auch für verschiedene Personen genügt.

Sogenannte Kraftbrühen, oder braune Suppen, werden gemacht, indem man einige Fleisch- und Schinken-Schnitte leicht anbraten läßt, dann eine kräftige Fleischbrühe darüber gießt, das Fett abnimmt und das angebrätelte Fleisch ganz in dem Aufgusse verkocht. Diese Art von Brühen wirkt etwas schärfer auf die Zunge als die gewöhnlichen, welche demungeachtet nach den Umständen gehaltreicher sein und sogar feiner auf der Zunge liegen können. Man pflegt die braunen Brühen wohl nachzubilden, indem man etwas Zucker in Butter anbrät, was einen widrig-süßlichen Geschmack gibt; alle Lügen und Verstellungen dieser Art laufen, wenigstens in der Kochkunst, gegen die Grundsätze, welche ich befolge.

Ungleich kräftiger und zur Stärkung schwacher Personen, und besonders der Wöchnerinnen und Ammen, ist, was die Franzosen bouillon de prime nennen. Sein unvollkommenes Vorbild ist der Fleshtea der Engländer. – Zerschneide Rind- und Kalb-Fleisch, wohl auch ein Huhn, in kleine Stücke; lasse dieselben eine bis zwei Stunden lang in kaltem Wasser liegen, welches genau soviel sein muß, als man zur Brühe zu bedürfen glaubt. In dieser Zeit entbindet das kalte Wasser das Osmazoma, die nahrhafteste, feinste Substanz des Fleisches. Man setze darauf das Geschirr mit allem darin Enthaltenen an ein lebhaftes Feuer, werfe Kräuter und Wurzeln daran nach Geschmack und Gefallen, schäume es ab und wirf das nötige Salz daran. Wenn es eine halbe Stunde lang gewallt hat, so ist die Brühe auf ihrem Punkte. Man sondere sie dann von den Fleischstückchen, indem man sie durchgibt. Es gibt eine helle, dünn aussehende, doch feinschmeckende und höchst kräftige Brühe.

Das Rindfleisch ist unter allen Umständen das beste Suppenfleisch. Etwas Rindfleisch zu anderen Fleischarten zu legen, aus denen man gerade eine Suppe kochen will, würde ich unter allen Umständen anraten. Fette und ranzige Fleischarten, als Hammel, Lämmer und Zicklein, Schweine, Gänse, Enten u. dgl. m., eignen sich durchaus nicht, um aus ihnen gute Brühe zu ziehen, und sie werden daher nur in den äußersten Notfällen dazu verwendet.

Hammelfleischbrühe wird erträglich, wenn man nach italienischer Art Reis und in dünne Scheiben aufgeschnittene weiße Rüben darin gar kocht. Die Milde des Reises und die Schärfe der Rüben zersetzen zum Teil den etwas ranzigen Geschmack der Hammelbrühe. Vergl. oben die Bereitungen im Dampfkessel.

Will man aber eine gute Fischbrühe gewinnen, so setze man den Fisch mit wenigem, allenfalls kaltem oder lauem Wasser an, lege sogleich kräftig schmeckende Wurzeln hinzu, lasse dieses sehr langsam sieden; man tue feine Kräuter hinzu, von welcher Art man's liebt, aber nicht eher, als einige Minuten vor dem Anrichten.

Zwölftes Kapitel Von den Suppen[1]

In einem großen Teile von Europa werden die Brühen als Vorspeisen angewendet. Man gibt ihnen durch Brotschnitte, Mehlfrüchte, teigartige Substanzen, Gemüse, gehacktes oder aufgeschnittenes Fleisch und durch allerlei künstliche Zusammensetzungen auf das mannigfaltigste diejenige Dichtigkeit, deren sie bedürfen, um den Magen nicht gleich beim Anbeginne der Mahlzeit mit Flüssigkeiten zu überfüllen. Indes wird man durch keinen noch so künstlichen Zusatz je die Fehler einer schlechten Fleischbrühe gutmachen können. Eine Fleischbrühe, welche nicht gehörig im Wallen erhalten, nicht aufmerksam geschäumt und gesalzen worden ist, oder in die der Rauch geschlagen hat, oder in welcher die Kräuter und Wurzeln durch zu langes Kochen den besten Geschmack verdünstet haben, wird jederzeit einen schalen und schlechten Geschmack behalten, was man auch irgend hinzusetzen möge.
Die Brotsuppe ist wohl die einfachste, wenn nicht selbst die älteste aller Suppen, deren Erfindung dem neueren Italien anzugehören scheint, denn Suppe kommt von dem italienischen Beiwort zuppo, zuppa, welches sich auf schwammige Körper bezieht, die eine beliebige Feuchtigkeit eingesogen haben. Auf Italienisch heißt bis auf diese Stunde nur die Brotsuppe: zuppa; alle anderen Suppen nennt man: minestre, was soviel bedeutet als Brei oder Mus. Alles dieses berechtigt mich, die Brotsuppe

als die Ursuppe zu betrachten und jeder anderen voranzustellen.
Kräftige Fleischbrühe siedend über geröstete Semmelscheiben gegossen, gibt eine gute Haussuppe, die selbst zum Frühstück und zur Erquickung kranker Personen sich vorteilhaft verwenden läßt.
Ungesäuertes, aus mittelgutem Weizenmehle gebackenes Hausbrot, in Scheiben geschnitten und in Brühe bis zur gänzlichen Auflösung gekocht, ist eine italienische Haussuppe, welche ein nahrhaftes, leicht verdauliches Nachtessen abgibt. Auch für Säuglinge eignet sich diese Art von Brei, wie jedermann bekannt ist. Aber für Erwachsene fügt man noch etwas feine Kräuter hinzu, oder welchen anderen vegetabilischen Geschmack man beliebt. Die Italiener machen diese Suppe auch, in Ermangelung der Brühe, mit bloßem Wasser, und lassen die geschnittenen Kräuter in ein wenig Öl gar werden, ehe sie dieselben in den Suppentopf tun. Mir schien dieses Gericht nicht unangenehm.
Weniger glücklich verbinden sich mit der Fleischbrühe die gesäuerten Roggenbrote der Nordländer. Sie erfordern entweder einen versüßenden Zusatz oder eine entschiedene Hinneigung zum Säuerlichen. Zum ersten Behufe kann man sich der Zwiebeln bedienen, welche entweder geschnitten in sehr frischer Butter gebacken, oder ganz in heißer Asche recht gar gebraten, doch in beiden Fällen ja nicht verbrannt werden dürfen. Ganze Zwiebeln, die in ihrer äußeren Haut an glühender Asche gebraten worden, schält man nachher reinlich ab, schneidet sie in möglichst feine Scheiben und läßt sie noch einmal in starker Fleischbrühe aufwallen. Unterdessen hat man ein recht trockenes Roggenbrot, soviel man davon braucht, in sehr feine Scheiben aufgeschnitten, dieses in die früher schon erhitzte Suppenschale gelegt, und gießt nun die, wie gesagt, in guter Brühe aufgesottenen Zwiebeln siedend darüber. Wenn man sehr frische Eier zur Hand hat, so macht man noch so viele weiche, verloren gesottene Eier, als Gäste da sind, und setzt sie sorgfältig in die Suppenschale. Denn die Süßigkeit eines frischen Eidotters trägt

viel dazu bei, die Säuerlichkeit des Roggenbrotes zu mildern.
Um den zweiten Fall ins Licht zu setzen, genügt das Beispiel der gebrannten Mehl- oder eingebrennten Suppe, welche man in der Schweiz und im Elsaß vorzüglich meisterlich bereitet; diese ist jedoch so allgemein bekannt, daß es der Beschreibung hier nicht bedarf.
Auf das Brot folgen, als nahe verwandt, die bloß aus der Hülse, oder durchaus gebrochenen mehligen Körner, als Reis, Gerste, gebrochene Spelte, Gries (Grütze) von Hafer, Heidekorn, türkischem Weizen und was dergleichen mehr ist. Alle diese Gegenstände dürfen nicht zu sehr verkocht werden, ausgenommen, wenn man die Absicht hat, sie durch ein Sieb zu treiben und die Fasern oder Fibern des Kornes ganz von dem Mehlstoff abzusondern. Aus Mehlfrüchten verkochte und durchgetriebene Suppen lassen sich durch Eidotter verdichten, durch Zitronensäure verlieblichen und durch in weniger Butter abgeröstete Semmelwürfel schmackhafter machen. Hafergries in Fleischbrühe verkocht und durchgetrieben, ist von allen die lieblichste.
Bloßes Mehl löst sich in siedender Brühe zu sehr auf, um eine angenehme Suppe zu geben. Doch eignen sich dazu einige gröbere Mehlarten, die aus verschiedenem Wurzelwerke bereitet werden. So wird das Manioc- oder Mandiocca-Mehl, welches die Engländer häufig aus Westindien einführen, als ein guter Suppenstoff von Reisenden angerühmt. Ich habe mich an dessen Statt der Fasern und des Satzmehles der Kartoffel bedient, welches ich auf die bekannte Art durch Aufreiben der rohen Kartoffeln und mehrmaliges Schwemmen des Geriebenen gewann. Ich setzte hierzu einige ebenfalls aufgeriebene gewürzhafte Wurzeln, welche letzten aber, wie sich's versteht, schon aufgerieben, nicht mehr gewaschen werden dürfen, und rührte in dieses Gereibsel bei gelindem Feuer gute Fleischbrühe, soviel als zur Verdünnung nötig schien. Einige feine Kräuter und vorzüglich etwas Sauerampfer sind in dieser Suppe wohl angebracht. Sie erträgt auch ein wenig in Butter abgeröstetes Semmelbrot, welches man, wohl abgetrocknet, auf einem be-

sonderen Teller dazu herumgeben oder beim Anrichten geradezu hineinwerfen kann. Klein geschnittene Hühner- und Tauben-Leber, wenn man sie gerade zur Hand hat, erhöhen den Geschmack dieser Suppe ganz ungemein.

Doch um dem Mehle nicht zu nahe zu treten, schalte ich hier die Anweisung ein zu einer Mehlsuppe, welche bei meinen Gästen stets Beifall gefunden hat. Nimm etwas feines Weizenmehl, einen oder verschiedene Löffel voll, nach Maßgabe der nötigen Quantität Suppe, doch stets nicht mehr oder weniger als du bedarfst, deiner Suppe Bindung zu geben, ohne sie doch schwerfällig zu machen. Dazu ein Stückchen frische Butter, nicht zu viel noch zu wenig; rühre beides in einem tönernen Gefäß über Feuer, bis da es recht weiß sein wird. Ist es nun weiß und gar, so lasse nach und nach Fleischbrühe hinzu und rühre es fleißig, daß es sich binde. Scheint dir nachher diese Mischung die richtige Temperatur zu haben, weder zu flüssig noch zu dicht zu sein, so nimm ein oder mehrere Eidotter, vertreibe sie in der Suppenschüssel mit einiger nicht sehr heißen Fleischbrühe, wende dich um zum Herd und wirf, kurz bevor du das Kochgeschirr mit der Suppe vom Feuer hebest, eine Handvoll grobzerschnittene Dragons hinzu; alsdann gieße deine Suppe in die Suppenschale und rühre dabei, damit sich alles gehörig verbinde. Vorher aber hast du trockenes Weizenbrot in dünne, muschelförmige Scheiben geteilt, diese mit einer Wallnuß groß Butter leicht abgeröstet, darauf sie trocken und warm gehalten. Wirf sie jetzt in die heiße Suppe, doch kurz vor dem Auftragen, damit sie nicht ganz vergehen.

Zu allerlei Arten, Mehl, Eiern und Butter einen Teig zu bereiten, der, in Fleischbrühe gesotten, gesunde und schmackhafte Suppen gibt, finden sich in den besseren deutschen Kochbüchern gute Anweisungen. Diese Speisen sind in Oberdeutschland wahrhaft national, und werden von Haus zu Haus überliefert, so daß ich es für überflüssig halte, davon zu reden. In Deutschland liebt man jenen weichen Suppenteig, den man durch einen reichlichen Zusatz von Eiern und Butter zustande bringt. In Italien dahingegen liebt man einen festeren, aus Mehl und Wasser durch starkes Pressen und Verarbeiten zähegemachten Teig, der meist in Fabriken angefertigt, an der Luft getrocknet und also längere Zeit aufbewahrt wird. Diesen Teig nennt man nach der Form, die man ihm gegeben: Makkaroni, Vermicelli und so mehr. Seine Güte hängt von der Beschaffenheit des Kornes und von der Feinheit des Mehles ab. Indessen bleibt er immer äußerst weich, lind und schwach von Geschmack, und man tut daher wohl, ihn nur mit kräftiger und scharfschmeckender Brühe anzusetzen, z. B. mit einer eingesottenen braunen Brühe, welche nach der obenstehenden Vorschrift gemacht worden ist. Beim Sieden der Makkaroni befolge man die italienische Methode: das ist, man lasse das Wasser oder die Fleischbrühe stark aufsieden, ehe man die Makkaroni und Ähnliches hineintut. Denn in lauem Wasser angesetzt, lösen diese Teigarten sich auf und werden leimig und breiartig.

Bei Gemüsen aller Art, mit denen man eine Fleischsuppe gerade schmackhafter oder nahrsamer zu machen denkt, sind zwei Dinge vorzüglich im Auge zu behalten. Das erste, daß man Hülsenfrüchte, z.B. ganz oder halbreife Erbsen, verkochen lasse, um sie sodann von ihren unverdaulichen und geschmacklosen Hülsen oder Schalen vermöge des Durchtreibens durch ein Sieb zu reinigen. Das andere, daß man sehr junge Erbsen, zarte Spargelköpfe, allerlei Wurzel- und Kräuterwerk nicht zu lange koche, damit ihr Geschmack und Geruch nicht verdünste.

Auch durch das Fleisch der warm- oder kaltblütigen Tiere kann den Suppen ein erfreulicher Grad von Dichtigkeit mitgeteilt werden. Durchgetriebene Suppen aller Art (purées), sei es von wildem oder von zahmem Fleische, sind allgemein bekannt, und ich enthalte mich daher, von ihnen zu reden. Ich bemerke nur, daß in beschränkten Haushaltungen hinlänglich frische und reinlich aufbewahrte Fleischreste sehr wohl zu Suppen angewendet werden können, indem man die fleischigen Teile wohl aussondert und besonders hackt, die Knochen und Sehnen aber zerstört, in Fleischbrühe ganz verkocht und sodann durchtreibt. In dieser durchgetriebenen Brühe läßt man darauf das obige Gehäcksel noch einmal aufkochen. Nach den Umständen kann man diese Suppen durch ein in Brühe verlängertes Eidotter binden, oder durch feine Kräuter annehmlicher machen. Frisches Wurzelwerk aber wird man wohltun, zugleich mit den zerstoßenen Knochen verkochen zu lassen und mit dem übrigen durch ein Haarsieb oder durch einen metallenen Durchschlag zu treiben. Die genannten Zusätze müssen, wie sich versteht, dem Fleisch angemessen werden, welches man jedesmal seiner durchgetriebenen Suppe zum Grunde legt. Fleischarten, welche einen sehr großen Anteil tierischen Leimstoffes enthalten, wie Kalbskopf, muß man, nachdem sie leicht abgesotten und erkaltet sind, in sehr feine Stücke oder Scheiben zerschneiden; alsdann mit weniger, sehr kräftiger, etwa brauner Brühe (s. oben) aufsetzen und dieses mit derselben Brühe ganz allgemach verlängern. Nur auf diese Weise wird sich das schleimige Wesen langsam auflösen und in alle Teile und Gegenden der hinzugegossenen Fleischbrühe verbreiten. Zu Suppen dieser Art setze man Madeirawein oder auch nur etwas Säure, kräftiges Gewürz, auch ein wenig gebräuntes Mehl; denn ihre Substanz ist zwar sehr nahrhaft, widersteht aber ohne diese Aushilfe sehr leicht dem Gaumen. Hart gesottene Eidotter, besser Eierstöcke von frischgeschlachteten Legehennen, auch gewürzhafte Fleischklößchen, setze man nach Belieben hinzu, wodurch unser Gericht einer Schildkrötensuppe recht ähneln wird.

Diese letztere kommt in Deutschland nur in den Seehäfen vor, wo man sie gut zu bereiten, doch meist zu überwürzen pflegt. Krebssuppen sind überall in Deutschland üblich. Die Krebsbutter, durch welche man dieser Suppe den Geschmack und die Farbe gibt, dient auch noch außerdem zu mancherlei halbsüßen Tunken. Weniger verbreitet ist die empfehlenswerte Sitte, den ausgeleerten Kopfpanzer der größeren Krebse mit einem Gehäcksel aus den fleischigen Teilen der Krebse, Sardellen, etwas feinem Fisch oder ausgeschabtem Kalbfleisch anzufüllen, dem man durch ein Eidotter und einige aufgeweichte Semmelschnitte Bindung gegeben. Gewürz, feine Kräuter, Zwiebelwerk setze man nach Geschmack und Belieben hinzu. Diese also gefüllten Krebsköpfe bestreiche man äußerlich mit Eigelb, bestreue sie mit Brosamen (Semmelbrösel) und backe sie in

siedendem Schmalz ab. Man darf sie erst beim Anrichten in die Suppe legen, damit sie sich nicht zu sehr auflösen; doch muß man sie voraussetzlich bis dahin heiß erhalten.
Krebssuppen, welche man als Fastenspeise ohne Fleischbrühe bereitet, erhalten einen kräftigen Geschmack und eine größere Nahrhaftigkeit durch den Zusatz von durchgetriebenen gelben Erbsen. Bereitet man aber die Krebssuppen in Fleischbrühe, so wird man auch wohl tun, die zerstoßenen Schalen und Eingeweide des Krebses nicht in Butter, sondern in Fleischbrühe einkochen zu lassen und durchzutreiben.
Es ist historisch denkwürdig, daß man in einigen Gegenden von Deutschland in diese Suppe Mandeln und Rosinen tut, eben weil in denselben Gegenden auch in moralischer Hinsicht eine entschiedene Richtung auf Versüßlichung stattfindet. So bestätigt sich in hundert Fällen, daß der Mensch nichts anderes ist, als er ißt. Vor jenem Mißbrauch aber wird ein gesunder menschlicher Geschmack zurückschaudern.
Auch aus den Brühen der meisten Süßwasserfische lassen sich gute Fastensuppen bereiten. Man muß nur, wie schon bemerkt worden, darauf Bedacht nehmen, die Fische mit wenigem Wasser und einigem Wurzelwerk aufzusetzen, sie langsam zu kochen und der Brühe zur rechten Zeit einen Zusatz von feinen Kräutern zu geben. Diese Brühe gibt, über etwas aufgeschnittenes Weizenbrot gegossen, eine kräftige und gesunde Suppe, die in Italien häufig genossen wird. Der Hecht, bei seinem größeren Leimgehalt und reineren Geschmack, eignet sich für solche Fischsuppen ganz vorzüglich. Man kann von Fischen auch durchgetriebene Suppen, wie vom Fleische, machen, und dazu ein gebackenes Gehäcksel von Fischen auftragen, welches man mit aufgeweichtem Semmelbrote, mit einem Eidotter und mit beliebigem Gewürze vermengen möge. Wollte man jedoch Fischsuppen mit Fleischbrühe verbinden, so ziehe man die Brühe von magerem Kalbfleische, vornehmlich von den Kalbsfüßen, allen andern vor, und gestatte sich höchstens, einige Schnitte mageren Schinkens mit ihnen verkochen zu lassen.
Suppen von gehackten Kräutern, nach beliebiger Mischung

derselben ins Säuerliche oder schärfer Hervorstechende hinüber, sollen im Frühjahre häufig wiederholt werden; denn die feinen Kräuter sind alsdann von dem besten Geschmack und von nützlich erweichender und blutreinigender Wirkung. Im Winter aber sind die Endivien sehr zuträglich. Diese schneidet man so kurz, als beliebig ist, läßt sie langsam, aber nicht zu lange in kräftiger Fleischbrühe sieden, verdickt die Brühe durch ein oder mehr frische Eidotter. Alsdann legt man einige geröstete Semmelscheiben in die Suppenschale, gießt ein wenig Brühe darüber, und wenn sie hinreichend erweicht sind, richtet man über ihnen die Endiviensuppe an. Der Eidotter mildert die an sich selbst so nützliche Bitterkeit der Endivie, welche durchaus nicht überweich gekocht werden darf, indem sie sonst eben jene gewürzhafte Bitterkeit verlieren würde.
Allerlei Wurzelwerk, gelbe Rüben, Sellerie, Zuckerwurzeln usw., in guter Fleischbrühe wohl verkocht und sodann durchgetrieben, mit Fleischbrühe verdünnt und noch einmal aufgekocht, geben eine kräftige Suppe, zu welcher einige in Butter geröstete Brotschnitzchen passen werden. Doch will ich davon abbrechen, weil die Zusätze aus dem Pflanzenreiche ins Unendliche gehen. Ein geschickter Koch, eine gute Hausmutter muß sich hierin nach den Umständen, den Jahreszeiten und den Produkten des Landes richten.

Dreizehntes Kapitel
Von der Verwendung der Fleischbrühe zu Tunken, gemeinhin: Soßen

Tunken[1] oder Soßen[2] nennt man die flüssigen Zugaben zu festen, nicht auflösbaren Nahrungsmitteln. Es haben diese Zugaben mehr als einen Zweck. Zuerst sollen sie dem Festen das Flüssige zugesellen, oder die Speisen schlüpfriger machen, damit sie um so bequemer die Kehle hinabgehen. Dann dienen sie auch, den Geschmack einer festen Speise zu verfeinern, oder durch Gegensätze zu heben. Endlich sollen sie bisweilen die Zuträglichkeit und Verdaulichkeit einer bestimmten Speise befördern.

Bei den Tunken jeglicher Art muß man darauf Bedacht nehmen, sie möglichst mit dem Gegenstande zu verbinden, dessen Geschmack sie gerade beifälliger machen sollen. Dieses geschieht zunächst, indem man die Tunken aus der Brühe des Fleisches, der Fische und der Gemüse, zu denen sie jedesmal gegeben werden sollen, bereitet oder mischt; dann aber, wenn die feste Speise, zu der man eine Tunke bereiten will, keine eigene Brühe hat, indem man sie wenigstens aus den gleichartigsten Bestandteilen zusammensetzt. Wenn z. B. trockene oder halbfeste Mehlspeisen mit einer Tunke begleitet werden sollen, so wird man im allgemeinen wohltun, diese aus Milch, Eiern, Butter und Mehl zusammenzusetzen; obgleich auch die Obstsäure zu den meisten Mehlspeisen paßt; teils wegen des entschiedenen, den Geschmacksnerven wohltätigen Gegensatzes, teils aber, weil die linde Säure eben jene Art von Speisen erweicht und verdaulicher macht.

Hier betrifft uns aber nur der Fall, da man durchaus nicht umgehen kann, zur Verdünnung einer Tunke der Fleischbrühe des Suppennapfes sich zu bedienen. Hierbei berücksichtige man jedesmal, ob der Geschmack einer Tunke gelinde oder kräftig ausfallen soll. Für gelinde, z. B. für weiße Tunken, schöpfe man ein wenig Brühe ab, ehe dieselbe einen zu sehr vorsprechenden Kräutergeschmack angenommen hat. Zum Aufguß, oder zur Verdünnung kräftig schmeckender Tunken darf man hingegen eine jede, sogar die oben anempfohlene zweite, oder Sparbrühe, verwenden, wie sehr sie nun auch nach verkochtem Wurzelwerk und aufgelöstem Gallertstoffe der Knochen schmecken möge. In den Haushaltungen großer Herren, ja selbst in besuchten Gasthäusern, macht man zu diesem Behufe braune und weiße Fleischbrühe (coulis) in Vorrat. Dies kann jedoch in beschränkten Haushaltungen nicht befolgt werden.

Jegliche Bereitung einer Tunke erfordert eine vorangehende strenge Prüfung der Geschmacksarten, welche mit dem Gegenstande sich binden können, den man durch eine Tunke beifälliger und zuträglicher zu machen gedenkt. Sobald man über diese höchst wesentliche Sache ins reine gekommen ist, schreitet man zur Bereitung, indem man die Tunke sorgfältig verarbeitet, damit sie auch in sich selbst ein Ganzes werde. Diese Verarbeitung erfordert ein Bindemittel, welches die Alten aus feinem Mehl im voraus bereiteten, und[3] Amylum benannten. Wir Neuern verarbeiten feines Weizen- oder Spelten-Mehl auf zweierlei Weise. Zu weißen Tunken nämlich rührt man das Mehl in guter Butter und über leichtem Feuer ganz weiß, sowohl des Ansehens willen, als vorzüglich um den Zuckerstoff und jene Lindigkeit und Süße, welche den weißen Tunken einen gewissen allgemeinen Charakter gibt, aus dem Mehle vollständiger zu entwickeln. Eben diese Lieblichkeit der weißen Soßen muß man niemals durch bittere Würzen, durch Muskatnuß, Zitronenschale oder Ähnliches, aus dem Gleichgewichte bringen. Im Gegenteil, es passen hier nur gelinde Würzen, als Trüffeln, Schwämme feinerer Art, Zitronensäure, Krebse aus süßem oder gesalzenem Wasser, Austern u. dgl. mehr. In vielen Fällen kann man auch ein oder mehr Eidotter, vorher mit Brühe verdünnt, oder zugleich mit dem Mehl in der

Butter abgetrieben, mit der weißen Tunke verbinden. Doch prüfe man jedesmal, ob diese Abänderung auch wohl zu dem festen Gegenstande passe, dem man die Tunke gerade beigeben will. Unter den Gemüsen und Kräutern binden sich mit der weißen Tunke der Spargel, alle Gattungen gewürzhafter Wurzeln, nur nicht die Möhren und Beten, endlich der Sauerampfer und Portulak. Kerbel, Peterlein, Dragon oder Schlangenkraut, Basilikum und ähnliche Kräuter von starkem Geschmacke verbinden sich besser mit den braunen Tunken.

Diese bindet man durch ein in Butter abgebräuntes Mehl; wo man dazu gelangen kann, wird man jedoch besser tun, statt des gebräunten Mehles eine stark eingekochte und schleimige braune Brühe zu nehmen. Bei dem Bräunen des Mehles muß man sehr vorsichtig zu Werke gehen, damit nicht durch Übereilung des Bräunens einzelne Teile anbrennen, welche alsdann statt des erforderlichen kräftigen Bratengeschmackes einen bitteren und herben abgeben möchten. Nicht zu gedenken, daß durch das Verbrennen des Mehles, eben wie durch das hier und da bei den Bierbräuern übliche Anbrennen des Malzes, die Nahrhaftigkeit des Grundstoffes zerstört wird. Ein wohlgebräuntes Mehl wirkt übrigens auch sehr wohltätig auf den Magen, wie die eingebrannte Suppe beweist, deren man sich bei geschwächter Verdauung zum Frühstück mit Nutzen bedienen wird.

Braune Tunken können mit allen bitteren Gewürzen, scharfen Säuren und kräftig schmeckenden Wurzeln, Schwämmen und Kräutern, ohne alle Schonung versehen werden.

Gebräuntes, eben wie weiß abgerührtes Mehl wird, sobald es in der Butter gar geworden, ganz allgemach, bei fortgesetztem Rühren, durch Fleischbrühe verdünnt. Man bewirkt durch ein fleißiges, langsames Rühren in *einer* Richtung, daß die Flüssigkeit allmählich in alle Mehlteilchen eindringt, sie auflöst, und mit ihnen sich innig verbindet. Wollte man hingegen die Flüssigkeit auf einmal hinzugießen, so würde daraus vielmehr eine Trennung des Festen und Flüssigen hervorgehen, die den Geschmack und das Auge schlecht genug befriedigen dürfte.

Es ist hier überhaupt nicht der Ort, von allen denkbaren Tunken zu reden; einzelne Beispiele werde ich in der Folge anführen. Im ganzen lasse ich gerade in diesen meist willkürlichen Beisätzen gar gern dem Urteil und der Erfindungsgabe meiner Leser ein freies Spiel.

Vierzehntes Kapitel
Vom Gallerte, vorzüglich insofern er vielmehr als eine verdichtete Fleischbrühe zu betrachten ist

Der Gallert ist eine innige Verbindung tierischen Leimstoffes mit beliebigen Flüssigkeiten. Da jeder Gallert bei einem mehr und minder hohen Grade der Wärme flüssig wird, und dahingegen bei wenigem Leimgehalte nicht selten muß mit Beihilfe des Eises zum Erstarren gebracht werden, so heißt er bei den Franzosen Gelée, bei den Italienern Gelatina, oder ein Erkaltetes. Unser deutsches Wort: Gallert, scheint von jenen Benennungen abzustammen.
Der Gallert wird häufig zu allerlei kalten Fleisch- und Fischspeisen gegeben, und ist in dieser Beziehung den kalten Speisen, was die Tunke den warmen. Übrigens dient der Gallert auch als eine sehr nahrhafte, dabei leicht verdauliche Erfrischung, um weitläufige Mahlzeiten angenehm zu verlängern. Er gehört in dieser Beziehung zu den Zier- und Geschmacksspeisen (plats de goût), von denen wir zu Ende reden wollen. Ja, ein solcher Gallert, wenn er sonst mit Vorsicht bereitet ist, eignet sich sogar zu einer schicklichen Erquickung kranker und schwächlicher Personen.

Der Gallert, als Zugabe zu kalten Fleisch- und Fischspeisen betrachtet, muß voraussetzlich immer einen säuerlichen und kräftigen Geschmack haben. Neben kaltem Fleische, Pasteten oder Fischen würde ein süßlicher Gallert sehr widrig und fade herauskommen. Um nun einem Gallert einen kräftigen Geschmack zu geben, pflegt man die Kalbsfüße, oder, nach italienischer Art, die Füße der Zicklein und Hühner, mit Schinkenschnitten und gewürzhaften Vegetabilien anzubräteln, oder bei gelindem Braten etwas braun werden zu lassen. Die Franzosen jedoch lieben, den Gallertstoff durch Sieden in reinem Wasser aus den Füßen oder andern leimigen Teilen auszuziehen, und ehe sie irgendeinen Geschmack hinzusetzen, die Dichtigkeit ihres Gallertes durch Erkaltung besonders zu erproben. Mir scheint ein solches Verfahren nur bei süßen und süßlichen Gallerten notwendig zu sein, weil süße und liebliche Würzen überhaupt nichts zum Erstarren beitragen, und zudem durch ein langes Kochen und Klären an ihrer Güte und Menge ganz unnötigerweise einbüßen würden. Bei kräftigen Fleischgallerten aber entwickelt sich gerade der beste und nachhaltendste Geschmack aus dem mit den Füßen zugleich angebrätelten und verkochten Fleisch und Wurzelwerk; und eben daher möchte ich hier das deutsche Verfahren vorziehen, indem ich voraussetze, daß man die Säure von Zitronen, Wein und Essig, den Geschmack von Spezereien und feinen Kräutern jedesmal erst dann zu einem so vorbereiteten Gallerte hinzusetzen wird, wenn er bereits zum ersten Male geklärt und erprobt worden ist. Denn die letztgenannten flüchtigen Würzen würden unfehlbar ganz verlorengehen, wenn man sie von Anfang an zum Feuer bringen wollte.
Gallerte zu Fischen müssen aus der Brühe der Fische selbst bereitet werden, welche durch Hirschhorn, oder durch etwas Hausenblase, oder durch die Floßfedern und Schwänze verwandter Fischarten zum Erstarren gebracht werden kann. Fischgallerte bedürfen, um nicht widrig zu sein, einen stärkeren Zusatz von Wein und Zitronensäure, und viel Gewürz an Spezereien und feinen Kräutern.
Über die Bereitung des Gallertes geben selbst die gewöhn-

lichsten Kochbücher brauchbare Vorschriften, weshalb ich hier nicht sehr ins Einzelne gegangen bin. Nur erinnere ich meine Leser, daß sie ja nicht glauben mögen, daß alle die Mischungen und Beisätze, welche solche Bücher anzugeben pflegen, durchaus erforderlich seien, um einen guten Gallert zustande zu bringen. Die Dinge, worauf es hierbei vorzüglich ankommt, sind folgende:

Daß die Flüssigkeit den Leimstoff hinlänglich in sich aufgenommen habe, um auch bei mäßiger Kälte erstarren zu können; dann, daß nicht zuviel Leimstoff darin sei, weil ein allzu zäher Gallert undurchsichtig und dem Auge mißfällig wird, auch ohne Ausnahme einen widrigen Leimgeschmack zu geben pflegt; endlich, daß man die gewürzhaften Zusätze und Säuren richtig wähle, sie unter sich wohl verbinde, damit sie zu der Speise, welche sie heben sollen, vollkommen passen mögen.

Feine Kräuter und andere flüchtige Geschmacksarten darf man hier, wie überhaupt, nur kurze Zeit vor der letzten Bereitung hinzusetzen.

Fünfzehntes Kapitel
Vom Dämpfen, Dünsten oder langsamen Einsieden des Fleisches

Diese Art der Bereitung gehört zu den wichtigsten Vorteilen, welche der Menschheit aus der Erfindung des Topfes erwachsen sind. Es eignen sich hierzu sämtliche Fleischarten, vornehmlich aber solche, welche von derber Faser sind und größere Stücke abgeben.

Bei dem Dünsten oder langsamen Einsieden ist es nicht der einzige Zweck, das Fleisch selbst gar zu bereiten; man muß vielmehr auch darauf Bedacht nehmen, zugleich eine kräftige Brühe zu gewinnen, welche dem Fleische zur Tunke dienen könne; denn die kurze Brühe, welche unter dem eingesottenen Fleische sich gesammelt hat, gibt oft ohne allen Beisatz die beste Tunke, und muß auch da, wo man Beisätze notwendig oder beifällig findet, der Tunke jedesmal zur Grundlage dienen, damit sie mit dem Fleisch im Geschmacke zusammenstimme. Nichts kann daher törichter sein, als zu einem gedämpften oder gedünsteten Fleisch eine eigene Tunke zu bereiten.
Um ein gutes Dunstfleisch ganz einfach zu bereiten, lege man einige Schinkenschnitte auf den Boden des Tiegels oder der Kasserolle, darauf einiges Wurzelwerk, und nach Belieben auch Zwiebeln oder Schalotten. Hierauf lege man das zum Einsieden bestimmte Fleisch, fülle alsdann das Gefäß, wenn es nicht tief ist, bis an den Rand mit reinem Wasser oder mit kalter Sparbrühe und lasse es zwei bis viereinhalb Stunden über mäßigem Kohlenfeuer, bis die Brühe etwa auf ein Dritteil eingesotten ist. Man drehe dabei das Fleisch mehrmals um, suche zu verhüten, daß es anbrenne, indem man das Feuer nicht unter dem Mittelpunkte des Geschirres zusammendrängt, vielmehr es nach den Seiten hin ausbreitet. Wenn die Brühe also eingesotten ist, so treibe man sie durch ein Sieb. Es ist dann immer noch Zeit, ihr den Geschmack von feinen Kräutern, von Dragon oder Basilikum zu geben; denn diese sind in so kurzer Zeit gar zu machen, daß man nicht zu befürchten hat, daß etwa das Fleisch während der Bereitung erkalte, wenn es anders zugedeckt ist. Wollte man aber Trüffeln, Morcheln oder andere Schwämme an die Brühe tun, so versteht es sich, daß sie in Wein, Fleischbrühe oder mit etwas Butter fast gar bereitet und alsdann mit der darüber durchgetriebenen Brühe des Dunstfleisches noch einmal schnell erwärmt werden müssen. Oliven, Kapern und ähnliches in Salz oder Essig Eingemachtes braucht nichts weiter, als schnell in der mehrgenannten Brühe des Dunstfleisches erwärmt zu werden.
Möchte man aber der Brühe einen mehr hervorstechenden Ge-

schmack geben, so lasse man die Schinkenschnitte einige Minuten bräteln, ehe man das Fleisch und die Wurzeln in das Geschirr legt. Hierdurch wird die Tunke des Eingesottenen bräunlich werden und einen eigenen Charakter annehmen, welcher mehr zu den derben Fleischarten, z. B. zum Rind- und Hammelfleische paßt. Eben diese wird man wohltun, ehe man sie ans Feuer bringt, einige Tage, mehr oder weniger, je nachdem es die Witterung befiehlt, in einen Aufguß von Essig auf allerlei Spezereien zu legen oder in ein Tuch einzuschlagen, welches in solchem Essig getränkt worden. Es ist auch nicht unangenehm, jedoch nicht durchaus notwendig, den Tunken eines solchen bräunlich und säuerlich Eingesottenen mit etwas gebranntem Mehl eine Bindung zu geben. Die sogenannten coulis, welche in vornehmen Küchen besonders bereitet und nach Belieben zu den Tunken gegeben werden, widerrate ich bei dem Gedämpften in Anwendung zu bringen, weil ich finde, daß sie dabei teils überflüssig sind, indem alles mit Verstand Eingesottene seine eigene, höchst kräftige und charakteristische Brühe bildet; teils auch dem Geschmacke schaden, weil sie eine ermüdende Gleichförmigkeit hervorbringen, und nie so organisch mit den verschiedenen Fleischarten vereinigt werden, daß nicht das Machwerk noch daraus hervorschmecke.
Einen Hammerschlegel (Keule), aus dem man das ranzige Fett ausgelöst hat (welches sparsame Hausmütter mit anderem abfallenden Fett einsieden, aufbewahren und an die Seifensieder vertauschen können), beize man wie oben und nach den Umständen auch wohl um einige Tage länger. Alsdann klopfe und richte man sie so kurz als möglich, spicke sie und dünste sie wie oben. Man nennt dies Gericht, welches auch kalt gegeben werden kann, einen falschen Rehschlegel. Schieres Rindfleisch, vorzüglich der Lungen- oder Mürbebraten, auf dieselbe Weise. Trockene Kartoffeln, auch oberdeutsche Brotklöße (Knetl) geben zu dieser Art von Gerichten eine schickliche Beilage, wenn man sie auf bürgerlichen Tafeln etwa als Hauptspeise auftragen will. Ein also eingelegtes Fleisch erhält sich, vornehmlich nach einem kurzdauernden Vorsud, eine längere, unbestimmte Zeit und eignet sich

daher zu einer Vorratsspeise in ländlich gastfreien Haushaltungen.
Auf diese Weise, das ist, in einer kräftigen, bräunlichen Brühe, dünste man ferner jegliche Art des Wildpretes, und unter dem zahmen Geflügel auch die Gans und die Ente. Auch das Kalbfleisch erträgt es, mit einigen Schinkenschnitten und schmackhaften Wurzeln, doch ohne alle Säure und Spezerei, gelind eingesotten zu werden. Man kann ein gutes Stück schieren Kalbfleisches, welches auf die genannte Weise zubereitet werden soll, recht mürbe klopfen, kurz richten, fein bespicken; man nennt es in dieser Zurichtung ein Fricando. Doch fällt diese weiße und süßliche Fleischart andererseits auch mit dem zarteren Geflügel, den Hühnern, dem Indian, den jungen Tauben zusammen, welche mit gelinden und weißen Tunken ohne Frage angenehm zu essen sind. Diese Gegenstände rate ich mit einigen Wurzeln und Kräutern in reichlicher Sparbrühe an das Feuer zu bringen, sie gut zu verdecken und langsam, aber nicht zu lange sieden zu lassen. Die Brühe binde man darauf mit weißgerührtem Mehle zu einer guten Tunke und setze lieblich und gelinde Würzendes, z.B. Krebsbutter und ausgemachte Krebse, Gartenschwämme, Blumenkohl, Spargel, Schwarzwurzeln oder feingehackte sehr wohlgemischte Kräuter hinzu, wie man es hat oder liebt.
Junges Geflügel oder Lammfleisch wird, wenn es in kleine Stücke gehauen ist, sehr schnell gar. Ich rate, diese Dinge mit den genannten zarten Gemüsen, oder auch mit kleinen Erbsen, jungen Möhren und anderem zugleich einzulegen, mit Sparbrühe zu übergießen und langsam in sich selbst gar werden zu lassen. Zu einem solchen Eingehackten (Fricassée) mache man keine besondere Tunke, setze auch kein Mehl hinzu. Denn es bleibt in seiner natürlichen Brühe jederzeit am schmackhaftesten.
Zartes Kalbfleisch aus den Lendenmuskeln, dessen Sehnen wohl ausgesondert worden, in kleine und gleichförmige Stücke geschnitten, geklopft, gerichtet, gespickt und in etwas Sparbrühe sehr langsam gekocht. Man verdichte die Tunke mit wenigem, weißabgebrühtem Mehl und würze sie

entweder durch feingehackten Sauerampfer oder durch Dragon, mit wenigem Basilikum und etwas mehr Kerbel und Petersilie.
Die Salmys gehören ebenfalls dem Gedämpften an. Sie lassen sich aus allem wilden Geflügel, doch besser aus Schnepfen, Krammetsvögeln und Rebhühnern bereiten.
Die schmackhafteste Art, ein Salmy zuzurichten, ist diese: Man schneide die Brüste mit dem unterliegenden Knochen von dem Rumpfe des rohen Geflügels ab, spicke sie, belege eine blecherne Schüssel mit dünnen Speckscheiben und setze die Brüste, das Fleisch aufwärts, darüber ein. Wenn es Zeit ist, so setzt man diese Schüssel in eine Tortenpfanne, etwas mehr Feuer von oben als von unten, und läßt sie darin gar werden, ohne sie jedoch auszudörren.
Darauf nimmt man den Überrest des Tieres (Schnepfen und Krammetsvögel mit allen Eingeweiden, doch Rebhühner, wilde Enten und anderes ohne Gedärm und Magen) und zerstößt ihn mit einigen Sardellen, diese in ihrem Salze; auch wohl mit einigen Schalotten. Der Unterkoch hat unterdes einige halbfette Schinkenschnitte leicht anbraten lassen, über diese gießt man das Zerstoßene, verlängert es mit weniger Sparbrühe und läßt es eine oder zwei Stunden lang sanft kochen. Wenn es hinlänglich verkocht zu sein scheint, treibt man es mit einem oder zwei Löffeln voll Dragon- oder Schalotten-Essig durch ein reines Haarsieb, verdünnt es mit etwas starker Brühe, wenn es etwa nicht durch das Sieb gehen will, und setzt es in einem neuen Geschirr zum Feuer, damit es wieder breiartig werde oder sich etwas verdicke. Alsdann drückt man den Saft einer Zitrone darüber, rührt es um, breitet es in einer Schüssel aus und legt die gespickten Brüstchen, welche oben in der Tortenpfanne gar gemacht worden, rund umher an den Rand der Schüssel; jedoch wenn man abgebackene Semmelschnitzchen um den Rand setzen will, so gehören die Brüste in guter Ordnung in die Mitte.
Wird das Salmy aus größerem Geflügel, z. B. aus wilden Enten oder Fasanen, bereitet, so zerhaue man die gebratenen Brüste, vor dem Anrichten, in gleichmäßige, wohlaussehende Teile,

damit man dieses Gericht, welches immer als Nebenschüssel gegeben wird, nicht bei der Tafel vorzulegen brauche.
Einige braten das Geflügel, ehe sie es zerschneiden. Hierbei verliert der eigentliche Salmybrei an Kräftigkeit. Diese Methode ist gut, um die Überreste der vorangegangenen Tafel zu benutzen, sonst aber verwerflich. Doch bemerke ich, daß man beim Schnepfensalmy alle Würze hinweglassen sollte, weil der feine Geschmack dieses Wildes dabei verliert, auch wohl ganz verwischt wird. Man pflegt dieses Wild vor der Salmybereitung am Spieße, doch nicht zu gar zu braten.
In einem Salmy von Krammetsvögeln darf man einige Wacholderbeeren zerstoßen; zu wilden Enten mag man, gegen Ende des Verkochens, Dragon und Basilikum, zu Fasanen aber feingehackte Trüffeln in den Salmybrei geben.
Die Schülienne, ein verbreitetes Gericht der älteren französischen Küche, gehört ihrer Bereitung nach dem Gedämpften an. Ich fand sie schmackhafter, wenn sie in einer blechernen oder silbernen Puddingform eingelegt und in siedendem Wasser oder in der Tortenpfanne gar bereitet war. Ich belegte diese Form innerhalb mit Speckscheiben und brachte darauf feine Schnitte von allerlei Wurzelwerk, mit feinen Kräutern und einigen Sprossen Blumenkohls oder Broccoli durchmengt in guter Ordnung an, in die Mitte aber ein Stück entsehntes, geklopftes und mit Speck durchzogenes Kalbfleisch. Alles dieses wohl durchsalzen. Die Puddingform muß ein Haft haben, damit sie in dem siedenden Wasser aufgehängt werden kann. Denn sie darf nicht an den Boden des Wassergefäßes anstoßen, weil die Speise sonst anbrennen würde. Im entgegengesetzten Falle wird man besser tun, die Form in eine Tortenpfanne zu setzen, und die Speise bei wenigem Feuer langsam gar werden zu lassen.
Wenn man diese Speise, nachdem sie gar geworden, aus der Form herausnimmt, so sucht man die Anordnung der Wurzelschnitte zu erhalten, wie sie von Anfang an gewesen, zieht die Speckschnitte sorgfältig herab und bessert hie und da ein wenig nach.
Wenn man, wie meist geschieht, die einzelnen Bestandteile

dieses Gerichtes besonders kocht, so ist es allerdings leichter, demselben ein zierliches Ansehen zu geben. Allein der Geschmack und die Nahrhaftigkeit büßen dabei gar vieles ein.
Ich habe die Schülienne zur Abwechselung auch mit einem Stücke von fleischigen Fischen, z.B. von dem Störe, dem Lachse, dem Hausen, Huchten, dem Thunfische u.a., bereitet, denen ich die Knochen oder Gräten benahm, sie statt des Speckes mit ausgegräteten Sardellen durchzog, und statt des Zimmets mit mancherlei Pfeffer und unsäglich wenigem Ingwer würzte.
Fische, vorzüglich kleinere aus süßem Wasser, mit vielen weniger süßlichen Wurzeln verschiedener Art, einigen Kräutern und ganzen Pfefferkörnern, langsam in kurzer Brühe eingesotten. Dann wird eine Schüssel erwärmt und mit einigen gerösteten und mit frischer Butter bestrichenen Semmelschnitten belegt, darauf die Fische und Wurzeln mit Ordnungssinn angerichtet und die kurze Brühe, in der sie eingesotten worden, langsam daran gegossen. Dies Gericht wird der vortrefflichen Watersootje der Holländer ähnlicher sein, als die Matelotte der Franzosen.
Allein eine der besten gedämpften Speisen, welche aus Fischen bereitet werden können, ist die folgende: Man nehme Forellen, Dorsche oder andere sehr leckere und zarte Fische, zerschneide sie in mäßig große Stücke und lege sie abwechselnd mit Stückchen frischer Butter, mit Brosamen, Limonensaft, feinen Kräutern, mit Salz und wenigem Spezereigewürz in eine silberne Kasserolle ein. Die letztere setze man darauf in ein Rohr oder in eine Tortenpfanne, und lasse sie darin, bis man voraussetzen kann, daß der Fisch vollkommen gar sei.
Fische, welche man unter Gallert legen will, muß man einfach absieden, wenn sie in ihrer natürlichen Gestalt aufgetragen werden sollen. Wenn man aber die Gräten und Knochen herausnehmen will, wie vorzüglich bei fleischigen Fischen zu geschehen pflegt, um eine runde oder sonst gestaltete Fleischmasse daraus zu bilden, so wird man besser tun, sie zu dämpfen.
Aal, Lachs, Huchten, Waller und andere fleischige Fische schneide man, doch jeden für sich, in gleich hohe Querstücke;

löse den Rückgrat und die Seitengräten sorgfältig aus; richte sämtliche Stücke in eine einzige Masse. Nach Belieben mische man ein Gehäcksel von Sardellen, Schalotten, feinen Kräutern mit reichlichem Gewürz und menge davon mit Sparsamkeit zwischen die einzelnen Stücke. Man belege darauf den Boden einer Kasserolle oder eines Tiegels mit dünnen Schnitten frischen Speckes, setze darauf seine Masse von ausgegrätetem Fisch und fülle Wasser daran, doch nicht so viel, daß der Fisch darin schwimme. Man decke das Gerät zu und lasse es anderthalb oder zwei Stunden lang über sehr kleinem Feuer langsam dünsten. Dann füge man noch einige Löffel voll starken Essigs und etwas Limonensäure hinzu, salze es nach, wenn es nötig wäre, und lasse es noch einige Minuten stehen. Man nimmt darauf seine Fischmasse sorgfältig heraus, richtet sie noch einmal, etwa in einem Blechrande, bis sie so weit erkaltet ist, daß sie von selbst zusammenhält. Wenn die Form dieser Masse rund ist, so lege man junge Zweige von Dragon in Gestalt eines dichten Kranzes umher und lasse alsdann seinen Fischgallert darüber tröpfeln. Denn der frische Dragon wird nicht allein dem Gericht einen guten Geschmack mitteilen, sondern selbst, wenn der Gallert recht durchsichtig ist, ein hübsches Ansehen geben.

Ist man zufällig im Besitz einer tönernen Puddingform, so lege man dahinein den ausgegräteten Fisch mit dem Gehäcksel in der Ordnung, welche man gerade liebt. Tue darauf die Form umgekehrt in den Ofen, oder in die Tortenpfanne, und lasse das Ganze bei mäßiger Wärme kochen, bis es genug hat. Netze ihn während des Kochens mehrmals mit etwas weißem Wein und dem Saft einer halben Zitrone. Man lasse das Gericht in der Form erkalten und stürze es nicht eher, als bis man es auftragen will. Beim Umstürzen wird der natürliche Gallert die Gestalt der Pudding- oder Gallert-Form angenommen haben. Sollte er nicht ablassen wollen, so halte man die Form nur für einen Augenblick in ein Gefäß voll warmen Wassers.

Sechzehntes Kapitel
Vom Abbacken in einem siedenden Fettstoffe

Ein Abgebackenes, es sei von welcher Art es wolle, erfordert, um gut auszufallen, zweierlei: einen guten, reinschmeckenden Fettstoff und einen sehr hohen Grad der Erhitzung desselben. In Italien, wo das Abgebackene – Fritto – ganz national ist, versteht sich darauf ein jedes Bauernweib. Aber im Norden gibt es wenig gepriesene Köche, welche ein gutes Fritto zu machen imstande wären.

Man kann in ungesalzener, durch Schäumen gereinigter Butter (Schmalz), in Schweinefett und in gutem Olivenöl abbacken. Letzteres macht die Oberfläche eines Abgebackenen besonders sperre, und eignet sich auch sonst zum Backen von Fischen viel besser als Butter oder Schweinefett.

Ehe man einen Gegenstand in das siedende Fett einlegt, muß letzteres, wie schon bemerkt worden, durch ein Glutfeuer in das möglichst heftige Wallen gebracht worden sein. Wenn aber das Abgebackene auf der Oberfläche des Fettes zu schwimmen oder gar zu knacken beginnt, so muß man sich beeilen, es mit dem Schaumlöffel herauszunehmen, damit es nicht allzu braun werde; denn wenn es goldbraun ist, wird es hinreichend gar und sperre, auch vom gefälligsten Ansehen sein.

Das also herausgenommene Abgebackene lege man in einen heißgehaltenen metallenen Durchschlag zum Abtröpfeln des Fettes, oder breite es auf einer warmen Schüssel über reinliches Fließpapier aus. Man salze es mit feinzerstoßenem Salze, so wie es Stück für Stück aus dem siedenden Fette kommt. Es versteht sich jedoch, daß es mit Maß geschehen müsse.

Dinge, die nicht so leicht gar werden, z. B. Kalbskopf, lasse man vorher halbgar sieden, oder schneide sie wenigstens in sehr feine

Streifen. Mit Fischen hat es keine Gefahr; man nehme nur recht kleine, oder schneide sie in mäßig große Stücke, so werden sie bald gezeitigt werden.

Einigen Dingen, z. B. dem Blumenkohle, den Artischocken, dem Kalbskopfe, steht ein Überzug aus Eigelb, feinem Mehl und Brosamen recht wohl an, anderes, als Leber von Kälbern und Lämmern, Schale von Wassermelonen und ausgewachsenen Kürbissen, größere Schwämme, alles dies in lange und dünne Streifen aufgeschnitten, gerät ohne Überzug besser.

Verschiedene Gehäcksel lassen sich in Oblate einschlagen, in Eigelb umdrehen, mit Brosamen überziehen und also ausbakken; z. B. Ochsenmaul, in sehr feine Streifen geschnitten, mit etwas Eigelb oder Zitronensaft gebunden; oder aufgeschwellter, im Mörser zerstoßener und durch ein Sieb getriebener Reis mit ähnlicher Bindung. Diese Mischungen lassen sich ins Unendliche abändern.

Peterlein, Salbei und andere feine Kräuter dienen, recht sperre gebacken, zu einer zierenden und wohlschmeckenden Beilage anderer Fritüren. Es ist so schwer, diese Kräuter recht auszubacken, daß man an vielen Orten angehenden Köchen eben dies zum Probestück vorlegt.

Abgebackenes Obst, z. B. Pflaumen, Pfirsiche, Äpfel, Quitten, erfordern, eben wie alle zartern Mischungen aus Mehl, Milch und Eiern, eine Zugabe von Zucker. Sie gehören daher schon zu den Geschmacksspeisen.

Alle übrigen Arten des Abgebackenen gibt man für sich, oder doch nur mit Zitronensäure. Sie werden wegen ihres vorsprechenden Geschmackes vorzüglich zu Eingängen verwendet.

Siebzehntes Kapitel
Von der Bereitung des Fleisches innerhalb eines dem Backen bloßgestellten Teiges

Die Säfte des Fleisches und die Düfte feinerer Würzen in einen dichten Teig einschließen, in demselben backen, und die also eingeschlossenen Stoffe gleichsam in ihrem eigenen Safte gar bereiten, ist eine sehr weit getriebene Verfeinerung der Kochkunst, deren geschichtlichen Ursprung anzugeben mir für jetzt unmöglich fällt.

Schinken und anderes, vorher in Wasser, Milch oder Wein erweichtes Geräucherte in ungesäuerten Brotteig einschlagen und also gar backen, ist ein schon vor Alters verbreiteter Hausgebrauch. Bei richtigem Maße der Ofenhitze und bei hinreichender Geschmacklosigkeit des Teiges pflegt diese Bereitung glücklich auszufallen. Wenn aber der Teig zu naß ist und deshalb bei jäher Hitze aufspringt, so wird auch der beste Schinken austrocknen und zugrunde gehen, weshalb ich Unerfahrenen rate, beim Absieden zu bleiben.

Durch Bereitungen jener Art mag man darauf hingeleitet worden sein, ein künstliches Gebäude von gemeinerem oder edlerem Teig aufzurichten, darin rohes Fleisch mit allerlei Würzen, mit Fett und leckerem Gehäcksel einzulegen, alles dies mit einem festen Deckel aus demselben Teig sorgfältig zu verschließen und in einer langsamen und dauernden Wärme gar zu backen. Diese Art von Speisen nennt man Pasteten, von dem italienischen: pasta, der Teig. In der Tat fand ich im italienischen Mittelalter die früheste Spur der eigentlichen Pastete, was, mit dem Ursprung des Wortes selbst, die Wahrscheinlichkeit begründet, daß die Pastete eine neuitalienische Erfindung sei.

Die Pasteten sind in unseren Hauptstädten Gegenstände eines wahrhaft ärgerlichen Luxus. An und für sich sollten sie billig so gemein sein, als Würste und andere für eine längere Aufbewahrung geeignete Speisen. In jeder Haushaltung, welche Gastfreiheit ausübt, sollte man aus den vielfältigen Stoffen, welche sich dazu eignen, schmackhafte und dauerhafte Pasteten zu bereiten wissen.

Besser ist besser. Gute Trüffeln geben dieser Art von Speisen eine sehr feine Würze. Wo man jedoch, wie in einem großen Teile von Europa der Fall ist, ihrer entbehren muß, da kann man sich mit allerlei andern Würzen zu einer kalten, für unerwarteten Besuch in Vorrat gehaltenen Pastete einrichten. Feine Kräuter, Morcheln (Maurachen) und wohlriechende Schwämme, etwas Zwiebelwerk; ja mit Vorsicht angewendet, selbst der feinere Knoblauch, der unter dem Namen Rokambole bekannt ist, gewähren solchen Speisen eine mehr und minder ergötzliche Würzung. Durch behende Wahl und Mischung der eingelegten Fleischarten kann man nun gar den Mangel an Trüffeln weniger fühlbar machen.

Kalbfleisch, Schinken, zahmes Geflügel sind Stoffe, die man doch meist zur Hand hat, und welche in Schichten, abwechselnd mit einem wohlgewürzten Gehäcksel aus Lebern, frischem oder gesalzenem Speck eingelegt, eine gute Hauspastete geben. Das Geflügel kann man roh zerlegen oder die Knochen herausnehmen, damit es besser sich vorlegen lasse. In diesen Pasteten aus gemischtem Fleische stehet eine Fasanenbrust vortrefflich. Wild und wildes Geflügel aller Art wird in dem beigelegten Gehäcksel einen kräftigeren Kräutergeschmack, mehr Gewürz und sogar etwas Säure von Limonen oder starkem Essig ertragen können. Man kann die Brüste des wilden Geflügels wie zu einem Salmy vorbereiten, den Überrest roh zerstoßen, mit starkem Kräuteressig kalt durch ein Sieb treiben, und dieses Durchgetriebene mit einem Gehäcksel von reichlichem Speck und weniger Kalbsleber verbinden. Auf diese Weise bereitet, wird

das Gehäcksel mehr Bindung mit dem eingelegten Fleisch annehmen.
Die Franzosen lehren, das Fleisch vorgekocht in die Pasteten einzulegen. Allein was sie auch sagen mögen, so muß dennoch sowohl das Fleisch als das Gehäcksel roh eingelegt werden, weil es widrigenfalls den Saft verliert, wodurch der eigentliche Nutzen der Pastete, die verschlossene Bereitung durchaus eingebüßt würde. Doch gibt es auch hierin Ausnahmen, wie die Leberpasteten von allerlei zahmem Geflügel, nämlich von Enten, Tauben, jungen Hähnen, Kapaunen, Pularden, indianischen Hühnern und Gänsen.
Lebern von Hechten oder von Seefischen, vorzüglich vom Dorsche, lassen sich ebenfalls in Pasteten einlegen; diese können aber nicht sehr weit versendet oder lange aufbewahrt werden; auch geben die Trüffeln und andere Schwammgewächse hierzu keine paßliche Würze.
Übrigens läßt sich alles Ersinnliche zu Pasteten verwenden, und in der Zusammensetzung derselben kann ein braver Koch recht deutlich zeigen, daß er Einbildungskraft und Urteil besitzt.
Sogenannte warme Pasteten sind Salmys oder gedünstete Speisen, welche man in einen Pastetenrand gefüllt hat. Besser, wenn sie roh eingelegt und in dem Teige gar gekocht worden, was aber selten geschieht, weil der Teig bei zu flüssigem Inhalte gern aufzubrechen pflegt. Doch kann man sich vor diesem Übel leicht sicherstellen, wenn man die Pastete mit wenig flüssigen Gegenständen anfüllt und während des Kochens das Gehäcksel vor der Austrocknung bewahrt, indem man etwas flüssigen Gallertstoff von Zeit zu Zeit durch das Luftloch des Pastetendeckels hinabgehen läßt. Zudem pflegt man zu warmen Pasteten eine kräftige Tunke zu geben.
Hier vom Pastetenteige zu reden, würde wider die Ordnung sein. Man sehe darüber, was wir im zweiten Buch über die Verwendung des Mehles berichten.
Ein guter säuerlicher Gallert ist zu jeder kalten Pastete eine erwünschte Zugabe. Man muß jedoch den Geschmack des Gallerts jeder Pastete besonders anzupassen suchen.

Achtzehntes Kapitel
Von gesottenen Füllungen

Bereitungen dieser Art gehören eigentlich in das Kapitel vom Sieden des Fleisches. Ich habe jedoch vorgezogen, sie auf die Pasteten folgen zu lassen, weil sie mit denselben eine verwandte Bestimmung haben.

Aus allerlei Geflügel größerer Art, indianischen Hähnen, Kapaunen, Pularden, auch wohl aus Fasanen, welche nicht zu sehr zerschossen und noch frisch sind, löse man die Knochen so säuberlich aus, daß die Haut unverletzt bleibt. Hierauf bereite man ein Gehäcksel aus Geflügellebern und Speck mit beliebig zu würzenden Zusätzen. Man fülle damit das von den Knochen befreite Geflügel und lege zwischen das Gehäcksel in der ganzen Länge des Tieres ein oder mehrere lange und derbe Schnitte geräucherten Schinkens. Trüffeln oder feine Schwämme, wenn man sie gerade zur Hand hat, breite man in dem Gehäcksel aus, daß sie fein allenthalben verstreut sind. Man stopfe das Geflügel nicht zu fest an, damit es nicht aufspringe, und damit es im Schnitt mehr Abwechslung gebe.

Ist das Geflügel aber gar groß, wie etwa ein ausgedienter welscher Hahn, so wird man wohltun, die zarteren und fleischigen Teile eines Kapauns oder Fasans, oder die Brüste einiger Rebhühner, auch wohl ein recht zartes und mürbe geklopftes Kalbfleisch mit einzulegen. Diese Speise verliert, wenn man das eingelegte Fleisch in Würfel zerschneidet, wie hier und da zu geschehen pflegt; denn die Zunge liebt zwar die Gegensätze, will sie jedoch unterscheiden. Ein zu gemischter Geschmack aber verwirrt das Urteil. Daher müssen alle Mischungen entweder so innig verschmolzen sein, daß sie auf der Zunge nur einen einzigen Geschmack geben, oder so abgesondert, daß man jedes für sich abwechselnd wahrnimmt.

Wenn nun die Füllung in das knochenlose Geflügel eingelegt

ist, so nähe man die Öffnungen der Haut säuberlich zusammen. Dann nehme man ein ohne Seife gewaschenes Tuch und binde oder nähe das gefüllte Stück ganz fest hinein. Es wird darauf in gesalzenem Wasser zwei bis vier Stunden lang ruhig gesotten. Man läßt es darauf in dem Tuch erkalten, löst es alsdann heraus und zieht die Fäden sorgfältig aus der Haut. Währenddessen hat man einen säuerlichen Gallert vorbereitet und läßt ihn langsam über das gefüllte Geflügel sintern. Dieser Gallert wird an Bindung gewinnen, wenn man das Knochenwerk, welches aus dem Geflügel genommen worden, darin verkochen läßt.

Neunzehntes Kapitel
Von allerlei Arten, das Fleisch und die Fische längere Zeit in einem eßbaren Zustande zu erhalten

Ich machte meine Vorschule als Küchenjunge auf dem Hof eines begüterten Landedelmannes. Damals waren wohl andere Zeiten, Garten und Treibhaus wurden sorgfältig verwaltet, der Hühnerhof war wohl besetzt, und an Mastvieh aller Art war Überfluß. Den Sommer hindurch wurden vegetabilische Vorräte eingesammelt, und gegen den Winter tötete man eine so große Menge wohlgemästeter Tiere, daß ich es nur etwa mit der Hochzeit des Camatscho im Domquichote, oder besser mit den homerischen Schlachtfesten vergleichen könnte. Dahingegen gab es Gastfreiheit für Arme und Reiche, und Herr und Gesinde litten an nichts Mangel, ohne daß man gerade genötigt gewesen wäre, alltäglich den Säckel zu öffnen, der bekanntlich leichter sich leert als füllt.

Da wurden herbstlich eingesammelt: Würste ohne Zahl, in tausendfältigen Abänderungen; Gesalzenes und Geräuchertes; Fleisch unter säuerlichem Gallert und anderes. Endlich ward alles an seinen Ort gestellt, einiges für den nächsten Verbrauch des Winters, anderes, z.B. Schinken und Speck, auf Jahre im voraus. Die edle Herrin selbst leitete eine Woche hindurch die allgemeine Regsamkeit durch Vorschrift und Beispiel, obgleich sie in vielen anderen Künsten wohlerfahren war, und obgleich sie meines Bedünkens den feinsten Damen unserer Tage an edlem Betragen nicht nachstand.

Auch in Italien war es vor alters selbst in den größten Städten gebräuchlich, ein oder mehrere Schweine für den Wintervorrat einzuschlachten, wodurch gar viele der schönsten Novellen des Boccaz, des Sacchetti u.a. herbeigeführt worden. Indes ist diese Gewohnheit schon seit längerer Zeit alldort jener feinen Bildung des weiblichen Geschlechtes gewichen, welche im alten Griechenland nicht gerade so sehr in den Gattinnen aufgesucht wurde, als in jenen ätherischen Wesen, welche unser Wieland so unübertrefflich geschildert hat. Es scheint, daß auch die deutschen Frauen bei vorrückender[1] Bildung täglich unfähiger werden, mit der gemeinen Notdurft des Lebens sich zu befassen, ihre Vorräte auf Jahre im voraus zu sammeln, festzuhalten und auszuteilen. Denn gewiß hat die Gewohnheit des häuslichen Einschlachtens seit einigen Jahrzehnten sehr abgenommen, wobei die Fetthändler sich besser befinden mögen, als die bürgerlichen Haushaltungen.

Nun ist demungeachtet in der Kunst des Einsalzens noch keineswegs alle Überlieferung unterbrochen worden, weshalb ich mich enthalte, weitläufig davon zu handeln. Vornehmlich im nördlichen und westlichen Deutschland versteht man noch sehr gut zu salzen und zu räuchern. Im südlichen hat man darin zu keiner Zeit eine rechte Methode besessen, teils, weil man in dem volkreicheren Lande mehr frische Vorräte zur Hand hatte; teils wohl auch, weil die Entfernung vom Seeleben das Bedürfnis guter Einsalzungen weniger fühlbar machte. Indes hängt die

Güte des Eingesalzenen großenteils auch von örtlichen Ursachen ab. Gewandertes und dann auf fetten Weiden schnell gemästetes Rindvieh, wie die Ochsen[2] aus Schottland und Nord-England auf dem Markte zu London, oder wie die jütländischen auf dem Markte zu Hamburg; oder Schweine, die in Kastanien- und Eichenwäldern sich gesättigt haben, können durch keine künstliche Mästung ersetzt werden. Deshalb bleiben geräuchertes und lufttrockenes Rindfleisch von Hamburg, westfälischer, bayonner oder italienischer Schinken, Salzburger Zungen, pommersche Gänsebrüste, holländische Heringe, geräucherte Lachse aus dem Rhein und etwa noch aus der Elbe, geräucherte Aale aus dem Plöner See u.a. durchaus unvergleichliche, unerreichbare und einzige Dinge. Die Natur ist nicht allenthalben und nirgendwo in allen Gegenständen der Kochkunst gleichmäßig günstig.

Das dichteste, gesundeste, mit Fett durchwachsenste Fleisch ist jederzeit auch für Einsalzungen am meisten geeignet. Das Fett erhält die Fiber geschmeidig und trägt selbst zu deren Erhaltung bei. Mageres Fleisch nimmt zu viel Salz in sich auf, dorrt im Rauche leicht aus und geht geschwinder in Fäulnis über, als das fette, oder mit Fett durchwachsene. In Sachsen ist der Mißbrauch im Gange, die Schenkel magerer Kälber zu räuchern, und in der Mark Brandenburg salzt man alte Mutterschafe ein. Es ist nicht möglich, sich etwas Widrigeres auszusinnen.

In dem bayerischen Kochbuche, welches überhaupt eine gute, aber keineswegs eine durchgeführte Richtung hat, befinden sich brauchbare Anweisungen zum Einsalzen und Räuchern. Wer indessen sie benutzen will, wird wohltun, das Allgemeine, wie die Vorbereitung des Fleisches, oder die Verhältnisse des Salzes und Salpeters (Nitrum) von allerlei Phantasien abzusondern, welche ihrer Natur nach nur denen gefallen können, welche daran von Jugend auf gewöhnt sind. Diese betreffen die Anwendung von Gewürzen, wohlriechenden Kräutern und Samen, welche den arthaften Geschmack des Fleisches leicht stören und, äußerlich angewendet, in kurzer Zeit verdünsten, und nichts als jene Bitterkeit zurücklassen, welche allen Aromen zugrunde liegt.

Zu allerlei Fleischwürsten schabe man das Fleisch mit einem scharfen Messer, damit die Fiber von allem Häutigen und von allen Sehnen und Nerven getrennt werde. Bratwürste muß man nicht zu fest anstopfen, auch wird man wohltun, sie etwas körnig zu machen, indem man das Fleisch besonders hackt, salzt und würzt, und erst in der Folge das geschnittene oder grobgewiegte Fett lose darein mengt. Geräucherte Fleischwürste aber muß man recht fest in die Gedärme einschlagen; denn je dichter sie sich im Rauche zusammenbilden, je dauerhafter werden sie auch, je feiner lassen sie sich aufschneiden. Bei diesen Würsten würde ich lieber Fleisch und Fett, wie in den italienischen Salami, grob mengen, als beides auf deutsche Art zusammen hacken und innig vereinigen. Übrigens scheint mir der Knoblauchgeschmack der bolognesischen Würste überflüssig und sogar etwas widrig.
Die Gedärme müssen voraussetzlich wohlgereinigt sein und einige Tage in Salzwasser gelegen haben, ehe man daran denken kann, Würste zu stopfen.
Der Lenden- oder Mürbebraten des Schweines mit einem Dritteil des anliegenden Fettes, beides von allen Häuten und Nerven gereinigt, wird frisch angesalzen, stark gewürzt, sowohl mit Spezereien, als mit trockenen Kräutern; dann in den Mastdarm oder in die Blase gewickelt, und noch einmal, dieser Häute willen, etwa einen Tag lang in die Salzlake gelegt. Dieses Stück hängt man sodann in den Rauch, wie die Fleischwürste, und bewahrt und gebraucht es wie diese. Das Fleisch des Lendenbratens kann aber auch grob ausgeschabt und mit grob zerschnittenem Fette vermengt, gleich einer Wurst, bereitet werden. Auf beide Arten aß ich diese beifällige Speise in den Gebirgen von Rom, wo man sie polpette nennt, und ohne andern Grund, als den der Gewöhnung, mit Knoblauch und Koriander vermengt, welche ich daraus wegzulassen anrate.
Der Zampone di Modena ist eine andere, einer bestimmten Gegend von Italien vorzüglich eigene Einsalzung. Man ziehe die Haut vom Bug oder von dem Vorderfuße des Schweines herab, ohne sie aufzutrennen oder sonst zu verletzen; löse alsdann das Fleisch und das Knorplige von den Knochen; zer-

hacke es grob, und vermische es mit feingehacktem, zarterem Fleisch und etwas Nierenfett; würze und salze zur Genüge und nach seinem Geschmacke. Stopfe das Gemengsel in die inwendig fette Haut des Vorderbeines, doch nicht allzu fest; binde diese Haut zu beiden Enden so stark als möglich zusammen; lege es in Salz, so lange, als die Haut bedarf, um dauerhaft zu werden, hänge es in den Rauch, und später bis zum Verbrauch an einen trockenen Ort. Diese Speise muß geweicht und gewässert werden, ehe man sie siedet; doch nur etwa halb so lange, als ein Schinken. Man kann sie sowohl warm, als abgekühlt, als Eingang oder als Beilage zu Gemüsen genießen. Freilich liegt sehr viel an der eigentümlichen Güte der modenesischen Schweine, die auch zu andern Einsalzungen ausnehmend wohl geeignet sind.

In den Würsten, eben wie in den Pasteten, ist der Erfindung ein weiter Spielraum gelassen. Denn es ist nicht nötig, daß man die Würste gerade nach den in Umlauf stehenden Vorschriften mache, im Gegenteil ist die Mischung der Fleischgattungen, der Gewürze oder anderer Pflanzenstoffe durchaus der Willkür überlassen. In jedem Bezirke von Deutschland, ja von Europa, sind andere, meist ganz löbliche Verknüpfungen üblich. Man folge dem einen und dem andern Beispiel, oder den Eingebungen seiner eigenen Einbildungskraft, wenn man diese anders nach den ewigen Grundsätzen der Kunst zu regeln weiß.

In niederrheinischen Haushaltungen aß ich mehr als einmal eine hart geräucherte, sehr schmackhafte Leberwurst und erhielt folgende Vorschrift, sie zu bereiten, die ich selbst bis jetzt nicht habe in Anwendung setzen können:

Nimm frische Kalbsleber, Schweineleber, geriebenes in Fleischbrühe aufgeweichtes Weißbrot; von jedem ein Dritteil. Wenn die Lebern gereinigt und fein gehackt worden, so mische alles wohl zusammen, salze und würze es gut, sowohl mit Spezereien als feinen Kräutern; tue alsdann zu dieser Masse etwa die Hälfte frischen, in feine Würfel geschnittenen Speckes, und menge alles wohl ineinander. Diese Masse fülle in wohlgereinigte Därme, binde dieselben wohl zu, und lege sie zum Anziehen in heißes Wasser; endlich nehme man sie heraus, lasse sie abkühlen und hänge sie in den Rauch, bis sie recht hart werden. Geriebenes Weizenbrot ist auch denjenigen Würsten beizusetzen, welche man an manchen Orten vom Gehirne der Schweine bereitet. Im ganzen Norden macht man auch aus dem in der Brühe des Schlachtfleisches aufgesottenen Hafergries – auch aus Reismehl – ganz schmackhafte Bratwürste, indem man sie mit Fett, Blut und Spezereien vermengt. Diese Mischungen von Blut, Fett, Fleischbrühe, Mehlstoffen, welche wir in dem Miliatscho der Italiener wiederfinden, ertragen eine leichte Hinneigung zum Süßlichen. Ihr gemeinschaftliches Vorbild findet sich in den mit Blut und Fett gefüllten Ziegenmägen des Homer[3], und diesen gleicht allem Anscheine nach der gefüllte Hirschmagen der nordamerikanischen Wilden, von dem verschiedene Reisende mit Lob geschrieben haben. Speisen dieser Art sind sehr haushälterisch, weil sie dazu dienen, die Reste des eingeschlachteten Fleisches, der Brühen oder des Fettes nützlich zu verwenden. Durch kunstreiche Mischung können solche Würste, welche vor dem Verbrauche meist auf dem Roste gebraten werden, einen hohen Grad von Wohlgeschmack erlangen.

Blutwürste mit eingeschnittenem Zungen- und Nierenfleische werden gleich anfangs gesotten, dann recht hart geräuchert und kalt genossen.

Großen, vorzüglich ländlichen Haushaltungen ist es zu empfehlen, daß sie von Zeit zu Zeit junge nur halbgemästete Schweine bei kühlem Wetter einschlachten, damit sie immer leicht eingesalzenes Fleisch, petit salé, zur Hand haben. Aus den Eingeweiden und aus anderem Nebenfleische mache man allerlei nicht zu einer längeren Aufbewahrung bestimmte Würste. Der Rücken kann zu einem frischen Schweinebraten dienen; die Schenkel wird man besser in Salz legen und entweder aus der bloßen Salzlake, oder nach einer kurzen Räucherung gesotten auftragen können.

Gänse, auch Enten und halbmageres Schweinefleisch, jegliches für sich und in mäßig große Stücke gehauen, mit Säure und Gewürzen und mit etwas Gallertstoff an Hirschhorn oder anderem wohl eingesotten, dann abgekühlt und mit Fett überschmolzen, erhalten sich eine längere Zeit in ihrem säuerlichen Gallerte. Man kann auch Wildschwein, z. B. den Kopf, aus dem man die Knochen herausgenommen, und ihn mit gehacktem und zerschnittenem Fleisch und Fett gefüllt hat, auf eine ähnliche Weise einsieden und in seinem Gallert erhalten. Ebenso verschiedene Fische von starkem Fleisch, als den Stör, den Lachs, den Hausen und andere. Den Fischgallert bereite man, wie schon bemerkt worden, mit Hirschhorn oder Hausenblase.

Die Alten[4] bewahrten das Fleisch vor Fäulnis, indem sie es durch Bestreichen mit Honig von der äußeren Luft absonderten. Allgemeiner verdiente eine neue Erfindung, das Donkinsche Patentfleisch, beachtet zu werden, deren der Lieutenant von Kotzebue[5] auf seiner Reise um die Welt sich mit Nutzen bediente. Krusenstern[6] behauptet in der Einleitung zu gedachter Reise, das Fleisch werde sogar besser, weil es die verdichtete Fleischbrühe, in der es eingelegt wird, mit der Zeit in sich aufnehme. Es scheint, daß die Haltbarkeit dieser Aufbewahrung großenteils von der Dichtigkeit der Gefäße abhänge, in denen es rationenweise verschlossen wird. Apicius bewahrt sogar die Auster, indem er sie aus den Schalen genommen in ein aus Essig gewaschenes Gefäß legt, dieses wohl zubindet und von der Luft absondert.

Zweites Buch
Nahrungsstoffe und Würzen aus dem Pflanzenreiche

Erstes Kapitel
Von den mehligen Körnern, Samen und Wurzeln im allgemeinen

Auf den Anbau und Verbrauch der Mehlfrüchte gründet sich alles gesellige und gesittete Leben. Denn so lange, als ein Volk seine Nahrung aus dem Tierreiche gewinnt, sei es durch Jagd, Fischerei oder Viehtrift, wird es zu keinen festen Sitzen kommen, mithin nicht den Grad von Ausbildung seiner Fähigkeiten erlangen können, der durch ein ruhiges Leben bedingt wird. Einem wandernden Geschlecht ist es nicht vergönnt, die Erfahrungen vieler Geschlechtsalter in Gebäuden, Kunstwerken, Schriften aufzubewahren oder durch vielfältige Berührungen seine Ideen mehrseitig auszubilden. Dahingegen darf es von den Hirtenvölkern gerühmt werden, daß sie nicht selten gerade die tiefsten und höchsten Begriffe in ihrer ursprünglichen Reinheit bewahren und mit einem flammenden Eifer gegen die Spiele des Geistes einer überlegenen Bildung behaupten.
Der Feldbau bewirkt aber die Entwicklung der Geistesanlagen der Menschen, sowohl durch Befestigung ihrer Wohnsitze, als auch durch deren Anhäufung; denn die Erde bringt bei fleißigem Anbaue der mehligen Körner unverhältnismäßig sicherer und häufiger den Nahrungsstoff hervor, als die Viehtrift, geschweige denn die Jagd und Fischerei. Und wir werden hier von neuem darauf zurückgeführt, daß die Speise einen nicht zu berechnenden Einfluß auf die moralische Ausbildung der Menschen ausübt; was auch die Sentimentalität unserer Zeitgenossen dagegen einwenden möge.

Die mehligen Körner werden großenteils von Gräsern gewonnen, deren Vaterland von einigen in den Ebenen von Hochasien[1] gesucht wird. Allein die älteste Bildung schloß sich in Indien und China nicht an den Anbau jener Gräser, vielmehr an den Reisbau; und die mehrhundertfältig lohnenden Körner, welche Herodot[2] in den Talebenen des Euphrat und Tigris antraf, sind nach dessen Andeutungen der Mais oder das türkische Korn, in dessen frühzeitigem Anbaue wir also allem Ansehen nach den Ursprung der uralten Bildung der vorderasiatischen Reiche aufsuchen dürfen. Die Halmfrüchte aber, auf deren Anbau die Kultur der Europäer begründet ist, mögen über Persien und über den Pontus zu uns herabgekommen sein. Doch können wir die Wanderungen des Weizens, der Gerste, der Schotenfrüchte nicht mehr bis in die ältesten Zeiten zurückverfolgen; denn die Mehrzahl der mehligen Körner und Hülsenfrüchte war bereits vor aller sicheren Geschichte bis an die Küsten des Mittelmeers verbreitet worden. Allein das sinnbegabteste Volk aller Zeiten bewahrte in seinen Mythen und religiösen Gebräuchen das Gedächtnis der Wohltaten der Ceres und des Triptolemos, und verehrte lange in diesen die Bedingung seiner unerreichbaren Geistesbildung.

In der Folge vermehrte sich die Zahl der Mehlfrüchte teils durch unendliche Spielarten der bereits vorhandenen Gattungen, teils durch den bedeutenderen Zuwachs der mehligen Knollen und Wurzeln der neuen Welt. Endlich ward auch das Mark der Sagopalme durch den Handel in die europäischen Küchen eingeführt. Ich werde in der Folge mich enthalten, in alle Spielarten der Getreidegattungen, der Hülsenfrüchte und Erdäpfel einzugehen; denn ein großer Teil derselben wird in Europa nicht angebaut, und in der Bereitung findet sich von einer Art zur andern gar wenig Unterschied.

Viele Dinge sind schon in ihrem natürlichen Zustand eßbar; doch bei den Mehlfrüchten jeglicher Gattung und Art muß man die Verdauung durch die Kunst unterstützen. Betrachten wir voran jene Körner, welche nicht ohne vorangegangene Zermalmung gekocht, gebacken oder sonst zu einer gesunden menschlichen Nahrung umgestaltet werden können. Hierhin gehören sämtliche Halmfrüchte, der Weizen mit seinen Varietäten, der Roggen, die Gerste, der Hafer, der Mais oder das türkische Korn. In den ältesten Zeiten pflegte man diese Körner in eigenen Mörsern zu zerstoßen: es war dies die härteste, gefürchtete Arbeit der Sklaven. Wie vieles verdankt nicht eben daher die Menschheit der Erfindung der Wasser- und Windmühlen? Wie vieles nicht dem gesamten Maschinenwesen, welches gegenwärtig so oft höchst ungerechterweise geschmäht wird; denn es ist ja nicht die Schuld sinnreich erfundener Maschinen, daß viele Menschen unserer Zeit keine belohnende Lebensbeschäftigung finden, vielmehr nur der Trägheit und des Unverstandes derer, welche Macht und Einfluß genug besitzen, Kräfte, welche die tägliche Notdurft nicht mehr in Anspruch nimmt, für das Schöne und Große in Bewegung zu setzen.

Dem sei, wie ihm wolle; uns genügt zu bemerken, daß durch ein bloßes Zerbrechen der Körner der Gries (die Grütze, il Semmolino) hervorgebracht wird, welches zum Brotbacken wenig geeignet ist, und einzig durch Sieden erweicht und verdaulich gemacht werden kann. Um aus jenen harten Körnern ein Mehl zu bereiten, muß man sie vielmehr gründlich zermalmen und durch Tücher stäuben, damit man vorerst die häutigen Teile, oder die Kleien davon absondere. Durch mehrmaliges Sieben oder Beuteln wird in der Folge ein feineres und verschiedene Arten eines gröberen Mehles gewonnen. Es ist merkwürdig, daß man in ganz Italien das Mehl durch Handsiebe sichtet, und bis jetzt jenen einfachen Mechanismus verschmäht hat, welcher im nördlichen Europa die Mehlbeutel in Bewegung setzt.

Anderen Körnern, wie dem Reis, dem Heidekorn oder Buchweizen, darf man nur ihre holzige Schale abnehmen, um sie zum Kochen vorzubereiten. Doch kann man auch aus diesen Gries und Mehl bereiten; eben wie man die Gerste, nach Art des Reises bloß von seiner Hülse befreit, in der Gestalt sogenannter Graupen durch Sieden leicht und bequem erweicht. Die Hirse erweicht sich sowohl ganz als gebrochen; vom Mais macht man aber ein grobes, griesartiges Mehl, welches des Beutelns oder Siebens nicht bedarf, weil der Überzug dieses Kornes wenig häutig ist. Die Hülsenfrüchte lassen sich ohne vorangegangene Zermalmung durch Sieden erweichen. Ebenso die noch weicheren mehligen Knollen und Wurzeln, denen wiederum die Kastanie gleichsteht. Dasselbe gilt auch von den Gemüsen, die, wie der Kürbis, die Artischocke und andere, einen häufigen Mehlgehalt haben.

Zweites Kapitel
Vom Mehl und dessen Verwendung

Mehl nennt man jenen feinen und nahrhaften Staub, welcher nach vorangegangener Zermalmung der Körner durch die Absonderung ihrer häutigen und faserigen Teile gewonnen wird. Je mehr das Mehl von jenen Häuten und Fasern durch das Sieben oder Beuteln abgesondert worden, oder je feiner es ist, um so nahrhafter wird es in seinen verschiedenen Zurichtungen ausfallen.
Um den Nähr- oder Leim-Stoff des Mehles in einem höhern Maß aufzulösen und zu entwickeln, vermischt man letzteres mit einer Flüssigkeit und setzt es also der Hitze aus. Dies geschieht teils, indem man daraus durch das Abbrühen in einem feuerfesten Geschirr einen Brei oder ein Mus bereitet, teils indem man das Mehl mit sparsamer Flüssigkeit verbindet, daraus einen Teig knetet und diesen wiederum einer trockenen, verschlossenen Hitze aussetzt oder ihn bäckt. Letztere Art nennen wir das Brot.
Ich halte unter beiden Arten den Brei für die älteste Bereitung. Denn es war dieses schon bei den Alten[1], denen doch sowohl das gegorene als das ungegorene Brot bekannt war, eine feststе-

hende Meinung; und bei vielen Völkern, welche auf ihrer ältesten Bildungsstufe verharren, ist noch immer statt des Brotes der Brei üblich. Im Innern von Afrika ißt man Brei von Mais, im oberen Ägypten und in Nubien von Linsen; aber der Pillaw, oder Reisbrei, umfaßt bis auf den heutigen Tag den ganzen Orient. Wir wollen jedoch zuerst vom Brote handeln, weil nach unserer Art zu speisen jeglicher Brei mit den Gemüsen zusammenfällt.

Drittes Kapitel
Vom Backen des Brotes

Das Brot war wohl ursprünglich, wie noch die Maiskuchen der nordamerikanischen Neubauern oder wie die Brote der Perser, ein dünner Fladen oder Kuchen aus festem, unaufgegorenem Teig. In dieser Form ist das Brot dem Verschimmeln ausgesetzt und schwer verdaulich, weil die Feuchtigkeit während des Backens aus dem dichten Teige nicht gehörig verdünsten kann. Hippokrates[1] bemerkt, daß gegorenes Brot leichter abgehe, doch weniger ernähre, als ungegorenes.

Nachdem man die Gärung, diesen höchstwichtigen Hergang der Natur, näher kennengelernt hatte, geriet man auf den glücklichen Gedanken, zum Auflockern des Brotteiges derselben sich zu bedienen. Die Hefe[2] des Weines oder des Bieres, welches letzte in Hochasien, gerade weil es in China ohne den Wein vorkommt, höchstwahrscheinlich ungleich älter ist, als der Wein, mag dem ersten durch Gärung aufgegangenen Brote seine Entstehung gegeben haben. Gegenwärtig wird die Gärung des Brotteiges in einem großen Teile von Europa von einem Ofen zum andern durch ein wenig aufbehaltenen Teiges fortgepflanzt. An andern Orten, vorzüglich, wo man die Säuerlichkeit zu vermeiden strebt, welche der alte Brot- oder

Sauerteig zu entwickeln pflegt, setzt man den Teig durch etwas in Vorrat gehaltene Wein- oder Bierhefe in Gärung. Denn ein übersäuerter Brotteig kann nur aus Gewöhnung angenehm und nur aus lokalen Ursachen verdaulich befunden werden. Überhaupt sollte man die Gärung des Brotteiges nie weiter treiben, als bis zu einer mäßigen Auflockerung der dichten Masse. Denn ein schwammartig lockeres Brot, wie es die Bäkker in den Städten, der Mehlersparung willen, zu machen pflegen, ist ebenso widrig, als ein nasses oder teigiges; ja das erste ist durch seine windige und blähende Eigenschaft der Gesundheit ebenso nachteilig, als das letzte durch seine Schwerfälligkeit. Die üble Eigenschaft eines nassen und teigartigen Brotes entsteht aber vorzüglich daraus, daß man den Teig mit zu viel Feuchtigkeit anmacht; sie ereignet sich aber auch, wenn der Ofen nicht den gehörigen Grad von Backhitze erhalten hat, oder durch mangelhafte Anlage die Hitze nicht lange genug behält.

Die Franzosen, vornehmlich die Pariser, bedienen sich zum Auflockern ihrer Semmelbrote des Taubenmistes, welcher sie mit Luft erfüllt, die, nachdem sie im Ofen sich ausgedehnt hat, die Teigmasse auf die Oberfläche treibt, wo sie alsdann zu einer hohlen Kruste oder Rinde ausgebacken wird. Diese Rinde wird hierdurch freilich sehr trocken, ausgebacken und eben deshalb sehr schmackhaft und verdaulich. Übrigens mögen die Ärzte entscheiden, ob nicht der hitzige Taubenmist bei fortgesetztem Genusse die Gesundheit beeinträchtigen könne.

Florentinisches Hausbrot von feinem Weizenmehle, wenig gesalzen, mit dem Teige des vorigen Tages, oder auch mit ein wenig Hefe in Gärung gesetzt, und vor allen Dingen in gehöriger Hitze mit starker Kruste ausgebacken, scheint mir, wenn es einen Tag lang an trockenem Orte abgelegen ist, eines der besten Tischbrote zu sein. Eben diesem ist jedoch das französische und englische Hausbrot nicht ganz unähnlich; nur pflegt das letztere stärker gesalzen und von gröberem Mehle gemacht zu werden.

Roggenbrote, die sich länger als die Weizenbrote erhalten lassen, pflegen schon, weil man den Sauerteig von einem Gebäck zum andern längere Zeit aufbewahrt, ein wenig stärker angesäuert zu werden. Ein geringer Zusatz von Weizenmehl, welches der Übersäuerung weniger empfänglich ist, pflegt seinen Geschmack zu mildern. Wenn Roggenbrote gut geknetet, nicht übersäuert noch übersalzen, wohl aufgegangen und mit starker Kruste gut ausgebacken werden, so gedeihen sie äußerst kräftig und nahrhaft und lassen sich den besten Brotarten gleichstellen.

Brot aus grob geschrotenem, oder doch nur von den gröbsten Häuten, Kleien, gesondertem Roggenmehle, das sogenannte schwarze, grobe oder Kommißbrot, kann ebenfalls durch Nässe, Übersäuerung und unvollkommenes Ausbacken sehr unverdaulich, umgekehrt bei gelinder Gärung und vollkommenem Ausbacken, wie der westfälische Pumpernickel, sehr zuträglich, ja selbst leckerhaft sein. Es ist freilich denkbar, daß die lokalen Eigenschaften des Kornes, welche überhaupt auf den Geschmack und die Nahrhaftigkeit des Brotes den entscheidendsten Einfluß ausüben, auch abgesehen von der Behandlung, dem westfälischen Bauernbrote jene Schmackhaftigkeit geben, welche dasselbe auch in der Fremde empfohlen hat.

Die Haferbrote der Schottländer und das Rindebrot (Stampebrö) der Skandinavier sind mir nur aus Beschreibungen bekannt. Brote, die halb aus Kartoffel-, halb aus Roggenmehl geknetet waren, habe ich in Deutschland versucht und gefunden, daß sie naß[3], schwer und schal sind. In Italien aß ich während einer Teuerung von einem Brot, in welches geschrotene ägyptische Bohnen gemengt waren. Mir schien der Geschmack widrig; diese Mischung soll der Gesundheit nachteilig sein. Überhaupt glaube ich, daß man in Zeiten des Mangels besser tun würde, diese feuchteren Mehlfrüchte in der Gestalt eines festen Breies zu genießen. Ich entsinne mich, daß man in den früheren Revolutionskriegen, als das Getreide in England mangelte, selbst an reichen Tafeln in heißer Asche gedörrte und wohlgereinigte Kartoffeln statt des Brotes herumgab. Dieses Surrogat ist dem gewöhnlichen Kartoffelbrote vorzuziehen.

Allerlei Semmeln, Zwieback und Brezel (Kringel), deren die

Feinbäckerei der europäischen Städte so mannigfaltige Formen hervorbringt, sind gut und schlecht, je nachdem man besseres oder geringeres Mehl dazu nimmt, dessen arthaften Geschmack durch fleißige Verarbeitung entwickelt oder durch unnütze Zusätze verdirbt. Hie und da ist es üblich, die Brote mit Kümmel, Koriander und ähnlichen Würzen zu durchmengen oder zu bestreuen. Man muß an diesen zweifelhaften Geschmack von Jugend auf gewöhnt sein, um ihn angenehm zu finden. Häufig finden sich diese Zusätze bei solchen Broten, welche in ihrer Verarbeitung oder im Backen selbst vernachlässigt, übersäuert, naß oder schwammig sind. Überall, wo man der Schminke gebraucht, fehlt es an der Wesenheit. Wer den Zuckerstoff eines guten Mehles durch starkes Kneten eines nicht überfeuchteten Teiges und durch ein verständiges, wohl abgemessenes Backen zu entwickeln weiß, wird Anstand nehmen, den einfachen Wohlgeschmack seines Brotes durch eine gemeinschmeckende, apothekernde Würze zu verderben.[4]

Viertes Kapitel
Vom Backwerk im allgemeinen

Wenn das Brot, in seinem einfachen, ungewürzten Zustande, eine allgemeine Zugabe zu jeglicher Art von Speisen ist, ihnen durch die Allgemeinheit seines Geschmackes eine allseitige Grundlage gibt, und also gleichsam die Bindung, das vermittelnde Prinzip, jeglicher, auch der vielseitigsten Mahlzeit ist, so dient dahingegen das Backwerk, wenn es nicht als selbständige Schüssel auftritt, oft nur als Einfassung oder als Zugabe beson-

derer Speisen, und wird in seiner Mischung jedesmal auf die Geschmacksart eben der Speise eingerichtet, welche es begleiten soll.
Den harten, festen, jeglicher Gestalt empfänglichen Teig zu kalten Pasteten machen die Franzosen außer Frage am besten. Die Handgriffe sind ihnen in diesem, wie in manchem anderen Backwerke gleichsam zur anderen Natur geworden. Was nun allenfalls in einer Vorschrift sich aussprechen läßt, findet sich in ihren Büchern. Folgende Anweisung ist aus jenen entlehnt worden.
Quantitäten: Sechs Pfund Mehl; drei Pfund Butter; zwei Unzen Salz und zehn Eidotter. Hiervon die Hälfte, ein Vierteil, das Doppelte nach dem jedesmaligen Bedürfnisse.
Verfahren: Nimm dein Mehl, lege es auf einen Tisch und mache darin eine Vertiefung; in diese Vertiefung tue die Butter, das Salz, die Dotter von den Eiern, ein Glas Wasser; letzteres mehr oder weniger groß, nach Maßgabe der übrigen Quantitäten. Verarbeite die Butter mit dem Wasser, den Eiern und dem Salze; hab' acht, daß die Butter recht geschmeidig sei; mische das Mehl bei kleinem ein und häufe alles wohl zusammen. Wenn dieser Teig wohl zusammengedrängt ist, so zerknete ihn mit den Fingern, bis er sich recht durchdrungen hat. Wäre er etwa zu trocken, so feuchte man ihn noch etwas an. Diesen Teig mehr als zweimal zu kneten ist gefährlich. Denn er könnte, vornehmlich im Sommer, zu körnig werden, und deshalb nicht gehörig zusammenhalten.
Ungemein befördert jedoch die schöne Festigkeit und das hübsche goldbraune Ansehen des französischen Pastetenteiges die selbst in den besten Hilfsbüchern empfohlene Methode, das einzulegende Pastetenfleisch vorher in der Kasserolle halbgar zu kochen. Gewiß gewinnt hierdurch das äußere Ansehen der Pasteten; doch geht auf der anderen Seite der eigentliche Zweck der Pastete, die in sich selbst verschlossene Garbereitung, großenteils verloren. Um hiervon anschaulich überzeugt zu werden, mache man zwei Pasteten aus denselben Zutaten, koche das Fleisch der einen auf französisch in der Kasserolle vor, und lege dahingegen das Fleisch der andern roh mit seinem Gehäcksel

ein; bezeichne dann beide und backe sie. Der Geschmack des roh eingelegten Fleisches wird ungleich reiner, saftreicher, kräftiger sein.

Zu Blättergebackenem oder zum Butterteige finden sich in den Kochbüchern mehr und minder brauchbare Anweisungen. Ein sparsamer Gebrauch auserwählter Butter, Feinheit und Güte des Mehles, Sorgfalt und Ausdauer in der Verarbeitung an einem möglichst kühlen Orte sind unnachläßliche Erfordernisse eines guten Butter- oder Blätter-Teiges. Folgende Methode pflegte mich während meiner vieljährigen Praxis zu dem erwünschtesten Resultate zu führen.

Quantitäten: Ein Pfund des feinsten Weizen- oder Speltenmehles; dreiviertel Pfund guter, entweder ungesalzener, oder durch mehrmaliges Waschen vom Salze befreiter Butter, zwei frische Eier, ganz; ein Eßlöffel voll guten französischen Branntweins; ein Eßlöffel voll süßen Rahmes.

Verfahren: Lege die Hälfte des Mehles auf einen glatten, reinen Tisch, besser auf eine Marmorplatte; mache darin eine Vertiefung, tue darein die Eier, den Branntwein, den Milchrahm; verarbeite dies alles zu einem festen Teige, so daß er sich mag auseinanderrollen lassen. Nimm darauf die Hälfte deiner Butter, lege sie auf deinen ausgerollten Teig; schlage darauf den Teig über die Butter zusammen; bestreue mit einem Teile des noch übrigen Mehles einen neuen Platz auf deinem Tische; kehre alsdann deine Teigmasse um, so daß sie mit der oberen Seite auf dem mit Mehl bestreuten Platze liegen wird. Rolle die ganze Masse mehrmal auseinander und nehme alsdann die andere Hälfte deiner Butter und mache es ebenso wie mit der ersten, bis dein Mehl ganz verbraucht ist.

Rolle darauf deinen Teig ziemlich dünn und schneide ihn nach der Form, die du deinem Gebäcke geben willst. Endlich legst du deinen Teig schichtweis übereinander bis zu der Höhe, welche dir gerade ansteht. Zwischen jegliche Schichte streiche ein wenig Eigelb aus, und bestreiche es damit auch äußerlich, damit dein Gebäck eine schöne goldbraune Farbe erhalte.

Einige befolgen ein anderes, doch wenig verschiedenes Verfah-

ren; die Franzosen z. B. nehmen sehr viel Butter zu dieser Teigart, wodurch sie fett und schwerfällig wird; andere salzen den Teig, und dieses kann ohne Nachteil geschehen.
Der Butterteig eignet sich sowohl zur Unterlage von nährenden Speisen, als auch um gekochtes Obst und andere süße Mengungen einzufassen.
Kleine Pastetchen von Butterteig füllet man mit allerlei feinen animalischen Stoffen in wohlgebundener, leicht säuerlicher Tunke; z. B. Briesel (oder Kälbermilch, Schweder, ris de veau) leicht abgesotten, die zartesten Teile in Würfel geschnitten und allein oder mit Trüffeln, Morcheln oder anderen feinen Schwämmchen in der weißen Tunke erwärmt, dann die heißen Pastetchen gefüllt und aufgetragen. Oder ausgemachte Krebsscheren und Schwänze, mit Morcheln in einer weniger säuerlichen, mit etwas Krebsbutter gebundenen Tunke. Hierzu tut man auch wohl die Lebern von allerlei kleinem Geflügel. Ochsengaumen oder Euter von weiblichen Kälbern, Hahnenkämme und ähnliches, richte man ebenso wie die Briesel. Auch die Austern gibt man auf dieselbe Weise, nur dürfen diese nicht gekocht, sondern nur in der schon vom Feuer abgehobenen Tunke leicht erwärmt werden, weil sie sonst hart und unverdaulich werden dürften, wie schon der mehrerwähnte Scappi bemerkt.
Pastetchen von Seekrebsen und Hummern: Man siede sie gar, nehme das Kopf-Eingeweide heraus und hacke es mit einer Schalotte, feinen Kräutern, dem Fleisch einer Sardine, und rühre es über leichtem Feuer mit einigen Löffeln starken Essigs, einem wenig Öl oder Butter beinahe bis zum Aufsieden. Verdünne mit etwas Zitronensaft und weißer Fleischbrühe; treibe es durch ein reines Sieb. Unterdes wirst du das Fleisch der Schwänze und Scheren des Seekrebses in Würfel geschnitten haben. Dies lege in die durchgetriebene Tunke, füge Salz und ein wenig Gewürz hinzu und lasse es zusammen eben heiß werden. Dann fülle es in deine Pastetchen.
Pastetchen von Krabben: Koche sie, nimm die fleischigen Schwänzchen heraus und stelle sie zurück; zerstoße das übrige, bringe es mit Butter oder mit etwas Kalbfleischbrühe zu Feuer,

treibe es endlich durch ein Sieb und verbinde das Durchgetriebene mit etwas weißabgerührtem Mehle, einem Eidotter, einem wenig Zitronensaft. Salze gelinde und laß deine ausgemachten Krabbenschwänzchen in dieser Tunke warm werden. Dann fülle sie in deine Pastetchen.

Alle zarten und leckeren Fisch- und Fleischarten eignen sich zu solchen Bereitungen. Es ist hier der Einbildungskraft der Köche ein weiter Spielraum zugemessen.

Bei geselligen Mittagsmahlzeiten bedient man sich größerer, eine ganze Platte ausfüllender Einfassungen von gutem Blätterteige, um beliebig Nebengerichte mit Zierde aufzutragen. Salmys und allerlei halbfeines Gedünstetes eignen sich zu solchen Speisen. Doch fülle man nicht zu vielerlei in denselben Teigrand. Es möchte eins das andere verderben.

Ein guter schweizerischer Rahmkuchen oder Ramequin, von Rahm, Butter, Eidottern, Kartoffelmehl und Parmesankäse, nimmt sich auf einem Blätterteige sehr artig aus.

Der Blätterteig dient endlich auch zum Beschlusse von Mahlzeiten als Unterlage von gekochten und eingemachten Früchten, oder von allerlei süßen Mengungen. Man nennt sie in dieser Form auch wohl Torten, eben wie manche andere Gebäcke von verschiedener Teigart, unter denen die Sand- oder Krümeltorten noch am leichtesten zu verdauen und durchgehend am beifälligsten sind. Allerlei Tortenteig mit zerstoßenen Mandeln anzumachen, wie es an so vielen Orten Gebrauch ist, widerrate ich allen menschenfreundlichen Köchen. Denn die Mandelpastete ist teils nicht jeglichem angenehm, teils ohne Ausnahme sehr unverdaulich. Darum verdirbt das Gebiß solcher Menschen, die von Marzipanen und Mandeltorten häufig Gebrauch machen. Ja, ganze Ortschaften bringen durch den Gebrauch des Mandelgebäcks ihre äußeren und inneren Verdauungswerkzeuge auf das sträflichste in Unordnung. Ich habe sogar von einer Frau gehört, die an dem Marzipan sich tot gegessen.

Unter dem französischen Backwerk ist die pâte à brioche, zu welcher in allen Kochbüchern dieser Zunge Vorschriften vorkommen, ihrer Einfachheit und Verdaulichkeit willen sehr

empfehlenswert. Sie ist den verwandten deutschen Butterleibeln und Süsterkuchen durchaus vorzuziehen.
Überhaupt kann mehr und minder trockener oder fetter, harter und fester oder lockerer Teig in Kuchen und Torten sehr mannigfaltig abgeändert werden. Siehe die an diesen Nichtigkeiten so reichhaltigen Kochbücher, halte dich aber noch viel strenger an die lokalen Traditionen über die Mischung und über die Handgriffe in der Bearbeitung. Es geraten den Köchinnen, welche weniger zu reisen pflegen als die Köche, die ganz lokalen Backwerke durchgehend am besten. Das so oder anders ist übrigens hier, wie überall in den Nebendingen, ziemlich gleichgültig. Man halte nur auf feines Mehl, welches aus trokken eingeführtem, recht wohlgereiftem Getreide gemacht worden; auf recht gute Butter und völlig frische Eier. Um das Mehl recht sicher von der besten Qualität zu haben, kaufe man seinen Weizen oder seine Spelte selbst ein und übergebe dies Korn, ohne am Arbeitslohne zu sparen, dem geschicktesten Müller in der Nachbarschaft. Übrigens hüte man sich vor dem Übermaße des Fettes und der Feuchtigkeit, bringe den Teig zur rechten Zeit, ehe er wieder gesunken ist, zum Feuer, backe ihn wohl aus, ohne ihn doch zu verbrennen und mische endlich nicht, wie so oft geschieht, eine ganze Apotheke von Geschmacksarten hinzu, welche die Sinne nur ängstigen und verwirren.
Aus den Backwerkfabriken, welche in vielen deutschen Städten über den Trümmern echter Haushaltungskunst errichtet worden, sah ich Torten hervorkommen, in denen schichtweis alle säuerlichen Obstarten, Schokolade, Vanille, Mandelbrei, bitterliches Eingemachte und fadere Süßigkeiten angebracht waren. Hypochondrische Gäste bissen gierig in dieses augenblicklich ihre aufsteigende Magensäure übertünchende Gemisch; ihr Wohlgefallen war offenbar schmerzlich und keineswegs das ruhige Genügen an der Befriedigung gesunder Eßlust.

Fünftes Kapitel
Von allerlei gesottenen und gebackenen Mehlspeisen

Unter dieser Gattung von Speisen, welche ich keineswegs erschöpfend abzuhandeln gesonnen bin, sind mir die Suppenstoffe wegen ihrer allgemeinen Brauchbarkeit die wichtigsten. Ein fester Suppenteig nach Art der italienischen Makkaroni und Fadennudeln (vermicelli) wird gewöhnlich in eigenen Fabriken angefertigt. Haushälter und Köche haben also nur insofern damit zu schaffen, als sie gute von schlechter Ware sollen zu unterscheiden wissen. Dieses werden sie jedoch sehr leicht erlernen. Ein guter neapolitanischer Makkaroniteig muß beim Sieden etwa um zwei Dritteile anschwellen und sehr weiß werden. Die lombardischen und genuesischen Makkaroni sind gewöhnlich flach ausgewalzt und mit etwas Safran versetzt. Sie werden mit Recht weniger geschätzt als die neapolitanischen.

Will man Makkaroni oder Fadennudeln zum Feuer bringen, so lasse man das Wasser oder die Fleischbrühe, worin sie gesotten werden sollen, vorher recht heftig aufsieden. Denn in kaltem oder lauwarmem Wasser lösen sie sich zu einem Mehlbrei auf. Mir scheint jedoch, daß Makkaroni als Suppenstoff den geschnittenen Nudeln nachstehen, wenn diese aus feinem Speltenmehl mit wenigem Wasser und etwa gleich viel an Eidottern, zu einem festen Teige geknetet, gut verarbeitet, so dünn als möglich ausgewalzt, und zuletzt in feine Streifen aufgeschnitten sind. Diese Streifen gewinnen, wenn sie einige Tage vor dem Verbrauche gemacht und an der Sonne getrocknet werden. Wegen des Zusatzes von Eidotter halten sie sich jedoch nicht so lange als die Makkaroni.

Man kann die geschnittenen Nudeln eben wie die Makkaroni

sowohl in Fleischbrühe als auch in Wasser und Salz absieden und alsdann mit angebrätelten Brosamen oder mit Butter und Parmesankäse als eine Zuspeise auftragen.
In Österreich und Bayern ist es auch üblich, den Nudelteig in einen Knopf zusammenzudrücken und sodann auf einem Reibeisen abzureiben. Dieses grobe Gereibsel wird alsdann an der Luft getrocknet und gibt auch in dieser Gestalt einen vortrefflichen Suppenstoff.
Derselbe Teig wird durch den Zusatz von etwas Butter und von zu Schaum geschlagenem Ei so locker werden, daß man ihn auch in größeren Massen, als Klößchen, Nockerlen, Spatzelen in die siedende Fleischbrühe einsetzen und gar kochen kann. Zur Abwechselung nehme man statt des Mehles allerlei grobgebrochenes Korn und mache daraus die in Oberdeutschland mit Recht beliebten Grießnockerln.
Solche gesottenen Teige, welche sich ins Unendliche abändern lassen, sind den in Schmalz abgebackenen vorzuziehen, die man hie und da wohl zu Suppen verwendet. Denn es verbreiten dieselben in den Suppen ihr gebratenes Fett und verderben hierdurch sowohl den Geschmack, als auch die innere Güte der Speise.
Der Pudding ist, wie schon der Name andeutet, ursprünglich eine englische Speise. Ehe die Kartoffeln in England allgemein wurden, aß man zum Roastbeef Pudding, der aus Mehl und Wasser angerührt worden. Dieser wurde, wie noch jetzt beim Volk, in eine Serviette gebunden und darin abgesotten. Fielding bezeichnete in seinem Tom Jones den Materialismus des Erziehers durch häufigen Genuß von Roastbeef und solchem Pudding.
In der Folge aber bildete man dieses Gericht so weit aus, daß es gegenwärtig als eine der größten Wohltaten für zahnlose Gutschmecker zu betrachten ist. Ein solcher Pudding, er möge nun gesotten oder in einer Form abgebacken werden, muß sehr leicht und schwammartig ausfallen, welches bewirkt wird, indem man durch Eierschaum und fleißiges Rühren viele in der Hitze ausdehnbare Luft in den Teig einschließt. Da die Grundlage dieser Speise in Mehl, Eiern und Butter besteht, so kann

man sie beliebig in das Süßliche, Säuerliche und Starke hinüber würzen. Am beliebtesten ward in den neuesten Zeiten der englische Plumpudding, dem ein mäßiger Beisatz von gutem Ochsenmark und frischem Kalbsfett einen derben, fast über den Charakter dieser Speise hinausgehenden Geschmack verleiht.

Zerstoßene Mandeln, welche häufig den süßeren Puddingarten beigesetzt werden, machen jeden Teig schwerfällig und unverdaulich. Gekochte Mandeln sind überhaupt ungesund, weshalb sie vielen Personen, welche ihren Instinkt reiner als andere bewahrt haben, auch sehr unangenehm schmecken, wenn sie gleich frische oder lufttrockene Mandeln als Frucht zu essen lieben. Diese Umwandlung, welche die ölreiche Mandel durch das Kochen oder Braten erfährt, ist dieselbe, welche die Unverdaulichkeit alles gekochten Öles bewirkt. Gebrannte Mandeln sind dessenungeachtet ein unschädliches Konfekt; denn das Öl der Mandel wird bei dieser Bereitung nicht sowohl verharzt, als vielmehr vollkommen verflüchtigt.

Ehe wir jedoch vom Pudding abbrechen, den man in Oberdeutschland einen Knopf nennt, wahrscheinlich weil man ihn meist in ein Mund-Tuch eingeschlagen gar siedet, muß doch jener kleineren Knöpfe Erwähnung geschehen, welche unter dem Namen von Klößen oder Kneteln ziemlich allgemein im Gebrauch sind. Bayerische Knetel aus trockenen Semmelwürfeln, etwa die Hälfte davon in Butter angebrätelt, mit Eiern, Mehl und Milch, oder besser mit Fleischbrühe angerührt. Von allen diesen Teilen macht man einen etwas festen Teig, formt Kugeln daraus und dreht dieselben einige Male in trockenem Mehle um, ehe man sie in das siedende Wasser oder besser in die Fleischbrühe einsetzt. Diese einfachen Klöße eignen sich, um als Zugabe zu allerlei Speisen genossen zu werden. Dieselben Klöße mit einem Zusatze von etwas zerschnittenem Speck oder wohl auch von geriebener Kalbsleber, sind vorzüglich in Bayern, unter dem Namen von Speck- und Leberkneteln, ein derbes und beliebtes Volksgericht.

Eben von daher sind die Dampfnudeln, die aufgegangenen Nudeln und ähnliche leichte Mehlspeisen berühmt, welche ihre

Güte wohl großenteils der Vortrefflichkeit der bayerischen Bierhefe verdanken.
Leckerhafter ist der Auflauf. Rühre über starkem Feuer feines Speltenmehl in Milch zu einem festen Brei; lasse darauf diesen Brei erkalten und nehme ihn erst eine halbe Stunde vor dem Anrichten wieder vor. Alsdann rühre gute Butter, einige Eidotter und wenig Zucker kalt mit dem Milchbrei zusammen. Wenn alles wohl gebunden ist, so treibe den Schaum von gepeitschtem Eiweiße hinzu, und würze, wie du es am meisten liebst. Zimt, Vanille, auch das flüchtige Öl der Limonen- oder Orangenschale, jedes einzeln und sparsam angewendet, geben die angemessenste Würze für diese leichte und linde Speise. Ein Auflauf soll hoch steigen, eine feste, aufgerissene Kruste bilden, welche nach einer Seite mit Anmut überhängen muß. Dieses veranlaßt der Koch, indem er teils schon beim Umrühren einer zu großen Verdünnung des Teiges sich enthält, teils auch beim Backen selbst auf dem Deckel der Tortenpfanne, oder von obenher das Feuer lebendiger unterhält als von unten. Übrigens eignen sich alle Griesarten, besonders die Grütze von türkischem Weizen, zu dieser leicht ins widrig Weichliche sich hinüberneigenden Speise daher besser, als selbst das feinste Mehl. Nur muß man auch den Gries in Butter gar werden lassen, ehe man die Milch hinzusetzt.
Im Französischen heißt dieses Gericht omelette soufflée; was man treffend in Pustkuchen übersetzen könnte.

Sechstes Kapitel
Vom Brei im allgemeinen und im besonderen

Der Brei oder das Mus ist, wie schon erwähnt worden, sowohl aus inneren, als aus historischen Gründen die ursprünglichste unter den üblichen Mehlspeisen.

Der Brei im allgemeinsten Sinne ist eine möglichst vollkommene Auflösung des Leimstoffes mehliger Körner, Samen oder Wurzeln, vermöge einer mehr und minder lange in der Siedhitze erhaltenen Flüssigkeit. Aus eben dem Grunde gehört ein wohlbereiteter Brei zu den nahrhaftesten unter den Speisen, welche aus den Erzeugnissen des Pflanzenreiches zugerichtet werden; er dient schon den Säuglingen zur Nahrung und ist in ackerbauenden Ländern die Zuflucht der ärmeren Volksklassen. Es darf also nicht befremden, daß Cato in seinem Werke vom Ackerbau mehr als einmal auf den Brei zurückkehrt, und daß sogar Hippokrates[1] in einzelnen diätetischen Fällen dem Brei vor dem Brote den Vorzug gibt.

Allein die Pflanzenstoffe, die für diese Art der Bereitung sich eignen, unterscheiden sich wechselseitig durch eine mehr oder minder entschiedene Auflösbarkeit; durch Beisätze, welche man durchaus hinwegschaffen muß, und durch Eigenschaften, welche man jederzeit sorgfältig bewahren sollte. Man muß daher in der Bereitung eines Breies auf mehr als eine Weise zu Werke gehen.

Den Reis z. B., welcher bei bereitwilliger Auflösbarkeit reichlichen Zuckerstoff enthält, koche man auf orientalisch, nur so lange, bis die einzelnen Körner ganz von der Feuchtigkeit durchdrungen sind, was bald geschieht. Alsdann gieße man das heiße Wasser ab, kühle die Körner durch einen Aufguß von kaltem, oder durch bloßes Absetzen vom Feuer, und mache sie

endlich mit den Zusätzen, welche man gerade liebt, gänzlich gar.
Der Pater Angeli[2] sagt uns, was alle Reisenden bestätigen, daß weichgekochter Reis den Orientalen den größten Ekel verursache; daß sie behaupten, der aufgelöste Leimstoff erfülle und beschwere den Magen. In der Tat gehen die Europäer, die sich in der Levante niederlassen, sehr bald zu dieser Ansicht über.
Es gibt auch folgende Beispiele von Abänderungen, welche die östlichen Nationen in diesem ihrem täglichen Gerichte zu machen pflegen.
»Der Reis wird härtlich in Wasser abgesotten, dieses vollkommen abgegossen; darauf wird der leicht angesottene Reis über ein Bett von Fleischstückchen mit weniger Butter, von Zwiebeln, Mandeln, Rosinen, ganzem Pfeffer, Nelken, Zimt, Cardamum ausgebreitet und über kleinem Feuer gänzlich gar gekocht. Zuletzt wird die Speise noch einmal stark erhitzt und reichlich mit flüssiger Butter getränkt. Diese im ganzen Orient beliebte Speise nennt man den Pillaw.«
Ich rate denen, welche nach obiger Vorschrift einen Pillaw kochen wollten, die Mandeln und Rosinen wegzulassen.
Anderes Beispiel: »Siede Reis in sparsamer Fleischbrühe, so viel nämlich, als hinreichen möchte, die einzelnen Körner anschwellen zu machen, ohne daß sie aneinander hängen. Wenn die Körner die Fleischbrühe gänzlich eingesogen haben, so gieße zerlassene Butter hinzu.«
Statt der Butter, der Fleischbrühe, des Fleisches, mischt man auch wohl Eier, Gemüse, Fruchtsäfte und allerlei starke und gewürzhafte Tunken in den Pillaw, oder gießt sie darüber aus. Welch ein Spielraum für die Einbildungskraft eines geistreichen Koches!
Die Italiener sieden den Reis ebenfalls härtlich ab, lassen ihn Butter einsaugen, bestreuen ihn reichlich mit Parmesankäse und legen wohlgesottene Kapaunen, Pularden oder anderes, weniger leckeres Geflügel darüber. Wenn der Reis nicht in Wasser, sondern in der Brühe dieses Geflügels aufgeschwellt worden, so bindet sich der Geschmack des Gemüses trefflich mit dem hinzugelegten Fleische. Den Reis auf Mailändisch.

Setze den Reis, nachdem er gelesen und mehrmals gespült, darauf wiederum getrocknet worden, mit etwas frischer Butter ans Feuer. Röste ihn über dem Feuer, bis einige Körner sich ins Gelbliche zu färben scheinen. Gib darauf von der Brühe des Geflügels in kleinen Quantitäten hinzu; warte jedesmal, bis das Korn den letzten Zuguß ganz eingezogen habe. Hat er genug eingesogen und hinreichend sich erweicht, so gib ihn mit dem gesottenen Geflügel. – Man setzt auch Ochsenmark hinzu und, in Mailand selbst, gewisse fette Würstchen, die Cervellati.

Hirse und Gries von Heidekorn (Buchweizen) sollte beinahe wie der Reis behandelt werden. Die Hirse wird am Bayerischen Wald, einem kornarmen Bezirke, häufig als Brei genossen. Man läßt sie etwas angesalzen in Milch aufschwellen, nimmt sie vom Feuer, tut Butter in eine irdenen Pfanne und den Hirsebrei darüber, setzt ihn in den Ofen und läßt ihn langsam bräteln. Man legt einige Stückchen Butter obenauf, damit der Brei eine Kruste bekomme.

Gries von Heidekorn läßt sich auf dieselbe Weise bereiten. In Holstein und Dänemark ist Buchweizengrütze in Milch aufgeschwellt, mit frischer Butter oder mit Rahm, eine landesübliche, nährende, doch etwas schwerfällige Speise. Der Geschmack eines wohlausgereiften, sonnentrockenen Heidekorns ist an und für sich ungemein süß und lieblich, weshalb denkende Köche bemüht sein sollten, die feinere Küche durch Einführung dieses Kornes zu bereichern. Aus Mehl von Heidekorn kann eine vortreffliche Polenta bereitet werden, welche auf mancherlei Weise gewürzt, oder mit Fleischspeisen verbunden, sehr schmackhaft zu sein pflegt.

Mehl von türkischem Weizen, Mais, schnell in heftig siedendes Wasser geschüttet, gibt einen festen Brei, die Polenta, die Lieblingsnahrung des lombardischen Landvolks. Der Geschmack dieses Kornes ist weich und süßlich und erträgt daher hervorstechende Gegensätze; auch ist die Polenta, ohne einen reichlichen Zusatz von Fett genossen, austrocknend und schwer verdaulich. In einigen Gegenden von Frankreich, wo das Landvolk den Mais ohne den Zusatz von Milch, Fett oder Fleisch genießt, ist der nachteilige Einfluß dieser Nahrung höchst auf-

fallend; in der Lombardei hingegen, vorzüglich in den wohlhabenden Legationen, wird die Polenta meist mit allerlei fettem Nebenfleische genossen und nährt daher seinen Mann.
Vortrefflich ist die Polenta, wenn sie, wie sich gehört, vermöge eines Fadens in Scheiben geschnitten, und alsdann abwechselnd mit frischer Butter, Salz und feingehobelten Trüffeln in einen Kuchen zusammengesetzt, äußerlich mit zerlassener Butter bestrichen und endlich in dem Ofen oder in der Tortenpfanne mit einer Kruste leicht abgebacken worden.
Dasselbe, doch statt der Trüffeln nimm geriebenen Parmesankäse.
Mackenzie, in seiner beschwerlichen Reise durch Gegenden des nördlichsten Amerika, gibt folgende Vorschrift, den Mais, für den Verbrauch der Pelzjäger und Händler, in das mindest große Volumen zusammenzudrängen.
»Siede das Korn (ungebrochen) in einem Wasser, welches von Kali gesättigt ist, bis die äußere Haut davon abgeht. Hierauf wird es wohl gewaschen (gewässert?) und auf eigenen Gestellen gedörrt. Wenn es getrocknet, eigentlicher, gedörrt ist, eignet es sich zur Verpackung und zum unmittelbaren Gebrauche, nachdem es auf folgende Weise zubereitet ist.
»Man siedet es zwei Stunden über mäßigem Feuer in Wasser; nachdem es eine Weile gesotten hat, werden einige Lot tierischen Fettes oder Butter hinzugetan. Wenn dazu, nachdem es fertig gesotten ist (früher würde es die Auflösung aufhalten oder ganz verhindern), ein wenig Salz gegeben wird, so gibt es ein gesundes, schmackhaftes und nahrhaftes Gericht. Ein Pfund auf solche Weise gedörrten Maiskornes ist hinreichend, den Pelzjäger auf 24 Stunden zu sättigen und zu ernähren.«
Immer besser als die analoge Bereitung der Grütze im skandinavischen Norden, welche eingesotten, dann zerschnitten und getrocknet, als Reiseprovision dem schwedischen Landmann mit auf die Reise gegeben wird, wann er in weite Ferne auf Arbeit ausgeht.
Polenta aus Kastanienmehl, eine Fastenspeise der Italiener, pflegt den Nordländern wegen klebriger Beschaffenheit und süßlichen Geschmackes selten zu behagen.

Brei aus feinem Mehle würde, in einer Flüssigkeit abgerührt, einen an den Zähnen klebenden, schwer verdaulichen Leim geben. Ich rate daher, das Mehl vorerst in guter Butter über gelindem Feuer ganz weiß zu rühren, und erst, nachdem es recht weiß geworden ist, zur Verdünnung Wasser, Fleischbrühe oder Milch hinzuzugießen. Im letzteren Falle wird man dem Brei einen süßlichen Charakter geben dürfen. Im ersten rate ich zu kräftigen, hervorschmeckenden Würzen zu greifen, etwa zu gebratenen Speckwürfeln oder zu Zwiebeln, feinen Kräutern oder desgleichen.

Am Niederrhein pflegt das Landvolk Roggenmehl in Wasser zu einer sehr dichten Breimasse einzusieden, darauf löffelweise auszustechen, und diese Stiche in einer heißen, mit Stückchen Butter belegten Schüssel wohl anzuordnen. Diese Speise ist schmackhaft, aber wegen der klebrigen Zähigkeit der Masse höchst unbequem zu essen.

Der Reis, die verschiedenen Griesarten, die Polenta endlich, erheischen, wie bemerkt worden, eine schnelle Bereitung: man soll ihre leicht auflösbare Substanz nicht zu einem Leime verkochen. Dahingegen muß ein Brei von Schotenfrüchten, deren häutiger Teil so schwer verdaulich ist, und deren Erweichung um so viel langsamer vor sich geht, schon eine längere Zeit kochen. Von den Hülsen befreit man wohlverkochte Schotenfrüchte, indem man sie durch ein Sieb treibt. Die Linse jedoch kann man bei langsamem Kochen und häufigem Rühren fast gänzlich auflösen. Wenn man sie auf ägyptisch bereiten will, so lasse man das Wasser, in dem sie aufgekocht worden, gänzlich verkochen und gebe ihnen darauf einen reichlichen Zusatz von Butter, Salz und etwas Gewürz; auch wohl einige vorangebratene Zwiebeln. Es möchte doch der Wohlgeschmack dieser von den Reisenden gepriesenen Speise wohl großenteils von der eigentümlichen Güte der ägyptischen Linse abhängen.

Brei von ausgereiften Erbsen verliert die dieser Hülsenfrucht eigentümliche Herbigkeit durch den in Bayern üblichen Beisatz in Butter abgerührten Weizenmehles. In Dänemark, wo der Erbsenbrei Volksspeise ist, pflegt man Sellerieknollen darin verkochen zu lassen.

Brei von verkochten weißen Bohnen über abgesottenem Schwarzkohl[3] und Brotscheiben angerichtet, mit etwas Schmalz oder Öl angefettet, ist die gewöhnlichste, nicht unschmackhafte Nahrung des toskanischen Landmanns.
Brei von Kichererbsen (Cicer, ceci, garavanços) mit wenigem Öl, etwas Limonensaft und Pfeffer; eine schmackhafte Fastenspeise der Italiener und Spanier.
Vorzüglich kommt es aber auf ein starkes Auswässern, Verkochen und Ausdünsten an bei dem Kartoffelbrei, der im nördlichen Deutschland die beliebteste Volksnahrung ist. Man schäle und zerschneide die Kartoffeln, wässere sie darauf mehrere Stunden lang und erneuere das Wasser mehr als einmal, damit sie ihren schädlichen Saft möglichst auslaugen. Man verkoche sie alsdann mit häufigem Salz in Wasser bis zum Zerfallen, und gieße demnächst das etwa übrige Wasser völlig ab. Man lasse sie darauf noch eine halbe Stunde unweit des Feuers und rühre sie von Zeit zu Zeit, damit sie alle übrige Feuchtigkeit verdünsten. Endlich verdünne man sie mit Milch oder Fleischbrühe, setze Butter hinzu, und gebe ihnen die Form und Würze, welche man liebt.
Dieser Brei zur Abänderung mit etwas mehr Butter und mit einigen durch Fleischbrühe verdünnten Eidottern ganz gleich gerührt, in der Form eines Omelettes oder französischen Eierkuchens, obenher mit Butter belegt und stark mit Parmesankäse bestreut; endlich in den Ofen oder in die Tortenpfanne geschoben und obenher etwas angebräunt. Man kann auch statt der Fleischbrühe fetten Milchrahm darein rühren und neben reichlichem Salze mit etwas Zimt würzen. Diese Speise wird noch leichter werden, wenn man sie vor dem Backen sehr stark rührt und vertreibt, oder wohl gar Eierschaum hinzusetzt.
Kartoffelbrei mit einem Gemische feiner Kräuter durchgetrieben. Man nehme die Hälfte Spinat, die andere Hälfte Sauerampfer, Körbel, Peterlein, Portulak, Dragon. Man erhitze diese Kräuter in etwas starker Fleischbrühe, so daß sie eine recht schöne grüne Farbe behalten. Darauf hacke man sie, doch so, daß ihr Saft dabei nicht verlorengehe. Man nehme alsdann zweimal so viel trockenen Kartoffelbrei's, als die Kräuter in ih-

rem Saft ausmachen, und treibe eines mit dem andern durch ein grobhaariges Sieb, oder durch einen metallenen Durchschlag. Man setze das Durchgetriebene noch einmal mit einem Zusatze von Butter ans Feuer, salze es und sehe, daß es eben heiß werde. Dann wird es vom Feuer gerückt und bis zum Anrichten verdeckt und warm gehalten.
Brei von dem Fleisch ausgereifter Kürbisse wurde im 16. Jahrhundert, mit Milch und Gewürz versetzt, selbst auf der päpstlichen Tafel aufgetragen. Mit Milch ist dieser Brei sehr fade und süßlich zu essen. In starker Fleischbrühe verkocht und in Butter mit feinen Kräutern und Gewürzen zugerichtet, auch mit Reis gemischt, ist er beifälliger.
Die Rumfordische Suppe endlich, ihrer Entstehung und Beschaffenheit zufolge ein gelehrter, nach chemischen Erfahrungen zusammengesetzter Brei, beweiset, daß diese Speise bis auf unsere Tage hinab das Nachdenken der Menschenfreunde in Anspruch genommen hat.

Siebentes Kapitel Von den Gemüsen im allgemeinen

Man pflegt heutzutage den meisten aus Pflanzenstoffen bereiteten Gerichten den Namen Gemüse zu geben; ich denke, weil man sie meist in einem brei- oder musartigen Zustande aufträgt.
Die Gemüse, mit Ausnahme der trockenen Hülsenfrüchte und mehligen Knollengewächse, sind durchgehend wenig ernährend. Aber in Verbindung mit nahrhafteren Speisen genossen, wirken sie, jedes auf seine Weise, sehr wohltätig auf den Körper ein. Einige erweichen den Unterleib; andere erfrischen und

reinigen die Säfte; kurzum, in rechtem Maße genossen, sind sie wahre Hausarzeneien. Jede brave Hausmutter sollte daher ihre Wirkungen kennen und ihren Gebrauch den Jahreszeiten anzumessen wissen. In der Tat gibt nichts einen so sinnlichen Begriff von der Wichtigkeit des Gebrauches der Gemüsepflanzen, als die Schilderungen von Reisenden, welche nach langer Seefahrt eine Küste erreichten und dort ihre Kranken in kurzer Zeit durch den bloßen Genuß frischer Vegetabilien wiederherstellten.

In Beziehung auf die Kochkunst lassen sich die Gemüse in drei Klassen abteilen. Die erste bestehe aus solchen Pflanzen, welche, ohne der Nahrhaftigkeit der bereits beseitigten trockenen Hülsenfrüchte ganz gleich zu kommen, doch immer einigen Nahrungsstoff enthalten. In die andere wollen wir solche Gemüse begreifen, welche bei einer groben, schwerverdaulichen Fiber und bei kaum bemerklichen Nahrungsstoffe doch allerlei feine Salze und nützliche Säuren in sich schließen. Die dritte aber wird alle Pflanzenstoffe umfassen, welche bei einem feineren Zellengewebe sehr reichliche Würze enthalten und deshalb nicht bloß als Gemüse, vielmehr vorzüglich dazu verwendet werden, andere Speisen schmackhafter zu machen.

Achtes Kapitel
Von den nahrhafteren Gemüsen

Unter diesen steht jenes vortrefflichste Knollengewächs, das gemeinhin die Kartoffel[1] benannt wird, mit vollem Rechte voran. Ich wiederhole, daß man sie jederzeit von ihrem unschmackhaften und leicht giftigen Safte befreien muß.

Kartoffeln, in glühender Asche gebraten, sind gerade deshalb so schmackhaft, weil nach gänzlicher Verdünstung des Saftes der Mehlstoff allein in ihnen zurückbleibt. Die auf englisch im heißen Dampfe gesottenen Kartoffeln geraten aus demselben Grunde, vornehmlich wenn man die Vorsicht anwendet, die Kartoffel vorher einige Stunden lang auszuwässern.

In Holland und in den angrenzenden Teilen von Frankreich pflegt man wohlausgewässerte Kartoffeln in Butter zu dämpfen, ohne sie vorher abgesotten zu haben. Diese Speise wird eben in dem Maße wohlschmeckender, als die Wässerung gründlicher und ausdauernder gewesen.

Den Kartoffelbrei habe ich bereits abgehandelt. Als Gemüse gibt man die Kartoffel mit Butter und Fleischbrühe, mit Rahm, mit Kräutern, mit starken Tunken aus gehacktem Hering (dafür besser Sardinen), aus Schalotten und feinen Kräutern. Nach obiger Vorschrift vorbereitet, dann aus dem Wasser gesotten und in mäßiger Wärme abgetrocknet, endlich mit in Butter angebrätelten Semmelbröseln übergossen; dies ist eine rheinländische Bereitungsart.

Übrigens muß man die verschiedenen Spielarten der Kartoffel, welche teils mehlig, teils aber speckig sind, eine jede auf ihre Weise zurichten. Die mehligen eignen sich mehr zum Brei oder trocken zu Roastbeef, gesottenen Fischen, gesottenem Speck und ähnlichem. Die speckigen aber, um in allerlei Tunken als Gemüse oder auch im Salate gegeben zu werden. Kartoffeln, welche wässerig und halbhohl sind, eignen sich nur zur Viehmastung. In Italien und Oberdeutschland ist diese Spielart durch Nachlässigkeit unter die gute Saat geraten und hat eine fast allgemeine Ausartung derselben herbeigeführt.

Die Artischocke[2] Im südlichen Europa nimmt die Artischocke etwa drei Monate lang in der Volksnahrung ungefähr den Platz ein, den im Norden die Kartoffel nunmehr seit einem Menschenalter behauptet. Der Stuhl der Artischocke ist mehlreich, und selbst die äußeren Blätter sind, ehe die Blume sich zu bilden beginnt, fleischig und nahrhaft. Die Artischocke hat mit der Kartoffel auch dieses gemein, daß sie einen bitteren Saft enthält, den man bemüht sein muß zu mildern oder hinwegzuschaffen.

Dies geschieht durch Auslaugen in frischem Wasser, durch Absieden in Salzwasser, durch langsame Verdunstung eben dieses Wassers; endlich durch das Braten in heißer Asche oder auf dem Roste.

Diese Art der Bereitung ist vorzüglich anwendbar auf gänzlich aufgeblühte oder alte Artischocken. Man nimmt die Staubfäden oder den halbreifen Samen völlig heraus, setzt den Stuhl der Artischocke auf den Rost und gießt zerlassene Butter oder gutes Öl hinein; auch salzt und pfeffert man reichlich. Nach einiger Zeit gießt man, nach dem Bedürfnisse, mehr Öl oder Butter hinzu. Dieses Gericht pflegt in Rom und Neapel die frugale Mahlzeit der Schuster auszumachen, welche höchst ökonomisch den Kohlentopf, an dem sie ihre Pfriemen erwärmen, zugleich als Feuerherd benutzen. Indessen kann man die ausgehöhlten Artischockenstühle auch in der Tortenpfanne zusammenreihen, wie oben begießen und salzen und bei langsamem Feuer gar werden lassen.

Übrigens genießen die Italiener die Artischocken meist sehr jung, ehe sie die Staubfäden ansetzen. Wenn man diesen kleinen Artischocken die äußeren Blätter abbricht und die Spitzen der übrigbleibenden abschneidet, so sind sie, sowohl gesotten als gebacken, durchaus zart und eßbar.

Gesotten ißt man sie auf französisch in einer limonensäuerlichen, mit Eidotter gebundenen weißen Brühe, oder auf italienisch, mit Öl, Salz und Zitronensaft. Diese zarten Artischocken lassen auch, nachdem sie ausgewässert worden, in kräftiger Fleischbrühe sich dämpfen und mit feinen Kräutern oder mit kleinen Erbsen verbinden; diese werden sie recht angenehm versüßen.

Ich habe sie auch mit einem Eingehackten (vulgo Frikassee) verbunden, welches aus Geflügel, Kalb- oder Lammfleisch, mit allerlei andern Gemüsen, als kleinen Kürbissen und feinem Wurzelwerke zusammengesetzt, durch feine Kräuter und etwas Zitronensäure verbessert worden war.

Die jungen Artischocken backen sich auch sehr wohl in Schmalz aus, wenn man sie nur in recht feine Streifen aufschneidet und einige Stunden vor dem Anbacken in Salz und

Wasser legt. Man überzieht sie vorher mit Eigelb und dreht sie in Brosamen um, was man gemeinhin das Vergolden eines Abgebackenen nennt.

Die Artischocke bewahrt sich das ganze Jahr hindurch, wenn man sie sehr jung gebrochen, von den Spitzen und äußeren Blättern reinigt, sie in Vierteile schneidet, diese leicht absiedet, sodann auf Fäden zieht und an der Luft oder an gelindem Feuer trocknet. Vor dem Verbrauche müssen sie alsdann eine Nacht hindurch gewässert werden, wie sichs versteht.

Die Vierteile kleiner Artischocken eine Stunde lang in schwache Aschenlauge gelegt, dann aus mehreren Wassern gewaschen, endlich mit Tüchern ganz abgetrocknet und in gläsernen Geschirren in eine Salzlake gelegt, wie gesalzene Oliven. Man setze zu dem Salz ein Zehnteil Nitrum, damit die Artischocken eine schönere Farbe erhalten. Wenn man dieses Eingemachte auftragen will, so wird man es vorher in reinem Wasser auswaschen, mit einem Tuch abtrocknen und mit einigem Öl und Zitronensafte beträufeln.

Die Cardi[3] oder Cardonen sind eine Varietät der Artischockenpflanze, von welcher die Stengel gegessen werden. Man siede die fleischigen Stengel der Cardi in Salzwasser ab, befreie sie mit der Hand von allem Häutigen und schneide sie in Stücke, um sie säuerlich zu dämpfen oder mit anderen Gemüsen vergoldet abzubacken.

Die Cardi können auch roh geschält und sogleich gedämpft werden. Doch ist nicht jeder an die starke Bitterkeit gewöhnt, welche sie eben wie die Artischocken zu haben pflegen, weshalb auch die Gewohnheit aufgekommen ist, sie vor der Zurichtung abzusieden. Indes ist sowohl die Artischocke als der Cardone im Norden weniger bitter, als in Italien und Spanien.

Kürbis Sowohl unser gewöhnlicher[4] als der längliche oder Flaschenkürbis[5] werden im südlichen Europa, eben wie im südlicheren Asien, sehr häufig als Gemüse genossen. Hierzu läßt man den Flaschenkürbis etwa die Länge der gewöhnlichen Gurke erreichen, den melonenförmigen aber nur etwa die

Größe eines Apfels. Diese Frucht ist leicht verdaulich, etwas nährend, und nach der Meinung der Südländer von erfrischender Eigenschaft.
Man siedet sie in Salz und Wasser, läßt sie abkühlen, und genießt sie als Salat mit Öl und Essig, etwa noch mit einigen zarteren und gewürzhafteren Salatkräutern gemischt. Man läßt sie auch wohl ganz gemächlich in kräftiger Fleischbrühe einsieden und würzt sie mit gehackten feinen Kräutern und etwas Pfeffer. Man backt sie auch, nachdem sie etwas vorgesotten und mit einer Vergoldung überzogen worden. Endlich füllt man die größeren mit allerlei Gehäckseln und dämpft sie darauf in sehr kräftiger Fleischbrühe.
Härtlich in Salzwasser abgesotten, dann abgetrocknet und mit einer Schote spanischen Pfeffers, Dragon, Basilikum und anderen feinen Kräutern in ein wohl verglastes Gefäß eingelegt und unter einem Aufgusse starken, siedenden Essigs aufbewahrt. Auf diese Weise erhalten sie sich Tage und Wochen, wenn man sie einschmelzt oder fest zubindet, und dienen zur Vermehrung der kleinen Eingänge, können aber auch als Beilage zum Gesottenen gegeben werden.
Das Fleisch reifer Kürbisse ist süßlich und mehlreich. Man kann es nach Art der Steckrüben in Streifen und Würfel schneiden, in starker Fleischbrühe einkochen lassen und durch eine Messerspitze in Butter abgebräunten Zuckers entschiedener süß, oder auf andere Weise durch feine Kräuter, Pfeffer und Zitronensäure kräftiger machen.
Dasselbe als Suppenstoff, etwa mit Reis gemischt.
Aus dem Fleische der reifen Kürbisse würde mancher Vorteil gezogen werden können, wenn man dasselbe als Bindungsmittel anderer Speisen anwenden wollte. Das vortreffliche, weithin berühmte Pfefferbrot (pan forte) von Siena hat keinen anderen Grundteig, als das verkochte Fleisch gewisser vorzüglich wohlschmeckender Kürbisse dortiger Gegend.

Grüne, noch ungereifte Hülsenfrüchte Junge Erbsen, große oder Saubohnen und halbreife weiße Bohnen sind zwar wegen ihrer Haut schwerverdauliche, doch halb nahrhafte Gemüse.

Die jungen Erbsen[6] enthalten viel Zuckerstoff; dieser möchte leicht ihr bester Bestandteil sein. Um diesen Zuckerstoff zu erhalten, muß man die grünen Erbsen in Fleischbrühe oder mit etwas Butter in sparsamem Wasser gar dämpfen, ohne sie vorher in Wasser abzusieden. Indes hat man in vielen Gegenden von England und Deutschland die Gewohnheit angenommen, die grünen Erbsen in reichlichem Wasser abzusieden, den Sud mit allem Guten, was er den Erbsen entzogen, wegzugießen, und alsdann dies ausgelaugte Gemüse trocken aufzulegen oder mit Butter zuzurichten. Man gibt ihnen wohl auch den Geschmack, den man ihnen entzogen, durch die Kunst wieder, indem man sie zuckert und würzt. Ich überlasse dem verständigen Leser unter beiden Methoden die bessere zu wählen.
Die jungen Erbsen binden sich auch mit anderen Gemüsen, als Spargeln, gelben Wurzeln, Artischocken, jungen Kürbissen: auch mit eingehauenem Geflügel, Lammfleisch, oder ähnlichem. Sie geben auch vortreffliche Suppen; siehe das erste Buch im zwölften Kapitel.
Die Saubohne[7] wird jung gerade wie die Erbse behandelt und zugerichtet. Ausgewachsen, doch noch unreif, erfüllt sich die größere Art mit einem ungemein lieblichen Mehle. Man siede diese ausgewachsenen Saubohnen bis zum Aufspringen in reichlich gesalzenem Wasser, trockne sie in einem Tuch ab, richte sie in einer Serviette an und gebe zerlassene Butter dazu. Im Verspeisen sauge man das Mehl aus der harten, durchaus unverdaulichen Haut und tunke dabei jede Bohne einzeln in die Butter. Doch wird es klar sein, daß eine solche Schüssel nur für einen Familientisch gehört. Für eine größere Tafel ziehe man den größeren, schon abgesottenen Saubohnen ihre Haut schon in der Küche ab und übergehe sie alsdann in Fleischbrühe mit etwas Butter und feinen Kräutern. Oder man dünste sie auf englisch mit Stücken halbmageren Rippenspeckes, in deren Brühe man die abgehäuteten Bohnen gar siedet und beim Anrichten zierlich rings um die Schüssel zurecht legt.
Halbreife Veitsbohnen[8], Faseolen, aus Wasser und Salz gesotten, abgekühlt, mit Öl, Zitronensaft und Pfeffer angemacht, ist ein italienisches, empfehlenswertes Gericht.

Die Schote selbst wird grün abgebrochen, als Gemüse und als Salat gegessen; wir wollen im nächstfolgenden Kapitel darauf zurückkommen.
Grüne Kichererbsen[9] geben einen vortrefflichen, höchst schmackhaften Verdichtungsstoff für durchgetriebene Suppen (purées). Ihre schwerverdauliche Haut eignet sie wenig, um als Gemüse genossen zu werden. Sie werden im Norden nur selten angebaut, obgleich sie fortkommen.

Fleischige Wurzeln Cellerei[10], seine Wurzeln enthalten Würze und Nahrhaftigkeit; seine Blätter sind bloß gewürzhaft; letzte dienen vornehmlich, die Fleischbrühen zu würzen. Von der italienischen Art, welche keine Knollen ansetzt, mehr in die Blätter schießt und milder schmeckt, ißt man die ganze Pflanze, Wurzel und Blätter gesotten oder gedämpft als Zugemüse.
Man ißt die Knollen des Cellerei in Suppen, in Mischungen von Eingehacktem mit allerlei süßen Gemüsen, z. B. in der Julienne. Sie lassen sich aber auch als ein selbständiges Gemüse auftragen.
Die ausgehöhlten Knollen des Cellerei mit einem Gehäcksel von zartem Fleisch und feinen Würzen gefüllt und alsdann mit etwas Butter in eine Schüssel geordnet, endlich im Rohr oder in der Tortenpfanne ausgebacken mit weißer Tunke. Noch besser, in starker Fleischbrühe allgemach eingesotten, in brauner Tunke.
Cellerei in kleinen Schnittchen, vergoldet und mit anderen Kleinigkeiten in Schmalz oder Öl ausgebacken.
Cellerei härtlich abgesotten in gemischtem Salate.

Pastinaken[11] Diese etwas süßliche, übrigens nahrhafte und zuträgliche Wurzel mischt man gern mit anderem, derberem Wurzelwerke. Sie dienen in Suppen von durchgetriebenen Wurzeln, wo man sie mit Möhren, Cellerei, Zuckerwurzeln und anderem zusammen verkocht; auch in der Julienne. Pastinaken, wenig Cellerei und reichliche Schwarzwurzeln in gleichgroße Würfel geschnitten und mit einem fleischigen, recht viereckig gerichteten Stücke Kalbfleisch über einige Schnitte frischen Speckes in eine Kasserolle gelegt, gesalzen und mit wenigem Wasser begossen, zugedeckt; dann etwa anderthalb Stunden lang über schwachem Feuer gedämpft, bis alles, ohne anzubrennen, vollkommen gar geworden. Man richte das Kalbfleisch in der Mitte der Schüssel an, die Wurzeln umher. Wenn diese recht sanft und weiß gedünstet werden, ist es eine recht appetitliche Speise. Es versteht sich, daß man den Speck beim Anrichten an die Seite tut. Wem diese Speise zu milde schmeckt, der mag sie durch einige Tropfen Limonensaft oder durch etwas Gewürz zu heben suchen.

Möhren[12] Ein sehr schmackhaftes und zuträgliches Gemüse, welches auch zur Würze der Fleischbrühen dient. Vornehmlich sind die jungen Möhren äußerst zart und von einer Süßigkeit, die nicht abschmeckend, sondern gewürzhaft ist. Man dämpfe sie in guter Fleischbrühe und setze etwa ein wenig gehackten Peterlein hinzu. In Ermangelung guter Fleischbrühe dämpfe man sie gerade mit so vielem Wasser, als nötig ist, sie zu bedecken, und setze, wenn das Wasser eingekocht ist, etwas frische Butter hinzu. Auch können einige Schnitte geräucherten Speckes aushelfen; nur wird man diese sogleich beim Ansetzen in den Grund des Tiegels oder der Kasserolle legen müssen und die Wurzeln darüber.

Möhren lassen sich mit allerlei anderen Gemüsen mischen; z. B. mit Spargelköpfen und grünen Erbsen; mit anderem Wurzelwerke, wie in der Julienne und Matelotte. Ein derbes Stück Speck mit Möhren und wohl ausgewässerten Kartoffeln gedämpft, kommt in einigen Gegenden von Deutschland als Volksspeise vor. Möhren mit einem Stück Rindfleisch angesetzt, um dessen Brühe langsam einzusaugen, und endlich um das Fleisch als Gemüse angerichtet zu werden; ein englisches Nationalgericht.

In den überwinterten Möhren pflegt der Zuckerstoff nicht mehr so vorsprechend zu sein als in den jungen; weshalb man denselben durch eine Messerspitze gemeinen Zucker ein wenig heben kann.

Etwas angebrätelte Möhren geben einen ganz eigenen Geschmack, welcher in kräftigen Gallerten und braunen Brühen eine gute Wirkung hervorbringt.

Schwarzwurzeln[13] Ein zartes und liebliches Wintergemüse. Sanft in Fleischbrühe eingesotten, mit etwas in Butter weißgerührtem Mehle gebunden, auch wohl mit einem leichten Zusatze von Zitronensäure. In Verbindung mit Pastinaken, s. oben. Mit Winterspargel vermischt, in weißer säuerlicher Tunke.

Einige sieden die Schwarzwurzeln in Salzwasser ab, reinigen sie und geben ihnen eine eigens bereitete Tunke. Dieses Verfahren ist nur dann empfehlenswert, wenn die Wurzel einen üblen Geruch von Mist oder faulem Stroh angenommen hat, wie es nicht selten bei Wintergemüsen der Fall ist.

Rüben Die Rübe[14] umfaßt eine sehr ausgebreitete Familie, deren einzelne Glieder einander sehr wenig gleich sehen.

Die weiße Rübe[15] gedeiht vorzüglich als Mai- oder Frührübe ungemein süß und zuckerreich. Man verzeiht ihr gern den etwas bitteren Nebengeschmack. Sie verbindet sich mit Reis in kräftigen Fleischbrühen; sie ist vortrefflich als Gemüse, vorzüglich wenn man sie in der Brühe fetten Hammelfleisches dämpft. Die weiße Rübe mit anderem Wurzelwerk und derben Fleischarten zu einer Art Olla oder Julienne verbunden, ist ein gesundes und wohlschmeckendes, jedoch eine schwache Verdauung belästigendes Gericht.

Einige sieden sie in Salzwasser ab und bereiten sie mit Butter und gehacktem Peterlein; hierdurch geht aber ihre natürliche Süßigkeit großenteils verloren.

Steckrüben[16] und andere sehr fleischige Winterrüben schneide man in längliche Würfel und dämpfe sie mit gewöhnlicher Fleischbrühe. Wenn sie hinreichend eingekocht und mürbe geworden sind, so bereite man ein anderes Kochgeschirr vor, bräune eine Messerspitze voll gemeinen Zuckers in Butter, schütte die Rüben darüber und lasse sie etwas Farbe annehmen.

Von diesen größeren Rübenarten macht man in einigen deutschen und slawischen Gegenden ein sogenanntes Rübenkraut, d. i. man zerstößt die Rüben, salzt sie und läßt sie gären, wie den Sauerkohl. In Ermangelung anderer vegetabilischer Säuren mag dieses Rübenkraut ein nützlicher und heilsamer Wintervorrat sein. An den rettigartigen Geschmack desselben habe ich mich indes nie gewöhnen können.

Der Mark Brandenburg ist eine Rübenart eigentümlich, welche die Gestalt der Möhren annimmt und ein weißes, dichtes, sehr süßes Fleisch hat. Man versendet sie unter dem Namen von märkischen oder Teltower Rüben. Der Same dieser Rüben pflegt auf anderem Boden auszuarten; ich glaube daher, daß eine ähnliche, doch mehr fleischige Rübenart, welche in Bayern vorkommt, von gleicher Abkunft sei. Man bereitet sie auf dieselbe Weise als die märkische, indem man den gedämpften Rüben durch gebräuntes Mehl eine angenehmere Farbe gibt.

Petersilienwurzeln[17] Diese Wurzeln werden meist zur Würze von Suppen und Tunken oder in Mischungen von allerlei Gemüsen verwendet, weil ihr unvermischter Geschmack doch auf die Länge ermüden möchte.

Die Petersilienwurzel verbindet sich mit Süßwasserfischen, mit Geflügel, mit zartem Brust- und Knochenfleische von Kälbern, Lämmern und Zicklein. Je nachdem diese Gegenstände das Feuer eine längere oder kürzere Zeit ertragen können, gebe man die Wurzeln in beliebig großen Stücken zugleich, oder vorher, oder auch nachher in die Flüssigkeit, worin das Ganze gemeinschaftlich eingesotten wird.

Der Mangold oder die Bete Die gemeinen roten Rüben[18] werden, wegen ihrer zu großen Süßigkeit, nur selten als ein warmes Zugemüse gegessen. Man legt sie in Essig ein oder ißt sie mit bitteren Kräutern und Kartoffeln gemengt als Salat. In Italien backt man die Beten nach dem Brot im Ofen oder auf dem Herd in heißer Asche, wodurch sie unleugbar schmackhafter bleiben, als wenn man sie in Wasser siedet.

Als Gemüse in Brühe gedämpft, mit einem Löffel starken Essigs und etwas Pfeffer, schmackt die gelbliche Bete[19] ungleich angenehmer als die rote.

Gurken[20] Diese sonderbare Gemüsefrucht wage ich kaum unter die nahrhafteren zu setzen, denn ihre Fiber ist grob und unverdaulich, daher im Süden als fieberhaft gefürchtet. Allein sie darf bei ihrer faden Süßlichkeit ebensowenig in eine der beiden nachfolgenden Klassen versetzt werden. Also wollen wir, mit Rücksicht auf ihren trefflichen, blutreinigenden, Lunge und Leber stärkenden Saft, die Gurke vorerst unter die nährenden Gemüsepflanzen ordnen.
Man pflegt unreife Gurken zu schälen, roh aufzuhobeln und als Salat zu verspeisen. Man preßt hierzu gewöhnlich den Saft aus, das einzige Nützliche, welches diese gleichgültige Frucht enthält.
Unreife Gurken, geschält, in Stücke geschnitten, in starker, gewürzter und säuerlicher Brühe abgedämpft, geben ein erträgliches Zugemüse. Ausgehöhlte, mit einem Fleischgehäcksel gefüllte Gurken. Als Gemüse aufgefaßt, wird die Gurke geschält, ausgeweidet und in Stücke zerteilt, über einigen Schinkenschnitten, oder auch einiger Butter eingelegt, dann an das Feuer gebracht, und sobald sie ins Bräunliche sich zu färben beginnt, bisweilen mit einem Löffel guter Fleischbrühe angefeuchtet. Man läßt sie langsam einsieden, damit sie recht zart werde und die Fleischbrühe gehörig einsauge. Würze durch ein wenig Säure, gehackte feine Kräuter, Pfeffer, doch nach Gefallen.

Indes ist die wahre Bestimmung der Gurken, auf mancherlei Weise eingemacht zu werden; denn gerade ihr glasartig-schwammiges Zellgewebe macht sie außerordentlich empfänglich für jeglichen Geschmack, den man aus ihnen selbst entwickeln oder in sie hineintragen will. Kleine Kümmerlinge unter einem Aufsude von Essig; man gibt ihnen durch Fencheldill, Meerrettich, Knoblauch, spanischen und indischen Pfeffer den Geschmackscharakter, den man gerade vorzieht. Es kommt darauf an, sie an einem trockenen Tage zu pflücken, die

guten und schieren auszulesen; ferner einen kräftigen Weinessig zur Hand zu haben; endlich sie recht wohl zu verbinden und an einem kühlen und trockenen Ort aufzustellen.
Größere, doch noch ungereifte Gurken, mit Fencheldill, mit Wein- und Kirschblüten unter eine Salzlake legen; sie einer leichten Gärung aussetzen, so daß sie die Mitte zwischen dem Salzigen und Essigsauren halten, gerade wie ein leckerhaftes Sauerkraut. Diese gesäuerten Gurken werden in Böhmen, in der Lausitz und in einem großen Teile des slawischen Nordens in großer Menge und ganz vortrefflich eingemacht. Im Norden nämlich ersetzen die gegorenen Gemüse die abgehende Obstsäure. Dennoch gebe ich den holländischen gesäuerten Gurken den Vorzug; teils weil die weiße, lange, borstige Gurkenart, welche die Holländer vorzugsweise anbauen, an sich selbst besser ist; teils weil die Holländer einige Schoten spanischen Pfeffers und anderes Gewürz hinzusetzen, was zum Geschmacke, wie zur Erhaltung der Gurke beiträgt.
Gurken, welche beinahe reif geworden sind und ins Gelbweißliche sich verfärbt haben, werden abgeschält, der Länge nach durchgeschnitten; das Samengehäuse wird dann ganz ausgeleert. Das übrigbleibende äußere Fleisch legt man in ein trockenes Gefäß mit Salz, ganzem Senfsamen, Meerrettich, ganzem Pfeffer, etwas Knoblauch, wenn man gegen diese Würze keine entschiedene Abneigung hat. Ein Lorbeerblatt und eine aufgeschlitzte Schote spanischen Pfeffers werden hierbei nicht schaden. Man siedet hierauf starken Essig und gießt ihn wallend über jenes Eingelegte. Die nächsten Tage hindurch gießt man den Essig ab, um ihn von neuem zu sieden und wallend über die Gurken und deren Zubehör zu schütten. Endlich schmelzt oder bindet man das Gefäß recht fest zu und setzt es bis zum Verbrauch an einen kühlen und trockenen Ort.

Neuntes Kapitel
Von den Gemüsen, welche bei einem festeren Zellengewebe und bei schwerfälliger Verdaulichkeit mehr würzen als nähren

Der Spargel[1] ist unter diesen unstreitig das allgemein beliebteste.

In den Sümpfen des südlichen Europa, ja selbst in England, kommt der Spargel häufig in seinem ursprünglichen Zustande vor. Einige Abarten des wilden Spargels sind kaum genießbar, andere werden, ihrer Kleinheit ungeachtet, wegen ihres lieblichen Geschmackes aufgesucht.

Der Gartenspargel wird in sandigen Gegenden tief in die Erde gelegt, und sobald er den Kopf zeigt, gestochen. Auf schwerem Boden aber darf man ihn nicht zu tief legen, und muß ihn daher über der Erde einen Zoll hoch werden lassen, ehe man ihn absticht. Nach der ersten Methode gestochen, ist der Spargel zarter, nach der zweiten aber kräftiger von Geschmack. Der Gartenspargel wird in Italien zu wenig, in Deutschland aber zu lange gesotten; ich habe vorgezogen, in diesem Stücke die Mittelstraße einzuschlagen. Der Spargel sollte allerdings zart auf der Zunge liegen; auf der andern Seite dürfen doch auch seine feinen Salze nicht versotten und ausgelaugt werden.

Reinige den Spargel nicht zu lange vor dem Verbrauche; wasche ihn schnell ab, ohne ihn in kaltem Wasser liegen zu lassen; binde ihn in Bündel und lege ihn nicht eher in das Koch-

geschirr, als bis das Wasser in vollem Wallen ist. Salze hierauf das Wasser reichlich, und wenn du dich überzeugen willst, ob dein Spargel gar sei, so fasse ihn an die Köpfe und nicht an den Stiel, wie unerfahrene Köche zu tun pflegen.
Also gesottener Spargel kann auch italienisch, abgekühlt mit einer Tunke von Öl, Zitronensaft, Salz, Pfeffer und Senf, oder auf deutsch, in einer weißen Tunke von Butter, Mehl und Eidottern gegeben werden.
Spargel zu anderen Gemüsen; in einem Eingehackten; in Suppen. Man kann die zarten Spargelköpfe unter einen Aufsud von Essig, Pfeffer, Salz und anderen Gewürzen legen und zur Beilage des Gesottenen aufbewahren wie andere zarte Gemüse.

Kohlarten Blumenkohl[2]. In Deutschland findet man gemeinhin nur eine Art desselben, die weiße Blumenknospen hat; in Italien gibt es, außer einer zitronengelben und meergrünen Varietät dieser ersten auch den höchst leckerhaften braunroten Blumenkohl[3], der unter dem Namen der Broccoli bekannt ist. Dieser ist in Rom vortrefflich, stinkt und schmeckt aber häufig nach allerlei Mist, wie es so häufig, aus Nachlässigkeit der Gärtner, bei winterlichen Gemüsen der Fall ist. Wer seinen Begriff vom römischen Kohl aus einem solchen mistigen Exemplar ableitet, wird über dessen Ruf mit Recht verwundert sein.
Blumenkohl in gesalzenem Wasser härtlich abgesotten, mit Öl und Zitronensaft oder in einer weißen Tunke. Der gesottene Blumenkohl wird schmackhafter sein, wenn er in einem Dampfkessel bereitet worden. Man kann ihn auch in ein reinliches Tuch gebunden absieden, und hierbei wird man sich jederzeit sehr wohl befinden.
Übrigens erhält sich die natürliche Süßigkeit des Blumenkohles viel besser, wenn man ihn in Fleischbrühe oder mit Butter und wenigem Wasser langsam eindämpft. Hierzu kann man sich vorzüglich solcher Köpfe bedienen, welche keine schönen und vollen Formen bilden, die also, ohne die Augenlust zu beeinträchtigen, in Stücke geschnitten oder gebrochen werden können. Gedämpfter Blumenkohl ins Säuerliche durch den Zusatz von etwas Zitronensaft oder von sehr feingehacktem Sauer-

ampfer; ins Süßliche durch eine Tunke von süßem Rahme, welcher durch etwas weißgerührtes Mehl und ein Eidotter gebunden, auch wohl mit Krebsbutter und ausgemachten Krebsschwänzen gewürzt wird.
Kleingebrochenen härtlich abgesottenen Blumenkohl mit dem zerschnittenen Fleische von Hummern gemischt, in einer kalten Tunke von feinzerstoßenen Kräutern, welche, mit dem feingehackten Kopfeingeweide des Hummers gemengt, vermöge einiger Löffel guten Essigs durch ein reinliches Haarsieb getrieben werden. Dieses Durchgetriebene wird bis zur Siedhitze erwärmt, stark gesalzen, mit schwarzem, weißem und etwas Cayennepfeffer gewürzt, dann abgekühlt; endlich mit dem Saft einer Zitrone und mit mehreren Löffeln guten Öles angefeuchtet. Man kann auch eine Schalotte mit den gemengten feinen Kräutern zerstoßen und den gesamten Kräutersaft mit Öl mischen, ohne ihn überall aufgesotten zu haben. Wie man auch diese Tunke bereiten möge, so wird man doch wohltun, sie auf eine Art anzurichten, die angenehm ins Auge fällt. Z.B. das Fleisch des Hummers in der Mitte, die Blumenkohlsprossen umher, am Rand aber die schön grünliche, etwas dichte und cremeartige Tunke.
Blumenkohlsprossen in Gemüsesuppen, in Eingehacktem; auch vorgesotten, dann vergoldet und abgebacken, mit Zitronensaft.
Die Broccoli aber werden teils kalt als Salat gegessen und alsdann vorzugsweise mit sauren Pomeranzen angesäuert; teils als ein Gedämpftes, in Brühe oder in Schweinefett mit reichlichem Pfeffer zugerichtet. Die Römer gelten bei den Italienern für die geborenen Meister im Dämpfen ihrer Broccoli – broccoli strascinati.

Kopfkohl[4] Der gewöhnliche Kopfkohl[5] enthält viel natürliche Süßigkeit, welche man sorgfältig bedacht sein muß, ihm in der Bereitung zu bewahren, weil sein dichtes Fasergewebe sonst nicht viel Nützliches ausgibt, vielmehr zu den schwerverdaulichen, blähenden Dingen gehört.
Man gibt den Suppen durch aufgeschnittene, recht mürbe ge-

kochte Blätter des Kopfkohls einen angenehmen Geschmack und eine gewisse Dichtigkeit. Man sondere im Aufschneiden die starken Rippen der Kohlblätter aus, denn diese werden nicht leicht mürbe und geben wenig Geschmack. Auch versteht es sich, daß man den Kohl in der Fleischbrühe selbst gar koche; etwa in Verbindung mit Möhren und feinen Kräutern.

Der frühe, spitzig gestaltete Weißkohl gerät sehr schmackhaft, wenn man ihn in zwei Hälften schneidet, von seinem zu groben Stengel befreit und über einem Bette von Schinken- und Rindfleisch-Schnittchen mit weniger Fleischbrühe ganz allgemach einkochen läßt. Man kann ihn, also bereitet, um gesottenes Rindfleisch anrichten, und die Brühe, die sich unter dem Kohle gesammelt haben wird, durch ein Sieb treiben und sie, auf diese Weise von den verkochten Fleischstückchen abgesondert, unter den angerichteten Kohl fließen lassen.

Weißkohl, wie zum Einmachen, fein gehobelt oder aufgeschnitten, mit Brühe oder mit einigem tierischem Fettstoffe (langsam eingesotten, durch sparsamen Essig etwas säuerlich gemacht. Dasselbe Gericht bereitet man häufiger aus der blauen Varietät des Kopfkohles[6]). Zu beiden setzt man gern ein wenig Kümmel. Der Weißkohl gehört auch in jene schmackhafte Mischung von allerlei Gemüsen und Fleischarten, welche ein Lieblingsgericht der Spanier ist: die bekannte Olla potrida.

Der fleischige Hauptstengel des Kopfkohls, den man gewöhnlich herausschneidet, wegwirft oder dem Vieh gibt, wird jeweilen in sparsamen Haushaltungen fein gehackt und mit einem Zusatze von Essig und Kümmel in Fleischbrühe säuerlich gedämpft; oder mit Butter und etwas Milch ins Süßliche. Ich halte gerade diesen weniger würzenden Teil des Kohlkopfes für den nahrhaftesten.

Aus feingehobeltem Weißkohle, vorzüglich aus dem herbstlichen Plattkohle, macht man durch Einsalzung und Gärung das allgemein bekannte Sauerkraut. Ein Faß, worin weißer Wein aufbehalten worden, schafft dem Sauerkraut eine leichtere Gärung und einen angenehmen weinsäuerlichen Geschmack. Um diese Wirkung bei einem neuen Gefäße zu ersetzen, tue man zerstoßene Weintrauben in den Grund. Gutes Sauerkraut muß einen frischen Geruch und eine schöne hochgelbe Farbe haben. Wenn man das Sauerkraut kocht, so rührt man es nicht, damit es nicht durchaus braun werde und seine schöne gelbe Farbe verliere. Wenn es nur langsam gedämpft wird, so kann es nicht anbrennen und bedarf mithin keineswegs viel umgestochen zu werden.

Sauerkraut wird häufig mit Fischen, Austern und anderen Fastenspeisen vermischt. Doch scheint mir, daß es sich mit einem Brei von Kartoffeln, weißen Bohnen oder gelben Erbsen verbunden und mit einer Beilage von gesalzenem Schweinefleisch auf gut Deutsch am besten verzehren läßt.

Man versüßt das Sauerkraut zuweilen, indem man einige Borsdorfer Äpfel darin verkocht. Auch sucht man in vornehmen Küchen eine leckere und köstliche Schüssel daraus zuzurichten, indem man das Kraut abwechselnd mit Rindfleischschnitten, frischen oder gesalzenen Schweinsfüßen, auch anderem Fleisch aufschichtet und, bei langsamem Kochen, den Saft und die Kraft des Fleisches hineindringen läßt.

Wacholderbeeren, Kümmel und ganzer Pfeffer werden dem Sauerkraute häufig schon beim Einlegen in die Fässer zugegeben. Derlei Gewürze verliert aber bei langem Liegen in der Lake seinen besten Geschmack. Ich rate deshalb, jene gewürzhaften Samen, wenn man sie anders liebt, erst beim jedesmaligen Kochen an das Kraut zu tun.

Wirsing und Savoyerkohl[7] Diese zarteste und schmackhafteste Gattung des Kopfkohles trägt mit allem Rechte den Namen des savoyischen; denn er ist in ganz Piemont das beliebteste Gemüse. Man kocht alldort die zerschnittenen Blätter mit Reis; eine Suppe, die auch in der anstoßenden Lombardei häufig genossen wird.

Savoyerkohl, der Winters nicht mit faulem Stroh oder Mist umgeben gewesen, sondern freihin jeder Witterung preisgegeben worden, bedarf weder einer Wässerung, noch eines Absuds. Man reinige ihn trocken, wasche ihn schnell ab und dämpfe ihn in Fleischbrühe, oder mit Butter, oder mit einem frischen Stück Fleisches, und lasse ihn nur in sich selbst recht mürbe werden, damit er seinen Geschmack behalte. Wenn er aber in der Grube gelegen oder mit Mist behäuft gewesen ist, so muß man ihn freilich wohl eine Stunde lang aus mehreren Wassern waschen und ihm im Salzwasser einen leichten Vorsud geben, ehe man ihn bereitet.

Dem Wirsing schließt sich an jene äußerst leckerhafte Varietät, welche man den Brüsseler oder den Sprossenkohl nennt. Man bereite diesen eben wie jenen. Brüsseler Kohl in leichter Fleischbrühe oder mit wenig Butter gedämpft und mit kleinen Eierkuchen belegt.

Ich bin geneigt, den Wirsing für die Kohlart zu halten, welche Cato so besonders anrühmt. Er beizt nämlich die Kohlblätter in starkem Essig und trägt sie roh als einen magenstärkenden Salat auf, ein Vorgang, der höchstens bei der grünen Varietät des Savoyerkohles möglich sein dürfte. Doch brauchte man noch vor einem halben Jahrhundert auch die jungen Schößlinge mancher Kohlrübenvarietäten zum Wintersalate.

Die Kohlrübe[8], welche auch wohl, nach dem italienischen cauli rape, Kohlrabi genannt wird, ist, jung genossen, ein treffliches Gemüse. Man läßt den rübenartigen Kopf nicht größer werden, als ein mittelmäßiger Apfel zu sein pflegt, und schneidet nicht allein diese Köpfe, sondern auch die zarteren Stengel in kleinere Stücke; die grünen Blätter aber hackt oder schneidet man ganz fein und gibt sie erst dann in das Kochgeschirr, wenn jene fleischigen Teile der Kohlrübe anfangen mürbe zu werden; denn gerade diese gehackten Blätter geben dem Gerichte Geschmack und gutes Ansehen, wenn sie nicht zu sehr verkocht sind, und, ohne deshalb ungar zu sein, eine schöne grüne Farbe behalten haben.

Im nördlichen Deutschland steht die Kohlrübe in geringem Ansehen, weil man die unnachdenkliche Gewohnheit hat, sie nicht eher zu Markte zu bringen, als nachdem der Kopf ganz ausgewachsen, hart und geschmacklos ist. Auf diese Weise überreif genossen, steht die Kohlrübe unbedenklich der Steckrübe und jeder anderen Winterrübe nach und eignet sich mehr zur Nahrung des Viehes als der Menschen.

Der Bisamkohl[2], eine leckere Varietät, die schwer fortkommt und fast außer Gebrauch ist.
Der Schwarzkohl[10] der Italiener, der unserem braunen und grünen Winterkohle nicht unähnlich ist, gedeiht in den trockenen Hügeln des Chianti unglaublich zart und schmackhaft, doch in den gewässerten Gärten um Florenz und Rom sehr schal und gleichgültig. In Salzwasser abgesotten, dann abgetrocknet und abgekühlt in Öl und Essig aufgetragen; oder bereitet wie unser deutscher Braunkohl.
Nicht selten fehlt man gegen die eigentümlich starke Schmackhaftigkeit unseres deutschen Braun- oder Grünkohles, wenn man ihn siedet und den Sud davon vor der Zurichtung abgießt. Man lese ihn nur recht sorgfältig, reinige ihn vollkommen; bräune alsdann eine Messerspitze voll Zucker in Butter und lege den Kohl darauf, um ihn langsam in sich selbst gar werden zu lassen. Von Zeit zu Zeit gebe man ein wenig Butter, Wasser oder Fleischbrühe hinzu, wenn er etwa drohen sollte zu trocken zu werden; doch niemals so viel, daß daraus im Grunde des Tiegels eine Flüssigkeit entstände.

Grüne Bohnen, Veitsbohnen Wir haben die trockene Bohne des Phaseolus bei den Mehlfrüchten und in der Abhandlung vom Breie berührt. In die vorliegende Klasse fällt nun dessen Schote oder Hülse, welche grün, ehe die Bohne darin sich zu bilden beginnt, ein beliebtes Gemüse ist.
In Italien ißt man die Schoten der Zwergbohne sehr jung und bricht ihnen deshalb vor der Bereitung bloß die Spitzen ab, ohne sie zu zerschneiden. Man siedet sie härtlich ab und ißt sie abgekühlt mit Essig und Öl; oder man dämpft sie in Fleischbrühe, auch wohl in Butter, Schweinefett, ja selbst in Öl. In allen Fällen pflegt man sie dort sehr stark zu pfeffern.
In Deutschland sind die Schwertbohnen beliebt, weil sie lange zart bleiben und bei ihrer Größe viel ausgeben. Man siedet sie daselbst vor der Zurichtung in Salz und Wasser ab, entweder weil es so die Gewohnheit ist, oder weil man den starken natürlichen Geschmack der Gemüse überhaupt nicht sehr liebt. Ich will nicht leugnen, daß die grüne Bohne, vorzüglich die etwas

herangewachsene Schwertbohne, eine gewisse widrige Herbigkeit habe. Indes, um ihr dieselbe zu benehmen, würde es hinreichen, sie mit siedendem Wasser ein einziges Mal zu übergießen.
Die übliche Zurichtung der auf deutsche Art fein aufgeschnittenen Veitsbohne ist mehrfältig; man dämpft sie in Fleischbrühe vollends gar und setzt etwas Butter, Mehl und gehackten Peterlein hinzu; man dämpft sie mit Butter und setzt ein wenig Essig, Dragon, Basilikum und ähnliche starkschmeckende Kräuter hinzu; man bereitet sie endlich auch süßlich mit süßem Rahm, mit etwas Butter und Mehl.
Perlbohnen, sonst auch Salatbohnen genannt. Man richtet sie wie die anderen zu. Am Niederrhein ist es üblich, eine Tunke von sauerem Milchrahm mit etwas Ei, Butter und Mehl zu den einfach aus Salzwasser abgesottenen Perlbohnen zu geben. Dies Gericht ist nicht unschmackhaft.
Die grünen Bohnen werden auch zum Wintervorrat eingemacht. Man trocknet sie an der Luft oder über leichtem Feuer und wässert sie vor dem Gebrauche; man salzt sie ganz oder auch fein aufgeschnitten in Fässern und Tongeschirren ein und wässert sie wie oben. Endlich lassen sich kleine, zarte Veitsbohnen mit vielem Vorteil unter einem Aufgusse von ausgesottenem Essig mit allerlei Gewürzen einlegen. Man hüte sich hierbei vor dem Übermaß in Gewürznelken und halte sich mehr an die bitteren Gewürze, namentlich an sämtliche Pfefferarten.
Die meisten zarteren und dabei etwas fleischigen Gemüse, Spargel, Blumenkohl, junge Kürbisse und anderes, lassen sich auf dieselbe Weise unter Essig legen und aufbewahren. In Italien verschmäht man zu diesem Behufe nicht einmal gewisse fleischige Seepflänzchen[11], welche in der Tat eine wohlschmekkende Beilage zum Gesottenen geben.

Zehntes Kapitel
Von den Gemüsen, welche bei einem feineren Zellengewebe wenig ernähren, aber entschieden würzen

Das Knoblauchgeschlecht[1], die Zwiebel hinzugerechnet, steht hier billig obenan, sowohl weil es schon in den ältesten Urkunden des Menschengeschlechtes als eine Lieblingswürze der Juden geschildert wird und, nach Plinius, bei den Ägyptern sogar göttlich verehrt wurde, als vorzüglich, weil sein Verbrauch noch in unseren Zeiten so allgemein verbreitet ist.

Der gemeine Knoblauch[2] verdirbt, in Menge genossen, den Atem; seine Fiber ist schwer verdaulich, denn sie erregt Aufstoßen; dessenungeachtet hält man seinen Saft an den Küsten des Mittelmeeres für ein Bewahrungsmittel gegen das Fieber. Gewiß ist der Knoblauch, sparsam und in Verbindung mit allerlei Wohlriechendem angewendet, in den meisten derben, fleischigen und fetten Speisen als Würze anwendbar. Doch wird man immer wohltun, den Saft von der Fiber zu trennen und diese überhaupt ganz aus den Speisen wegzulassen, weil es gewiß ist, daß eben sie jenes übelriechende Aufstoßen bewirkt, welches den Knoblauch reinlichen Nationen so unbeliebt macht.

Diese Absonderung kann auf mancherlei Weise geschehen. Will man eine Tunke mit Knoblauch würzen, so genügt es, die Kasserolle, den Tiegel oder jedes andere Kochgeschirr, in dem

man seine Tunke bereiten will, ein wenig mit einem Stückchen Knoblauch zu reiben. Will man eine italienische Fastensuppe von Hülsenfrüchten mit Knoblauch würzen, so röstet man einige Brotschnitte und reibt ihn darauf, damit sein Saft sich anhänge. Diese Brotschnitte legt man alsdann in den Suppennapf und gießt die Suppe heiß darüber aus. Man kann endlich den Knoblauch in einem hölzernen Mörser zerstoßen und seinen Saft alsdann auspressen, ihn mit starkem Essig versetzen, ganze Gewürznelken, Pfeffer und Ingwer hinzulegen und ihn also in wohlverschlossenen Flaschen an einem sonnigen Ort aufbewahren, um davon gelegentlich einen Löffel voll an ein Gehäcksel oder an eine Tunke zu tun.
Zu jeglicher Art in Essig und Gewürz eingelegter Aufbewahrungen kann man ganz unbesorgt einige Knoblauchzwiebeln hinzulegen, denn es wird bloß der flüchtige, würzende Teil dem Essig oder der Lake sich mitteilen.
Bei kalten Pasteten pflege ich den Knoblauch in den Grund zu legen und durch ein Stückchen Teig von dem eingelegten Gehäcksel abzusondern. Auf diese Weise angebracht, tritt der Duft des Knoblauchs bescheiden zurück und würzt seine Speise aus stiller Verborgenheit hervor.
Eine heiße, eben geröstete Brotscheibe leicht mit frischem Knoblauche gerieben, mit feinem Öle begossen und reichlich gesalzen, ist ein italienisch-ländliches Frühstück, welches allerdings besser schmeckt als riecht.
Viele Nationen lieben eine mit vielem Knoblauch gedämpfte Hammelkeule. Dies Gericht erfordert eine sehr kräftige Verdauung.
Weniger stinkend und feiner von Geschmack ist eine kleinförmige Abart des Knoblauchs, der Rokambole[3]. Man wird davon die Zwiebel und vorzüglich den Samen ohne Gefahr für die Geruchsnerven in Gehäckseln zu kalten Pasteten mit Haut und Haar verbrauchen können.
Aus der Zwiebel[4] machen einige ein eigenes Geschlecht; andere gesellen sie zum Knoblauche.
Die Zwiebel ist weniger übelriechend, lieblicher und zarter zu essen, auch etwas verdaulicher als der Knoblauch. Man kann

die Zwiebeln daher schon viel eher, als den Knoblauch selbst, in der Form eines Zugemüses verspeisen.
Die längliche Varietät der Zwiebel, welche hie und da unter dem Namen der Straßburgischen bekannt ist, gibt, vorzüglich solange sie jung ist, eine treffliche Beilage zum Gesottenen. Man nehme diese Zwiebeln, reinige sie und lasse sie allgemach über einigen leicht angebratenen Schinkenschnitten in Fleischbrühe so gar dämpfen, daß sie zwar ihre zierliche Form behalten, aber bis in das Herz hinein mürbe werden, wie Butter. Man setze sie darauf vom Feuer ab; lasse sie die Brühe völlig einsaugen und richte sie auf der Schüssel recht schön um das Gesottene her.
Ausgediehene spanische Zwiebeln[5] ausgehöhlt und mit einem Gehäcksel von beliebiger Zusammensetzung ausgefüllt, dann in eine niedrige Kasserolle oder in einen Tiegel so eingesetzt, daß sie nicht umsinken, denn hierdurch würde die Füllung herausfallen können. Man gibt so viel Fleischbrühe oder Wasser daran, als erforderlich ist, den Grund des Geschirres zwei Finger hoch mit Flüssigkeit zu bedecken. Alsdann läßt man dies alles sanft gar dämpfen und füllt von Zeit zu Zeit einige Löffel voll Brühe darauf, so viel, als jedesmal nötig scheint. Wenn nun diese Flüssigkeit beinahe in die ganz erweichten Zwiebeln eingesogen ist, so tue man Butter in den Grund des Tiegels, damit die Zwiebeln ein wenig anbräteln. Man richte sie darauf an und gebe eine säuerliche braune Tunke daran.
Kleine weiße Zwiebeln, gedünstet und mit einer braunen Tunke verbunden, werden als Zugabe des Gesottenen aufgetragen, auch wohl mit einem Eingehackten verbunden.
Aufgeschnittene und sodann ein wenig angebrätelte Zwiebeln dienen, um den Geschmack von mancherlei Speisen zu erhöhen. Gehackt wird die Zwiebel mit allerlei Gehäckseln, Tunken, ja selbst mit Gemüsen verbunden. Gewiß ist die Zwiebel in vielen Fällen eine zweckmäßige Würze; doch wird sie auch wohl bisweilen auf die widersinnigste Art verwendet. Ich habe in deutschen Küchen den Spinat in Wasser absieden und nächstdem mit den Händen ausdrücken sehen, so daß er gar keinen Geschmack und Saft behalten konnte. Nach dieser Vorberei-

tung hackte man ihn mit rohen Zwiebeln und setzte ihn darauf mit Butter oder Fleischbrühe von neuem an das Feuer. Es kann niemand befremden, daß ein solches Gemüse wie ein grüngefärbtes Zwiebelmus schmeckte und nur durch die Farbe an den Spinat erinnerte.

Die Schalotte[6], eine feinere, allgemein bekannte Zwiebelart, wäre, in Beziehung auf Würze, den größeren Zwiebeln vorzuziehen; sie ist jedoch zu starkschmeckend, um als ein eigenes Zugemüse dienen zu können.

Der Schnittlauch[7] ist in verschiedenen Gegenden eine beliebte Würze, welche gehackt oder feingeschnitten den Speisen roh beigesetzt wird. An Suppen scheint es mir widrig; mit kleinen Salatkräutern vermischt, ist es in Öl und Essig zwar erträglich, doch immer etwas gemeinschmeckend.

Der gemeine Lauch[8], welchen man auch wohl Porree nennt, gehört in die Geschlechtsverwandtschaft des Knoblauches und der Zwiebel. Mit anderen Suppenkräutern vermischt, gibt der gemeine Lauch den Fleischbrühen einen ganz guten Geschmack; nur darf er nicht vorherrschen. Jung ißt man den Lauch (den Kopf wie den Stengel) als ein Gemüse zum Gesottenen. Dieses Gericht ist bei den Deutschen historisch, in manchen Gegenden noch an gewisse Tage gebunden, und wird im hohen Norden nach langen Wintern als ein frühzeitiges Gemüse gesucht und geliebt.

Man nennt diese eßbare Art des Lauches bisweilen den Kopflauch, weil er in seiner Zwiebel gleichsam einen Kopf hat. Dieses Wort ist ein gutes und reines Deutsch, welches man statt des fremdartigen *Porree* allgemein machen sollte.

Spinat Dieses lind gewürzhafte, schönfarbige Kraut[9] wird sehr häufig als ein Gemüse genossen. Es hat bei seinen diätetischen Vorzügen auch noch die Eigenschaft, fast in allen Jahreszeiten zu gedeihen, indem es nur dem härtesten Frost und der anhaltendsten Dürre weicht.

In einigen Gegenden ist der Mißbrauch eingerissen, den Spinat in Wasser abzusieden, das Wasser alsdann wegzuschütten, um endlich durch Hacken und durch Dämpfen in Butter oder

Fleischbrühe ein Gemüse daraus zu bereiten. Man gibt ihm, also zugerichtet, auch wohl durch Zwiebeln, wie oben, einen ganz neuen und fremdartigen Geschmack, und bindet ihn mit abgerührtem Mehle, mit Semmelbrösel oder mit ähnlichem. Nichts kann wohl vernunftwidriger sein, als diese Art der Zurichtung.

Liebt man den Spinat recht feingehackt zu essen, so hacke man ihn leicht abgesotten wie hundert andere Kräuter und setze ihn alsdann mit Wasser, oder besser mit Fleischbrühe an ein mäßiges Feuer, dämpfe ihn endlich recht langsam und füge Butter mit dem gehörigen Salze hinzu, so viel als nötig scheint. Mehl oder Brosamen nehmen dem Spinate sehr viel von seiner natürlichen Frische und Schmackhaftigkeit; doch ist dieser Zusatz dem Liebhaber eher zuzugeben als jener von gehacktem Zwiebelwerke.

Die Italiener ziehen die ganze Spinatpflanze in deren erster, zartester Jugend aus dem Boden, nehmen bloß die äußersten Blätter und die Fasern der Wurzel ab und dämpfen diese Pflänzchen mit ihren Wurzeln ganz, oder ohne sie zu zerschneiden und zu hacken. Die Wurzel junger Spinatpflanzen ist in der Tat sehr schmackhaft und teilt den mehr süßlichen Blättern eine leichte, gewürzhafte Bitterkeit mit, welche auch einer verwöhnten Zunge nach einigen Proben gefallen wird.

Spinat mit Sauerampfer, gedämpft wie oben, ist eine vortreffliche Vereinigung.

Die herben und starken, meist wilden Frühlingskräuter, deren Genuß so wohltätig ist und dennoch den meisten an Süßlichkeiten gewöhnten Zungen widersteht, mildert ein starker Zusatz von Spinat. Zu diesem Kräuterspinat nehme man einen guten Teil Löwenzahn und Brunnenkresse und füge Körbel, Peterlein, Lattich, und was man sonst an gewürzhaften Kräutern zur Hand hat, in geringerem Maße hinzu. Man hacke dies alles und dämpfe es wie oben.

In einigen Gegenden von Deutschland sammelt man für die Osterwoche allerlei wilde Kräuter, z.B. Melde, Nessel, Löwenzahn, Brunnenkresse, junge Sprossen des Feldkümmels und andere, hackt sie und bereitet daraus ein äußerst wohl-

schmeckendes, spinatartiges Gemüse. Im sächsischen Dialekt heißt dieses Gemüse Negenschöne.
Eine gewisse Abart des Mangold[10] wird nur ihrer zarten und genießbaren Blätter willen gezogen, welche man wie den Spinat zurichtet. Da sich die Blätter jener Pflanze auch bei sehr rauher Witterung grün erhalten, im Gegenteile gerade hierdurch zarter werden, so pflegt man sie gemeinhin den Winterspinat zu nennen. Sie wird auf den unwirtbaren Höhen der schweizerischen Gebirge, namentlich in Urseren, sehr fleißig angebaut, und ward früherhin, weil sie aus der Schweiz über Europa verbreitet worden, wohl auch die schweizerische Abart des Mangold benannt.
Der Saft des echten Spinates ist sehr lieblich grün und dabei sehr mild von Geschmack, weshalb man sich desselben vorzugsweise bedient, um feine Speisen oder Tunken jeglicher Art schön grün zu färben. In der Tat verdirbt der ausgepreßte Saft des rohen Spinates nicht leicht die Speise, welche durch ihn, sei es ganz oder nur zum Teile, gefärbt worden. Am meisten ist er geeignet, kalten Kräutertunken einen Ton zu geben.
Nimm zu einer kalten Tunke von feinen Kräutern die Hälfte Spinat, ein Vierteil Dragon, das letzte Vierteil setze aus Sauerampfer, Portulak, Peterlein und Körbel zusammen. Füge hierzu eine sehr kleine Schalotte oder die Hälfte einer großen; ferner einige Blättchen Basilikum, Majoran und Thymus. Zerstoße alles in einem Mörser von Holz oder Stein. Nimm dieses feinzerstoßene Kräuterwerk mit einem hölzernen Löffel heraus und tue es in ein feines Haarsieb und treibe es mit siedendem Essig hindurch in ein reines irdenes Geschirr. Setze dieses Geschirr an das Feuer und lasse die Mischung die Siedhitze nur eben erreichen; nehme es ab. Gleich anfangs setze Salz und eine Messerspitze Salpeters hinzu, um die Farbe zu erhöhen. Lasse die Mischung bei fleißigem Rühren langsam erkalten, damit sie einen gleichen Körper erhalte. Verdichte diese Tunke nach den Umständen durch Olivenöl, oder einige Eidotter, oder auch durch etwas weiße, halbgallertartige Fleischbrühe.

Sauerampfer Die Blätter des Sauerampfers[11] erhöhen den Geschmack der Fleischbrühen, dienen als Würzen zu mancherlei Tunken, werden auch allein oder mit anderen Kräutern vermischt als Gemüse verspeist.
Im Winter und Frühling ist der Sauerampfer besonders mild und lieblich säuerlich, weshalb man vorzüglich in dieser Jahreszeit sich hüten muß, ihm seine schöne Säure durch den Absud zu benehmen. Wenn er im Sommer stärker geworden, so schadet es ihm weniger, wenn er nach deutsch-pedantischer Weise in Wasser abgesotten und dann erst gehackt und gar bereitet wird.
Einige Personen, welche gar keinen entschiedenen Geschmack leiden können, zuckern das Sauerampfergemüse. Ich habe Ursache zu glauben, daß gezuckerter Sauerampfer Säure errege, ungezuckerter sie hinwegschaffe.
Gedämpften Sauerampfer pflegt man ohne Schaden mit einem Eidotter, welches in Brühe abgerührt worden, zu binden.
Tunken: grüngehackter Sauerampfer in Fleischbrühe aufgesotten; zarte Sauerampferblätter ganz in Fleischbrühe gedämpft, diese etwas verlängert und wiederum mit einigen Eidottern gebunden.

Endivien Zwei Arten der Zichorienpflanze dienen uns als Salat und als Gemüsekraut; die gemeine breitblättrige[12] und die gekräuselte[13] Endivie. Die erste ist als Salatkraut weniger zart und schmackhaft als die gekräuselte, eignet sich aber besser zum Gemüse als die andere. Man lese und zerschneide die breitblättrige Endivie und dämpfe sie in weniger Fleischbrühe, ohne weiteren Zusatz. Nur lasse man sie nicht so gar werden, daß sie alle Grünheit verliert, denn mit der Farbe zugleich pflegt auch ihr bester Geschmack zu verkochen.
Dieselbe Art, noch kleiner zerschnitten, in reichlicher Fleischbrühe, doch nicht zu weich gekocht; die Brühe mit einem vertriebenen Eidotter wohl gebunden. Einige Semmelscheiben geröstet, in die Suppenschale gelegt; die Endiviensuppe darüber angerichtet.
Die Endivie ist ein sehr heilsames Wintergemüse; häufig als

Salat genossen, reinigt sie die Säfte und ist vorzüglich einem krankhaften Zahnfleisch äußerst zuträglich.
Die gekräuselte Endivie ist, wie gesagt, als Salat genossen, zarter, schmackhafter, zuträglicher als die breitblättrige. Dessenungeachtet hat die grenzenlose Faulheit und Tücke mancher deutschen Köchinnen diese treffliche Art von den meisten städtischen Märkten verbannt, weil es ihnen zu mühselig ist, die krausen Blättchen recht fleißig zu lesen und nach Schmutz oder Ungeziefer zu durchsuchen. Nach einer allgemeinen Verabredung dieser Jungfern finden die Gärtner (welche die gekräuselte Endivie zu Markte bringen) keine Abnehmer. Auch würden wohl die Köche selbst an dieser Verschwörung teilgenommen haben, wenn sie sich nicht gewöhnt hätten, die mehr niedrigen Sorgen des Lesens und Reinigens dem schönen Geschlechte der Aushelferinnen zu überlassen.

Der Lattich Man nennt die verschiedenen Arten des Lattichs[14], welche zum Küchengebrauche taugen, insgemein Salat, obgleich dieses Wort nicht von einem Kraute, vielmehr nur von einer bestimmten Art der Bereitung gebraucht werden sollte.
Die Abarten des Lattichs sind ungemein vielfältig; in Deutschland jedoch werden im ganzen nur wenige Arten angebaut; davon vorzüglich grüner und mehrfarbiger Kopfsalat, den man auch ganz jung als Salatkraut zu verbrauchen pflegt. Der vortreffliche römische Lattich scheint in Deutschland auszuarten.
Sämtliche Arten des Lattichs können, gleich dem Spinate, zum Gemüse verarbeitet werden. Man kann sie in einen gemischten Kräuterspinat und in Kräutersuppen verwenden. Doch ist es gewöhnlicher, sie ungekocht auf die Tafel zu setzen und mit Öl, Essig und Salz auf Weise jedes anderen Salats zu würzen.
Latticharten, als Gemüse bereitet. Übergehe sie in siedendem Wasser, damit sie zusammenwelken, und drücke sogleich das Wasser aus. Sodann setze sie über weniger Butter an das Feuer und lasse sie ein wenig anbräunen. Gebe in der Folge von Zeit zu Zeit ein wenig Fleischbrühe daran, doch nur so viel, als nötig

ist, es feucht zu erhalten. Rühre nicht, aber schüttele. Langsame, stille Bereitung.
Auf ähnliche Weise Endivien, Portulak und andere Blattgemüse.

Suppenkräuter Des Sellerei haben wir schon oben erwähnt; des Sauerampfers ebenfalls. Mit diesen Kräutern zugleich pflegt man das Peterlein[15], das Körbelkraut[16], den Portulak, den Dragon als Würzen an die Fleischbrühen zu tun. Phantasiereiche Köche wissen schon die Quantitäten oder das Verhältnis zu treffen und nach den Umständen abzuändern.
Das Peterlein, die Petersilie, ist ein uraltes würzendes Kraut, welches, ungeachtet der Gefahren der Verwechslung mit jungen Schierlingspflanzen, seit den ältesten Zeiten in immer gleichem Ansehen verblieben ist. Schon Apicius mischt es zu allen Gehäckseln und Tunken; es gibt in der Tat allen Fleischgerichten einen angenehmen Ton und bindet sich mit einer Menge von Gemüsen.
Beim Gebrauche des Peterleins muß man sich nur davor bewahren, ihm seinen Geruch und Geschmack durch zu langes Kochen zu benehmen. Man gehe nur davon aus, daß gehackte Petersilie eine schön grüne Farbe behalten müsse, um schmackhaft zu sein, und bringe es durch Erfahrung und Übung dahin, diese Würze auch unbewußt nicht zu frühe, sondern immer zur gehörigen Zeit an die Speisen zu tun.
Dasselbe gilt, genau genommen, auch von allen übrigen würzenden Kräutern. Doch hält der Dragon eine längere Zeit die Siedhitze aus, als das Peterlein.

Kräuter, welche eine sehr starke und eigentümliche Würze enthalten und daher nur zu besonderen Speisen passen Majoran[17] und Thymian[18] werden gegenwärtig fast nur in Würsten verwendet, zu welchem Behufe man sie trocknet und pulvert. Indessen geben sie, doch sparsam angewendet, auch andern Gehäckseln einen vortrefflichen Geschmack. Einige Blätter von frischem Majoran benehmen einem Eingehackten von Lammfleisch oder Zicklein das Ranzige.

Basilikum[19], vorzüglich das kleinblättrige, ist eine sehr starke, nur im kleinsten Maß anwendbare Würze. Man vermenge es jederzeit mit anderen Kräutern, die es mildern und mäßigen, und verhindere dadurch, daß sein Bisamgeschmack nicht zu sehr überhand nehme.

Angelika[20]; sie bindet sich, genau genommen, allein mit dem Süßen, und gibt in Zucker eingesotten ein gutes Konfekt. In Italien legt man sie roh zu gemischten Gerichten.

Wermut, sowohl der gemeine, als vorzüglich der römische[21], dient in unseren Zeiten einzig zu magenstärkenden Destillationen. Die Alten bedienten sich seiner um so fleißiger. In der Tat wüßte ich kaum, welche Gattung von Speisen durch den Wermut gewürzt werden könnte. Vielleicht dürfte dem Hirschwildpret, auch wohl dem Wildschwein, ein sehr leichter Wermutgeschmack ganz wohl anstehn.

Kapern[22], in Essig eingemachte Samen und Knospen einer Pflanze, die in Italien und Griechenland sehr häufig an Mauern und Felsen wächst. Wir geben dieses Eingemachte an säuerliche Tunken und essen es roh im Salat.

Saffran[23], eine alberne Würze, welche wohl nur der schönen, gelben Farbe willen in manchen Ländern gesucht ist; denn der Geschmack ist zwar schwach, doch nicht angenehm.

Ligusticum, Liebstöckel, vielleicht das Apicische, erhält sich nur noch in wenigen Gegenden als würzendes Küchenkraut.

Liebesäpfel[24], pomi d'oro, welche im südlichen Europa zur Würze von Tunken und Suppen dienen, denen sie einen angenehm säuerlichen Geschmack und eine schöne rotgelbe Farbe mitteilen. In Menge genossen sollen sie das Blut verdicken. Mir ist unbekannt, weshalb man den Anbau dieser würzenden Frucht in Deutschland vernachlässigt.

Münze[25] und Melisse wird bei Apicius ebenfalls in jene hundertfältigen Mischungen getan, welche uns Neueren schwerlich behagen würden. Diese Pflanzen dienen gegenwärtig allein zu Destillationen. Einige Arten[26] der Münze werden hie und da auf Mistbeeten gezogen und sehr jung in gemischten Salat genommen. Sonst können auch nach Gefallen einige Blätter Münze und Melisse in den Kräuterspinat gemischt werden.

Rosmarin wird im südlichen Europa zu mancherlei Tunken gebraucht, auch wohl in das Geflügel gesteckt, wie in Deutschland hie und da junge Zweige vom Beifuß.

Ungleich besser verbindet sich der Salbei[27] mit allerlei Gebratenem. Zweige von gemeinem oder römischem Salbei zwischen kleine Vögel am Spieß aufgereiht, geben den gebratenen Vögelein einen trefflichen und passenden Beigeschmack. Salbei abwechselnd mit Stücken frischen Aales am Spieß aufgereiht und mit dem Fische wohl durchgebraten. Salbei in Schmalz abgebacken, als Zugabe zu allerlei anderen Backwürdigkeiten.

Im nördlichen Deutschland ist eine sonderbare Suppe beliebt, welche man die Aalsuppe nennt, aber ebensowohl die vier Jahreszeiten oder die vier Elemente benennen könnte. Ohne den üblichen Beisatz von etwas Salbei würde das benannte Gericht schwerlich genießbar sein, eben weil diese starke, hervorsprechende Würze der chaotischen Mengung doch einen bestimmteren Ton gibt.

Raute[28], zu stark von Geschmack, um mit seinen Frühlingssprossen im Kräuterspinat, in der Kräutersuppe, in den kalten und warmen Kräutertunken allen beifällig zu sein. Wer die Raute liebt, mag sie in die genannten Zusammensetzungen aufnehmen.

Raute, allein oder mit anderen Kräutern gemengt auf Butterschnitten, ist ein blutreinigendes Frühstück. Junge Sprossen der Raute im Kräutersalate.

Die Blüte des Fliederbaumes[29], von bekannter schweißtreibender Wirkung, wird von einigen mit süßen Speisen verbunden. Der Geschmack, den sie solchen Speisen mitteilt, ist fade süßlich mit einem ins Widrige gehenden Beigeschmacke.

In Oberdeutschland werden die jungen Sprossen des Beifuß, einer Pflanze, welche die Nähe menschlicher Niederlassungen liebt, in die Gänse und Enten gestopft, die man zu dämpfen oder im Ofen zu braten beabsichtigt.

In Niederdeutschland setzt man zu den Saubohnen ein Garten-

kraut, dem man daher den Namen des Bohnenkrautes beigelegt hat. Das Dillkraut[30], welches fast nur zum Einmachen der Gurken gebraucht wird.
Die Kapuzinerblumen in Essig gelegt und gleich den Kapern verwendet, mögen diese Abteilung, in welcher noch gar manche leicht würzende Pflanze als unwichtig übergangen ist, für jetzt beschließen.

Zarte Salatkräuter Endivien und alle zahlreichen Abarten des Lattichs sind roh, mit Essig und Öl angemacht, sowohl lieblich zu essen, als auch der Gesundheit ungemein zuträglich.
Unter den Suppenkräutern kann man den Dragon und das Portulak auch als Salatkraut benutzen, indem man sie mit linder schmeckenden Kräutern vermischt. Auch die gewürzhaften Knospen der Kapuzinerblume erhöhen den Geschmack eines gemischten Salat.
Kresse; die kleine Gartenkresse[31] mit jungen Pflänzchen des Zwerglattichs vermischt, gibt einen trefflichen Frühlingssalat.
Brunnenkresse[32], schon unter den spinatartig zu genießenden Gemüsen aufgeführt, gibt einen sehr zuträglichen Salat.
Rapunzeln[33], mit ihren Wurzelknollen ausgezogen, von den äußeren härteren Blättern gereinigt, geben, Blatt und Wurzel zusammen, einen sehr leckerhaften Salat.
Löffelkraut[34], welches auch im Winter unter dem Schnee sich erhält; ein vortreffliches, gesundes, aber stark bitteres Salatkraut. Man mische dasselbe im Winter mit aufgeschnittenen Beten.
Die Kolben einer Varietät des Fenchels werden in Italien im Salat und zum Nachtische verspeist.
Pimpernelle oder Bibernell[35]; ihre Blätter gehören in einen gemischten Salat.
Borasch[36], zerschnitten, mit Essig und Öl, als Beilage zum Gesottenen.
Löwenzahn, junge Sprossen von allerlei Garten- und Feldpflanzen, sind vorzüglich im Frühling genießbar.
Zu allerlei aus gekochten, rohen, eingemachten Kräutern und

Wurzeln mit Fleisch und Fisch und Gesalzenem gemischtem Salate wird man sich selbst die beste Anweisung geben können. Der sogenannte italienische Salat, der Herings- und Sardellensalat und solcher Mischungen mehr sind in Deutschland zur Genüge bekannt.

Schwammgewächse Allen eßbaren Schwammgewächsen steht billig die Trüffel voran. Sie ist, wie niemand in Zweifel stellt, die erste Zierde reichbesetzter Tafeln. Doch sind nicht alle Trüffeln gleich wohlriechend und schmackhaft; aus der Landschaft Périgord und aus dem Tale der Etsch, gegen Trient hin, bezieht man die leckerhaftesten. Auch kommt es darauf an, daß die Trüffel ihre völlige Reife erlangt habe, doch dabei nicht überzeitig sei. Angefaulte Trüffeln muß man wegwerfen, sollte auch noch etwas Gesundes daran sein.

Die Trüffeln werden insgemein in siedendem Weine von der anklebenden Erde befreit. Einige schälen die Trüffel; allein der beste Geschmack ist gerade in ihrer etwas holzigen Schale enthalten.

Trüffeln in einer Mischung von Wein und Fleischbrühe mit ganzen Pfefferkörnern abgesotten, reinlich herausgenommen, auf einem Tuch angerichtet und mit frischer Butter zum Eingange gegeben.

Trüffeln, auf italienisch, fein gehobelt mit etwas Öl, Salz, Pfeffer, auf einem Teller erhitzt, zuletzt Zitronensaft darüber gedrückt; auch wohl mit Parmesankäse bestreut. Dasselbe auf abgebackenen Brotschnittchen angerichtet.

Was die Trüffel, als Würze betrachtet, in Tunken, in Pasteten, in Füllungen leiste, weiß nunmehr die ganze gesittete Welt. Denn seitdem man erkannt hat, daß Mahlzeiten auf die Stimmung des menschlichen Herzens einen entscheidenden Einfluß ausüben, mithin von köstlichen Mahlzeiten in öffentlichen Sendungen häufig Gebrauch macht, ist die Diplomatie eine wahre Propaganda alles Schmackhaften, Leckeren und Seltenen geworden, so daß man kaum mehr für einen rechten Gesandten hält, wer nichts versteht, als seinem Herrn redlich zu dienen. Leider ist aber hierdurch jenes zweideutige Gebilde der Natur an der Quelle selbst verteuert worden, was denn manchen stillen Verehrer des Schönen und Anmutigen jeglicher Art seinen Genuß verkürzen mag.

Eine kleine Art von Holzschwämmen, die Prunjoli, ist mir nur in Italien vorgekommen. Diese Schwämme weichen den Trüffeln weder an Wohlgeruch noch an würzender Kraft, sind aber lange nicht so fleischig. Man gibt sie in Gehäckseln aller Art, z. B. mit etwas animalischem Stoffe vermischt auf gerösteten Brotschnittchen.

Gartenschwämme – Champignons –, welche in künstlichen Beeten erzielt werden oder frei auf Pferdeweiden wachsen, verbinden unter den deutschen Schwammgewächsen das zarteste Fleisch mit der reichlichsten Würze. Aus alten Gartenschwämmen wird vorzüglich von den Engländern eine sehr gewürzte Sülze bereitet, welche deutsche Kochbücher mit der indischen Soya verwechselt haben.

Die eßbaren Schwammgewächse sind übrigens sehr zahlreich und mannigfaltig. Doch ist es leicht, sich zu vergreifen und anstatt eines eßbaren Schwammes einen ganz ähnlichen giftigen zu erfassen. Viele, welche ihr Leben lieben, enthalten sich deshalb der Schwämme ohne einige Ausnahme.

Wir besitzen vortreffliche Schriften über die Schwammgewächse überhaupt und insbesondere, aus denen Hauswirte und Köche manche Kenntnis schöpfen könnten. Doch gefällt sich die Natur, auch in den scheinbar gleichartigen Bildungen bald ein unheilbares Gift, bald eine bezaubernde Würze hervorzubringen. Zur Giftprobe der Schwämme wird vorgeschlagen und in Anwendung gesetzt: Zwiebeln, Eintauchen silberner Löffel und anderes. Einige glauben die Heilsamkeit der Schwämme am Geruche zu unterscheiden.

Elftes Kapitel

Von würzenden Samen, Rinden, Wurzeln, Blättern, welche man im gedörrten Zustande zu verwenden pflegt; auch von gewürzhaften Sülzen

Die einheimischen Würzen dieser Art bestehen zunächst in den getrockneten und verpulverten Blättern des Majorans und Thymians, welche man gar wohl mit anderen Blattgewürzen vermehren könnte. Ferner aus dem herben Kümmel[1], dessen bessere Art vorzüglich in Malta angebaut wird, dem Koriander[2] und dem Anis[3], welcher im südlichen Europa gleich einer Frucht unreif genossen wird. Viele deutsche Völkerschaften haben sich an den Gebrauch dieser Samen gewöhnt. Der herbe Kümmel ist, eben wie die Beere des Wacholderstrauches, in vielen Fällen anwendbar, in denen es auf einen derben, robusten Geschmack abgesehen ist. So gibt der Kümmel den gesottenen Krebsen einen sehr passenden Beigeschmack; die Wacholderbeere aber paßt in ein Salmi von kleinen Zugvögeln.

Frische und getrocknete Lorbeerblätter sind von alters her in Gebrauch; die Alten bedienten sich auch der Beeren der Myrte, welche neuerlich in Vergessenheit geraten sind. Vom Senf[4] enthalte ich mich zu reden, weil er so allgemein bekannt ist.

Zahlreicher sind die außereuropäischen, meist tropischen Gewürze. Unter diesen hat der Pfeffer die allgemeinste Brauchbarkeit. Es gibt, wie jede Hausmagd weiß, einen schwarzen und weißen Pfeffer, die im Geschmacke nur wenig unter sich abweichen.

Spanischen Pfeffer nennt man eine Schotenfrucht[5], welche dem Pfeffer im Geschmack ähnelt, aber jedes andere Gewürz in erwärmender und entzündlicher Wirkung übertrifft. Aus einer Varietät[6] dieser Frucht wird der in neuern Zeiten so beliebte Cayennepfeffer bereitet. Diese Würze ist die Nothilfe einer durch feuchte Hitze geschwächten Verdauung und ward zuerst in den Sümpfen von Guayana allgemein gebräuchlich. Wie übel aber die seefahrenden Völker daran getan, die Lebensweise der beiden Indien nach Europa zu verpflanzen, sieht man aus der Menge der Schwindsüchtigen und Leberkranken, welche England und einige Seestädte des Kontinents alljährlich in das südliche Europa senden, und aus der Beflissenheit der englischen Ärzte unserer Tage, ihren Schwindsüchtigen die möglich beste Sterbestätte auszuspähen.

Eine minder erhitzende Varietät des spanischen Pfeffers, welche auch in Europa an geschützten Orten gezogen wird, dient grün, um allerlei Eingemachtes zu würzen. Bei Essiggurken z. B. erhöhen einige sparsam hinzugelegte noch grüne Schoten den Wohlgeschmack, wohl ohne sehr nachteilig auf das Blut zu wirken. Doch davon, wie es in Italien und England Sitte ist, ganze Töpfe voll unter Essig legen, wie dort, zwei bis drei dieser Schoten als Beigabe zu einer Fleischbrühe verzehren, kann unmöglich zuträglich sein.

Einige Italiener verfälschen den Wein mit diesem Gewürze.

Gleich sehr erhitzend ist der Ingwer[7], welcher durch eine jener Wandelbarkeiten des Menschengeschlechts, welche dem Geschichtsforscher ein ewiges Rätsel sind, in ganz neuer Zeit fast außer Gebrauch gekommen ist. Kaum wüßte ich in der Kochkunst eine Stelle anzugeben, wo der Ingwer an seinem Platze wäre. In einzelnen Fällen bediente ich mich der etwas mildern Cardamome; z. B. in der Pastete von Gänselebern. Von frischem Ingwer macht man in Ostindien ein geschätztes, zum Trinken anreizendes Konfekt.

Die Gewürznelke ist etwas milder als der Pfeffer, neigt sich aber zum Süßlichen, weshalb sie nicht zu allen Speisen gesetzt werden sollte, wie es der eingerissene Mißbrauch herbeiführt. Bei vorsichtigem und vermischtem Gebrauche wirkt die Gewürznelke sehr fein und günstig.
Der Nelkenpfeffer ist weniger süßlich, und eben deshalb von allgemeinerer Brauchbarkeit, als die echte Gewürznelke.
Zimt[8] und Vanille binden sich mit süßen Speisen, etwa wie die Schale der Orange und Zitrone, welche letzte in Deutschland nur zu oft auch in salzigen, saueren oder starken Speisen verwendet werden. Indessen gibt der Zimt auch einigen gesalzenen Gerichten einen beifälligen Ton; z.B. dem Pillaw, der Polenta, der Schülienne.
Pistaciennüsse, Pinienkerne und Mandeln verlieren sich immer mehr aus den europäischen Küchen. Sie machen süße Speisen schwer und unverdaulich, und werden in den Cremes und Gallerten in Beziehung auf Geschmack und Farbe durch andere mehlige Früchte ersetzt. Vielen Personen ist das abschmekkende Öl jener würzenden Kerne in der Seele zuwider. Tamarinden werden im Orient häufig, in Europa gar nicht verbraucht.
Die Eroberung von Indien durch die Engländer führte bei den letzten manches indische Gericht ein, und bei vermehrtem Verbrauch aller hitzigen Gewürze auch jene kräftigen Sülzen von allerlei Seetieren, die unsern Leckermäulern unter dem allgemeinen Namen der Soya bekannt sind. Die chinesisch-japanische Soya wird aus vegetabilischen Substanzen bereitet, welche gemalzt, gemahlen und in Gärung gebracht worden. Worüber der gelehrte Beckmann.
In Tunkin salzt man Krebse und kleine Fische in Steinkrügen locker ein und läßt sie wohlbedeckt eine Zeitlang stehn, bis daraus ein Brei geworden. Diese übelriechende Sülze hat einen angenehmen Geschmack und dient den verindeten Europäern zur Grundlage ihrer Soya.
Zu Batavia und in der Kapstadt fügen die molukkischen Malayen, nach Forster, eine ihm unbekannte Art kleiner Fische gesalzen und zu Brei gerührt als Würze zu allen ihren Speisen. Zu

dieser Sülze, welche sie Adschiar nennen, setzen sie Gewürze und wahrscheinlich auch Knoblauch.

Von der Tellmuschel[9] wird in Ostindien und besonders auf Amboina die bekannte Sülze Bakassan bereitet. Nach Rumphius[10], der die Bereitungsart umständlich beschreibt, gibt es eine weiße und schwarze; die letztere macht man aus dem schwarzen Fette mit Gewürzen, die erstere aus dem Fleische selbst mit Essig und vielem Gewürz. Ich wage nicht zu entscheiden, welche dieser Sülzen von den Engländern vorzugsweise in Europa eingeführt wird. Gewiß verwechseln viele ihren Ketsup, der von gesalzenen Gartenschwämmen und Gewürzen bereitet wird, mit der ostindischen Soya.

Diese Sülzen sind höchstwahrscheinlich in Ostindien uralt, und wir dürfen, nach allen Analogien, annehmen, daß Griechen und Römer ihr garum oder liquamen den indischen Sülzen nachgeahmt haben. Was hindert uns wohl, wenn nicht die Faulheit, dieses lähmende Prinzip unserer scheinbar geschäftigen Zeit, unsere Soya selbst zu machen und das köstliche Garum sociorum von neuem wie in der Römerzeit an der Meerenge von Gades zu bereiten! Wahrlich, wenn irgendein betriebsamer Engländer die Zusammensetzung der köstlichsten aller Sülzen je wieder erfinden sollte, so wäre das Geheimnis gelöst und die welthistorische Bestimmung klar, um derentwillen Gibraltar von den Briten besetzt und von Elliot glorwürdig verteidigt worden. Denn von den frugalen, industrieledigen Spaniern ist es nicht zu erwarten, daß sie die leckerhafte Welt je, wenn auch nur mit dem geringsten aller Gerichte bereichern sollten.

Zwölftes Kapitel
Vom Zucker, vom Obst und allen Süßigkeiten

Hier wäre wohl nun der Ort, vom Alter und von der Verbreitung des Rohrzuckers zu reden. Aber gerade in diesem Stücke darf ich auf Bengt Bergius[1] verweisen, der, als ein echter Schwede, die Hälfte seines gehaltreichen Buches mit Betrachtungen über den Rohrzucker angefüllt hat. Neuere Surrogate, von denen er noch nichts ahnte, sind, obgleich durch das Kontinentalsystem welthistorisch, doch in Beziehung auf die Küche zu unbedeutend, um an diesem Orte mehr als eine gelegentliche Erwähnung in Anspruch zu nehmen. Der Honig aber, welcher freilich in der Kochkunst nicht so allgemein anwendbar ist, als der einfach süße Rohrzucker, wird in den neueren Zeiten zu sehr vernachlässigt. Seine gewürzhafte, gemischte Süßigkeit erreicht in den edleren Arten südlichen Berghonigs einen bezaubernden Wohlgeschmack und wirkt in manchen Mischungen, z. B. in dem berühmten Pfefferbrote von Siena, unstreitig viel besser, als der feinste Rohrzucker. Daß man nun gar im Norden die häusliche Bereitung des Honigweines oder des Metes ganz aufgegeben hat, ist sehr zu bedauern; denn ein solches Getränk möchte doch den künstlichen Weinen vorzuziehen sein, deren häufiger Gebrauch die Zähne und die Verdauung verdirbt, ja das Nervensystem von Grund aus erschüttert.

Auf der andern Seite bindet sich der Rohrzucker ungleich besser, als der etwas harzige Honig, mit Mehlspeisen aller Art, mit Milch und Eiergerichten, Cremes, Schnee und was desgleichen mehr ist. In diesem Teile der Kochkunst mußten uns eben daher die Römer und Griechen sehr weit nachstehen.

Der Zucker bindet sich auch mit der Säure des Obstes aller Gat-

tungen und Arten ungleich besser als der Honig. Wir haben daher auch weit besseres Eingemachtes von Früchten, als bei den Alten vorausgesetzt werden kann.
Alle Bereitungen des Obstes für eine längere Aufbewahrung gehören, wie die ganze so sehr vervielfältigte Verarbeitung der süßen Speisen, großenteils der sogenannten Konditorei an. Ich darf sie daher übergehen.
Ich erinnere nur daran, daß Obst, welches sich erhalten soll, bei trockenem Wetter abgenommen werden muß. Kernobst, welches man im Ofen trocknen oder in Zucker einsieden will, muß vorher mürbe oder eßbar geworden sein.
Im Süden war die Kunst, trockene Konserven zu machen, ehedem sehr ausgebreitet. Man vertauschte gegenseitig die Früchte, welche an diesem oder jenem Ort am leckerhaftesten ausreiften. Ein ineressantes Verzeichnis davon im Guzman[2]. In diesem Fach arbeiten die Franzosen gegenwärtig am besten. Doch sind die trockenen Früchte und Fruchtgallerte aus der Havana noch immer vortrefflich.

Schluß-Kapitel
Von der Erziehung zum Kochen

Die Erziehung zum Kochen findet also, wie unser Werk hinreichend ins Licht setzt, in Beziehung auf die Kochkunst selbst, ganz und gar keine Schwierigkeit. Nichts ist wohl leichter, als die Auffassung des Grundsatzes: »entwickle aus jedem eßbaren Dinge, was dessen natürlicher Beschaffenheit am meisten angemessen ist«. Auch enthält kein Fach des menschlichen Wissens und Treibens mehr Verwandtschaften und Anreihungen, als gerade die Kochkunst, in der man so leicht, nach wenig Erfahrungen, vom Einen auf das Andere fortschließen kann. Die Schwierigkeit liegt also nicht in der Kunst selbst, sondern in der Fähigkeit oder vielmehr in der Unfähigkeit der Menschen, welche sie zu erlernen bemüht sind.

Viele Jünglinge und Jungfrauen, welche unserm Kunstfache sich widmen wollen, bringen nicht immer eine rechte Lust und Liebe hinzu, und denken sogleich auf das an sich selbst ganz achtbare liebe Brot, während sie vorerst nur um die Kunst bemüht sein sollten, welche, einmal erlernt, das Brot schon hervorbringen wird, wie der Baum die Frucht. Nun wird man's in keiner Sache jemals zu etwas Genüglichem bringen, wenn es von Haus aus an rechter Lust zur Sache gefehlt hat.

Andere, denen eine gar zu knechtische Verehrung des Meisters eingeprägt worden, verlieren sich in unnützen Weitläufigkeiten und Pedantereien der längst veralteten Kochmanieren und verhärten sich gegen alle bessere Einsicht, gegen alle fernere Entwickelung durch eigene Erfahrung und eigenes Nachdenken. Ich habe in der Tat junge Köche tagelang sich in der Kunst üben sehen, das Salz mit guter Manier an die Speisen zu streuen. Zweifle aber, ob sie den Brei deshalb weniger werden versalzen haben.

Dann kommen endlich die rechten wahren Pilz- und Schwammgewächse unserer Zeit: die Vorwitzigen, Frühalten, Gleichklugen. Mit diesen ist nun ganz und gar nichts anzufangen. Von dem Lebensalter, in welchem ich noch munter Schüsseln und Näpfe aufwusch, Spinat verlas und andere notwendige Elementarübungen vornahm, ist heutzutage schon gar kein Küchenjunge mehr aufzutreiben. Ohne vorerst an Reinlichkeit und Ordnung von Grund aus gewöhnt zu sein, ohne durch fleißiges Zusehen und Hören die Grundbegriffe recht gefaßt zu haben, will der Küchenjüngling heutzutage schon ins Handwerk pfuschen, dem Meister vorgreifen. Das ist nun auch durchaus nicht mehr zu ertragen. Die Natur hat sich umgewendet, und die Geschichte geht rückwärts.

Den Köchinnen fehlt es vollends an aller Gründlichkeit der Bildung. Putz- und Modesucht, verliebte Narrheiten und mehr

desgleichen lassen gar keinen rechten Zusammenhang der Begriffe in ihnen aufkommen. Insgemein treiben sie heutzutage ihr Geschäft mit Unlust. Doch sind sie deshalb nur um so eigensinniger und lassen sich durch nichts aus ihrer gewohnten Bahn bringen. Vergebens habe ich viele hundert deutsche Köchinnen zum Besseren zu leiten versucht. Was ich auch sagen und durch Beispiele belegen mochte, so sah doch jede deutsche Frauenküche, in die ich morgens hineinlugte, jederzeit aus wie ein Waschhaus. Hier ein Napf voll Küchenkräuter, die im Wasser schwammen, dort flutete der künftige Salat; hier laugte das Suppenfleisch, dort der Braten und Fisch in kaltem oder gar in lauem Wasser. Hierin jedoch bewundere ich die geschlechtsfreie Macht deutscher Pedanterei; stände es nur ebenso sicher um die altherkömmliche deutsche Redlichkeit. In diesem Stück aber glauben die Köchinnen sich alles Herkommens entraten zu dürfen. Prellerei im Einkauf ist leider an der Tagesordnung, seitdem die Hausfrauen zu faul, zu unwissend, zu sentimental geworden sind, um Vorräte anzulegen; seitdem mithin für jeden Tag des Jahres Auslagen zu machen sind, bei denen die Köchinnen selten sich selbst vergessen. Da nun in bürgerlichen Haushaltungen nicht selten bei vieler Unordnung eine große Knickerei vorhanden ist, so ergeben sich da jene artigen Szenen und häuslichen Kämpfe, welche in den deutschen Städten eine unausgesetzte Völkerwanderung der Mägde veranlassen.
Diesen schroffen Zügen und grellen Farben könnte ich manches schöne Bild friedlicher, resignierter Häuslichkeit gegenüberstellen. Treffliche Dienerinnen, gute Hausfrauen sind auch mir erschienen, wie hoffentlich einem jeden, der diese Zeilen liest. Wollte man nun gar sich dahin verstehen, die Köchinnen nach Verdienst zu bezahlen und sie mit mehr Gerechtigkeit oder weniger Launenhaftigkeit zu behandeln, so würden der vortrefflichen Dienerinnen noch gar viel mehr sein. Allein es richten sich nur noch wenige Herrschaften nach den Ermahnungen des mehrerwähnten Rumpolts[1], welcher also anhebt:
»Er – der Obere – soll ihnen – den Untergebenen – zu gebieten haben, sich mit ihnen auch freundlich und gütlich betragen können. Seine Gebote und Befehle sollen nicht mit stolzen, auf-

geblasenen, hochtrabenden und unbescheidenen, ungestümen Worten, Schelten, Schnarchen und Poltern, sondern mit aller Lindigkeit, Sanftmütigkeit, Freundlichkeit und Bescheidenheit geschehen, also daß sein Hausbefehl, Anordnen und Anschaffen mehr für ein freundliches Bitten und Begehren, denn für einen harten Befehl gehalten werde. Mit viel ungestümem Schreien, Poltern und Schmähen richtet man wenig aus, vielmehr wird das Gesinde dadurch verwirrter, halsstarriger und unwilliger.«

Wer nun der Kochkunst sich widmen soll, der werde frühzeitig an Ordnung, Reinlichkeit und Pünktlichkeit gewöhnt. Man verbiete ihm Romane zu lesen; will er seinen Geist bilden, so treibe er Naturwissenschaften, Geschichte, Mathematik; sie werden seinen Verstand üben, sein Gedächtnis stärken, ihm endlich in der Kochkunst anwendbare Kenntnisse zuführen. Übrigens lese er mein Buch und nichts als mein Buch.

Drittes Buch
Vom Essen

Erstes Kapitel
Von der Erziehung zum Essen

Es ist nicht genug, die Bereitung der Speisen auf Grundsätze zurückgeführt, die Anwendung dieser Grundsätze durch Beispiele erläutert zu haben. Vielmehr wäre die gesamte Kochkunst nur eine unnütze Vorrichtung, wenn sie den Zweck nicht erfüllen würde, ein gesundes Lebensgefühl zu erhöhen und dauernd zu erhalten. Dieses jedoch kann nur durch ein verständiges Essen erreicht werden, welches zwar auf den ersten Blick eine bloße Naturgabe zu sein scheint, doch in der Tat eine größere Kunst ist und mehr Bildung voraussetzt, als man wohl denken möchte.

Man versetze sich nur einmal unter die Wilden entfernter Weltgegenden, oder an den Tisch eines Hausvaters, der seine Kinder, wie's so oft geschieht, gleich den Bestien aufwachsen läßt: um kennenzulernen, daß es dem Menschen nicht von Natur gegeben ist, reinlich, bescheiden und ruhig zu essen, wie es gesellige Mahlzeiten, ja wie es die Gesundheit des Essenden selbst erheischt.

Allein bei den Nationen, welche die sogenannte äußere Bildung noch nicht gänzlich hintangesetzt haben, sind in gar kurzer Zeit drei verschiedene Arten der Erziehung zum Essen einander nachgefolgt; allen ging die altväterische voran, welche bei vielem Guten doch insofern fehlerhaft war, als ihre Bildungsweise nicht sowohl die natürliche Entwickelung beförderte, als vielmehr der Natur künstliche Schranken anwies.

Ein Künstler, der diese Epoche durchlebte und sie noch anschaulich im Gedächtnis hat, stellt in dem beigelegten Kupferblatte[1] ein solches altväterisches Haus dar, in welchem die Dame das Wort führt, der Hausvater aber gleichsam als exekutive Gewalt die Gesetze und Machtsprüche seiner Gattin durch Haltung und Blick unterstützt; in welchem alle Unart der frühalten Kinder unter den Tisch sich geflüchtet hat. Die Dienerschaft ist, wie sich's versteht, noch um einige Grade verschüchterter. – In einem solchen Hause würde man auch nach der Trommel auftragen, vorschneiden und essen können, ohne die Schüsseln zu zerbrechen, sich in die Finger zu schneiden oder das Maul zu verbrennen. Allein das ist doch nicht die wahre, aus der Natur hervorgehende, in sie verwachsene Bildung. Man setze nur den Fall, daß die Dame des Hauses an der Zunge, der Herr am rechten Arm erlahme, so wird sich alsbald jene erfreuliche Ordnung auflösen; Kinder und Dienerschaft werden vielleicht noch unter den rohesten Naturzustand zurücksinken, wenn Verwandte und Nachbarn nicht etwa dem verwaisten Hause vorstehen wollen.

Doch ward durch den Einfluß des Zeitgeistes jene steife Form der Erziehung in den vorletzten Jahrzehnten allmählich verdrängt. Und da man in allen Dingen geneigt ist, von einem Äußersten zum anderen überzugehen, so beeilte man sich auch nur um so mehr, das Kindergeschlecht zu emanzipieren, als man es bis dahin zu sehr bedrückt, beschränkt und gebunden hatte. Es ist ein Zug schöner Menschlichkeit, auch den Kindern Rechte einzuräumen; nur hätte man dabei nicht vergessen sollen, ihnen ihre Pflichten nur um so mehr einzuschärfen. Denn niemand bedarf eines deutlicheren Rechtsbegriffs, als gerade der aus dem Zwang Entlassene.

Diese Pflichten der essenden Jugend finde ich nun in einem alten Buche[2] auf folgende Weise ausgesprochen:

Wie ein Knabe zum Tische sich anschicken und denselben bereiten soll. »Ehe du zu Tische sitzest, so bereite und ordne vorhin alle Dinge; nämlich Wasser, Wein, Bier usw., wasche und säubere die Trinkgeschirre, lege das Tischtuch auf, desgleichen Messer, Salzfaß, Teller, Löffel, Brot, welches du, wo es verbrannt wäre und Asche, Kohlen oder etwas Unsauberes an sich hätte, fein beschneiden und auf die Teller teilen sollt.

»Mit solcher Ordnung hebe den Tisch wiederum ab, so man gegessen hat; erstlich die Teller usw., letztlich das Tischtuch, welches du in ein gewöhnlich Körblein ausschütten sollt, und, so

was Gutes vorhanden, es herauslesen, damit es entweder Menschen oder Vieh zu gut komme und nicht verderbe.
»Ehe sich die Gäste zu Tisch setzen, sollt du mit gefalteten Händen fein langsam und mit klarer Stimme das benedicite sprechen, nämlich: das *Aller Augen, Vater unser* und Herre Gott himmlischer Vater usw., wie solches Alles in D. Lutheri Katechismo fein beschrieben steht.«

Wie ein Knab, wenn er zu Tisch dienet, sich verhalten soll. »Erstlich sollt du aufrecht stehen, und mit zusammengefügten Füßen sorgfältiglich aufmerken, damit nichts mangele, abgehe oder gebreche, es sei an Brot, Tellern, Löffeln, Salz oder andern Stücken. Und, so du einschenkest, oder darreichst oder aufsetzest, tu' dasselbige vernünftig, bescheidentlich, langsam, damit du nichts verschüttest.
»Unterrede denen nicht, die da miteinander reden; darfst auch nicht eben mit aufgesperrtem Maule auf die Worte Achtung haben; denn es geht dir darum doch nichts ab, wenn du es schon nicht weißt. Hab' hingegen allein deiner Sachen acht, und laß dich davon nicht abwenden, vielmehr tue, was dir befohlen ist, und meide die Dinge, welche dich nichts angehen.
»Wenn du aber gefragt wirst, so antworte kurz. Bei Nacht aber putze das Licht mit guter Art, und sieh fleißig zu, daß du mit dem Gestanke der Lichtputze niemand beleidigest, auch verhüte, daß du das Licht nicht gar auslöschest. Von dem aber, welches man aufhebt oder aufbehalten soll, nasche du nichts, stecke auch nichts zu dir, wie etliche Tellerlecker zu Hofe im Brauch haben, denn dasselbige stehet übel und bringet endlich böse Frucht.
»Wenn man nu gegessen hat, und alles aufgehoben ist, soll man auch des Gebetes und der Danksagung nicht vergessen.«

Wie ein Knab sich verhalten soll, wenn er mit zu Tische sitzt.
»So du selbst mit zu Tische sitzest, so halte dich in Sitten nach dieser Ordnung. Zuallerletzt schneide deine Nägel ab, daß sie nicht scheinen, als ob sie mit Sammet verbrämet wären, wasche die Hände und setze dich züchtig nieder. Sitze aufrecht, und sei

nicht der erste, in die Schüssel zu langen. Schlürfe die Speise, etwa die Suppe, nicht hinein, wie ein Schwein; blase die Kost auch nicht, daß es allenthalben umher spritze. Schnaube nicht, wie ein Igel; trink' auch nicht zum ersten; sei mäßig und meide die Trunkenheit. Trink' und iß so viel, als dir not ist; darüber getan, gebieret Krankheit. Wenn nun jedermann in die Schüssel gegriffen hat, so greife zuletzt auch hinein.

»Deine Hände müssen nicht lange auf dem Teller liegen. Schlenkere auch nicht mit den Füßen hin und her unter dem Tische, wie ein Leinweber.

»So du trinkest, säubere die Lefzen nicht mit der Hand, sondern mit einem Tüchlein. Trinke auch nicht, weilend du die Speise noch im Munde hast. Das Angebissene tunke nicht wieder in die Schüssel. Lecke die Finger nicht ab, auch benage kein Bein, sondern schneide mit dem Messer davon, was du essen willt.

»Stöchere die Zähne nicht mit dem Messer, sondern mit dem Zahnstocher oder Federkiel; denn von dem Messer rosten die Zähne, wie das Eisen vom Wasser. Halte jedoch die eine Hand vor den Mund, wenn du solches tust. Das Brot schneide nicht vor der Brust. Iß, was zunächst vor dir liegt, und greife nicht an einen andern Ort; drehe auch die Schüssel nicht herum, daß vor dir komme, was dir gefällig ist.

»So du Fleisch willt vorlegen, oder Fisch, so tue es mit dem Messer und nicht mit den Fingern, wie heutigen Tages etliche Nationen gewohnt sind.

»Schmatze nicht wie eine Sau über dem Essen. Dieweil du issest, kratze dein Haupt nicht. Fege auch nicht an der Nase.

»Du sollst auch nicht zugleich essen und reden, denn solches ist bäuerisch.

»Oft niesen, sich schneuzen und Husten stehet nicht wohl an.

»Wenn du ein Ei issest, so schneide zuvor das Brot. Mache die Brocken nicht zu groß oder lang. Sieh darauf, daß dir nichts daneben abrinne, und iß es bald. Die Eierschalen zerbrich nicht; lege sie wieder in die Schüssel, und während du am Ei issest, trinke nicht darein.

»Mache das Tischtuch oder das Wammes nicht unsauber. Mache auch nicht um deinen Teller von Beinen, Brotrinden und dergleichen eine Schütte herum, wie die Schatzgräber.
»Wirf auch nicht die Beine unter den Tisch, damit von den Hunden kein Scharmützel entstehe, und die Beisitzende darob eine Unlust empfänden. So du gegessen hast, wasche deine Hände und das Angesicht, spüle den Mund aus, und sage Gott für seine väterliche Wohltat Lob und Dank.«
Gewiß sind die mitgeteilten Anforderungen an die Jugend höchst billig, und man hätte daher nur zu diesen oder zu ähnlichen zurückkehren sollen, als man vor einigen Dezennien das eiserne Joch verzerrter Sitten abwarf. Denn, obgleich es nur schaden konnte, die Jugend, wie früherhin geschehen, in eigensinnige, übereinkömmliche Formen zu zwängen, so hätte man deshalb doch keineswegs aller vernünftigen und naturgemäßen Zucht und Ordnung entsagen sollen. Wie oft wurden nicht in unsern Tagen die Eltern selbst das erste Opfer der bezeichneten Umwälzung; wie häufig sieht man nicht die Mütter zu einer höchst unwürdigen Knechtschaft unter ihre Töchter herabsinken, welche diese sicher weder besser noch glückseliger macht.
Eben mein Künstler hat im Gegensatze zu seinem ersten Bilde versucht, eine nach jüngster Art ausgelöste Haus- und Tischordnung darzustellen. Die Hausfrau, wahrscheinlich eine Schriftstellerin, durchliest, wenn ich nicht irre, einen Korrekturbogen, und vergißt allem Anschein nach über solchen idealischen Dingen die Realität des täglichen Brotes. Der Gatte hingegen scheint nur auf die schnell möglichste Befriedigung seines Heißhungers Bedacht zu nehmen. Ungekämmte, nur halbgewaschene Kinder nagen an den Knochen, stoßen die Näpfe und Schüsseln über den Haufen und besudeln sich selbst und andere.
Unsere heutige Schule – wenn man so nennen darf, was bis jetzt nur eine Richtung war – setzte sich vielleicht ein zu hohes Ideal; denn sie müht sich bis jetzt vergeblich, dasselbe zu verwirklichen. Wir enthalten uns, in einem Bilde darstellen zu wollen, was bis jetzt noch nicht gewesen ist. Sollte man aber überall in

Worten ausdrücken können, was sie Hohes bestrebt, so möchte es folgendes sein:

Es wird den Kindern erlaubt werden, zu sagen, uns hungert, uns durstet; wir bedürfen dieser oder jener Speise, dieses oder jenes Trankes. Die Eltern aber reservieren sich die Bewilligung; ohne Erlaubnis darf keines der Kindlein in die Schüssel langen.

Ferner wird den Kindern aufgelegt, sich zu kämmen, zu waschen, sich ordentlich zuzuknöpfen. Dahingegen gestatten die Eltern, daß sie frei und zutraulich ins Zimmer treten, ihren Platz unaufgefordert einnehmen.

Endlich wird es den Kindern freigestellt, ob sie vor Tische beten wollen oder nicht. Reden dürfen sie während der Mahlzeit, was und so viel sie wollen; nur muß es den Eltern nicht beschwerlich fallen.

Es muß klar in die Augen fallen, daß die neue Schule darauf hinarbeitet, alle Teile zufrieden zu stellen. Auf der andern Seite muß es jedoch einleuchten, daß eben dieses Bestreben in der Anwendung vieler Hindernisse antrifft. Es kann z.B. dem Kinde einfallen, von einer Schüssel zu begehren, welche der Vater sich vorbehalten hat, die er mithin nicht ohne Mißbehagen weder abschlagen, noch bewilligen wird.

Sollte man nun auf gedachter Richtung beharren und nicht vielmehr auf das Frühergewohnte zurückkommen wollen, was zu befürchten wäre, weil der Mensch aus natürlicher Trägheit das Schwierige aufzugeben geneigt ist, so würde alles darauf ankommen, allen Teilen neben ihren Rechten auch ihre Pflichten recht begreiflich zu machen. Dann würde es auch zur Sache tun, ihnen ein gewisses Gefühl der Billigkeit einzuflößen, was sie selbst unbewußt darauf hinleiten könnte, solche Dinge nicht zu begehren, welche dem Gewährenden ein zu großes Opfer kosten. Die Eltern müssen freilich den Kindern, die immer einen guten Appetit zu haben pflegen, eine gesunde und reichliche Kost nicht vorenthalten, weder aus einem allgemeinen Geize, noch weil sie etwa selbst ihre Lüsternheit auf das Begehrte gerichtet hatten. Dahingegen müssen die Kinder frühzeitig sich daran gewöhnen, daß ältere Personen etwas vor ihnen voraus haben.

Was aber den Anstand in solchen Handlungen betrifft, die zugleich mit dem Essen vorzugehen pflegen, so muß man suchen, verständige Kinder davon zu überzeugen, daß eine wohlanständige Haltung des Leibes, Reinlichkeit, ruhiges Essen und langsames Kauen sie selbst ehrt und auszeichnet; daß ferner bei einem geräuschvollen, zwecklosen Plaudern nichts herauskommt; daß Schwatzen Manier ist oder bewußtlose Gewöhnung an eine bestimmte Leibesbewegung, indem der Mensch im Naturstande lieber schweigt als redet, und im gebildeten nur gerade soviel spricht, als nötig ist. Mit unverständigen Kindern ist überhaupt nicht viel anzufangen, man muß sie durch sinnliche Strafen zu bessern suchen.
Vieles kommt darauf an, daß man die Kinder frühzeitig in den Gebrauch der Speisewerkzeuge, der Gabel, des Messers, der Löffel unterweise. Auch hierin gibt es verschiedene Manieren. Die Engländer z. B. legen das Messer zur Rechten und die Gabel zur Linken, und führen die Bissen, die sie mit der Rechten geschnitten haben, mit der Linken zu Munde. Diese Methode vereinfacht die Verrichtung, weshalb sie den Völkern des Kontinents zu empfehlen ist, welche meist das Messer aus der Rechten legen, wenn sie einen Bissen geschnitten haben, um damit die Gabel zu erfassen und mit dieser endlich den Bissen zu Munde zu führen. In Bayern pflegt man den Löffel, nachdem die Suppe gegessen worden, säuberlich abzulecken und neben sich hinzulegen, weil man besorgt, die Tunke der nachfolgenden Speisen einzubüßen. Aus demselben Grunde legen die geldreicheren Holländer sechs bis acht silberne Löffel neben jegliches Gedecke. Die Speisen sollten freilich nie in der Tunke schwimmen, wie in der oberdeutschen Volksküche meist der Fall ist; eine Tunke, die hinreichend gebunden ist, legt sich den einzelnen Bissen bequem an; was etwa übrigbliebe, läßt sich mit Brotschnittchen aufnehmen.
Wie leicht wäre es nicht, die aufblühende Jugend zu jener vereinfachten englischen Methode anzuleiten und sie des Ablekkens der Löffel, des Schwatzens, des Schmatzens und ähnlicher Manieren zu entwöhnen.

Zweites Kapitel
Von der Einfachheit oder Vielfältigkeit der Speisen

Die Meinungen der Alten sind darüber geteilt, ob einfache oder gemischte Nahrung dem Menschen zuträglicher sei. Die Hippokratiker sind für die Einfachheit, Aristoteles aber verteidigt die Vielfältigkeit. Gegen diese nahm man aus der ungleichen Verdaulichkeit der Nahrungsstoffe den Hauptgrund. Sie träfe indes nur die einzelnen Mahlzeiten und keineswegs den ganzen Jahresumlauf; in Beziehung auf diesen rät selbst Hippokrates, in den Nahrungsstoffen zu wechseln. Es ließe sich übrigens bei einer genaueren Bekanntschaft mit den Eigenschaften der einzelnen Nahrungsmittel, als wir bis jetzt erworben haben, auch eine solche Anordnung der Mahlzeiten denken, welche jedesmal das gleichmäßig Verdauliche vereinigte. Allein, nicht bloß die Eigenschaften der Nahrungsmittel, vielmehr auch die Verdauungsfähigkeit der einzelnen Essenden bedingt die Zuträglichkeit einer Mahlzeit. Es möge daher ein jeder seine Erfahrungen fein im Gedächtnis behalten und nur von solchen Speisen essen, die ihm einzeln oder, in Verbindung mit andern genossen, recht wohl bekommen sind.

Eine Mahlzeit für wenige muß also, nach obiger Erinnerung, aus wenigen, gerade für diese geeigneten Speisen bestehen; ein Gastmahl aber aus vielen, damit ein jeder das Seinige auswählen könne.

Reichlich besetzte, für gesellige Mahlzeiten vorgerichtete Tafeln müssen aber auch aus demselben Grunde teils aus Gerichten bestehen, welche für alle taugen, mithin allen gereicht werden können; teils aus solchen, die man aufsetzt, damit ein jeder nach Gefallen hinzulange. Bei deutschen und überhaupt bei nordi-

schen Schmäusen begeht man häufig den Fehler, alle Schüsseln herumzureichen und dergestalt die Kommensalen zu nötigen, aus Langeweile und Überdruß sich den Magen zu überladen. Einige Muster, nach denen jenes Übel vermieden werden kann, behalte ich mir vor, in dem Kapitel von der Anordnung festlicher Mahlzeiten mitzuteilen. Wenn man diese Beispiele befolgt, so wird man nur auf einzelne Kommensalen treffen, welche die Gefräßigkeit haben, von allem essen zu wollen. Diesen wird man eine Wohltat erzeigen, wenn man jeden Gang, so bald als möglich ist, abträgt, und die Zeit also einteilt, daß selbst ein fleißiger Esser nur etwa von zwei Nebenspeisen genießen kann. Auf solche Weise wird die Ehre des Hauses gerettet, der Eindruck des Überflusses und der Ordnung bewirkt, ohne daß die Gesundheit des Unmäßigen leide oder der Verständige das ängstigende Gefühl habe, als solle er gemästet, oder gar erstickt werden.
Es scheint übrigens, um auf die Hauptsache zurückzukommen, daß die Hippokratiker in der Betrachtung der zusammengesetzten Nahrungsmittel jene chemische Verwandlung aus den Augen verloren haben, von welcher die Köche ein unbestimmtes und dunkles Gefühl besitzen. Nahrungsstoffe, welche auf eine schickliche Weise in einer Speise oder in mehreren aufeinander folgenden verbunden werden, können ihre Auflösung gegenseitig befördern und unterstützen, denn Trockenes und Feuchtes, Fettes und Dürres, Kaltes und Hitziges kommen einander gegenseitig zu Hilfe.
Zudem ist die Ernährung im eigentlichen Sinne nicht der alleinige Zweck des Essens; es kann vielmehr auch die Verdünnung oder Reinigung der Säfte, der Reiz oder die Verminderung des Reizes beim Essen beabsichtigt werden. Diese Wirkungen werden von den gesunderen menschlichen Naturen, eben wie von den edleren Tieren, instinktmäßig in den Speisen aufgesucht oder vermieden, weshalb dieselbe Speise in den verschiedenen Lebensaltern, ja selbst in den verschiedenen Gesundheitsumständen derselben Person, bald gefällt, bald widersteht.
Aber die Vervielfältigung der Nahrungsstoffe hat auch eine weltgeschichtliche Wichtigkeit. Völker, die sich von mancher-

lei ernähren, dürfen ihre Wohnsitze näher zusammendrängen, weil sie der Hungersnot weniger ausgesetzt sind. Verschiedene Körner, Pflanzen und Tiere erfordern auch eine verschiedene Temperatur, einen verschiedenen Boden. Dieselbe Wendung der Jahreszeiten, welche der einen Gattung verderblich wird, kann der anderen förderlich sein. Nicht alle Land- und Himmelsstriche trifft dasselbe Schicksal; glücklich im Notfalle, wenn man auch die Produkte der Fremde zu nutzen weiß.
Eine zu einfache Nahrungsweise hat in China die Bevölkerung in die wasserreichen Reisländer zusammengedrängt. Sie soll dort unermeßlich sein und sich nicht hinreichend ernähren können. Man setze, daß die Vorurteile der Chinesen gestatten, den Anbau des Roggens, der Gerste, des Hafers und der Kartoffel in ihre nördlichen und steinigen Provinzen einzuführen, welche nach den Reisebeschreibern ebenso menschenleer sind, als die großen Flußtäler und Ebenen übervölkert; so wird eine jährliche Kolonisation aus den letzten in die ersten möglich, deren natürliche Grenze sehr weit hinausliegen möchte.
Wir bringen uns nur selten in Erinnerung, was wir, in Beziehung auf die europäische Bildungsfähigkeit, von alten Zeiten her der ackerbauenden und kochkünstlerischen Richtung der Griechen und der Römer[1] verdanken. Die Möglichkeit, eine zahlreiche Volksmenge auch in wenig fruchtbaren Landstrichen zu ernähren, ist eine Erbschaft aus der alten Welt, welche das Mittelalter eine Zeitlang gleich einer wenig beachteten Seltenheit in seinen Klöstern treulich aufbewahrt hatte, um sie späterhin einem neueren, zwar tätigen, aber höchst undankbaren Geschlechte zu übergeben.
Seefahrt und Naturwissenschaft hat uns Allerneuesten noch um vieles bereichert. Allein es liegt eine so weite Kluft von den Grübeleien der Theoretiker zum praktischen Leben, daß nur einiges, wie die Kartoffel, in allen Richtungen sich verbreitet hat.
Demungeachtet ist die Vermehrung und Vervielfältigung der ernährenden Naturstoffe in den letzten Dezennien reißender vorwärts gegangen als der Verbrauch. Wir bedürfen, daß sich die Bevölkerung allenthalben vermehre, daß bessere Gesetze,

bessere Verwaltungen in den Ländern, die das Mittelmeer umgeben, eben wie in den neuen Weltteilen, eine ihrer Ausdehnung angemessene Bevölkerung hervorrufen, welche die Erzeugnisse unseres Fleißes verzehren könne. Oder wir sollten, gleich den Römern und anderen gebildeten Völkern der alten Welt, dahin trachten, eine müßige Bevölkerung, die wir zwar ernähren, aber kaum beschäftigen können, zu großen öffentlichen Werken zu verwenden. Diese werden teils, wie Kanäle und Landstraßen, den öffentlichen Reichtum dauernd vermehren, teils, wie andere Gebäude, den Genuß des Lebens erhöhen. Sollte aber zu solchen Werken das Geld fehlen, wie man behauptet, so fehlt doch das Getreide nicht, um die Arbeiter zu ernähren, und eine Abgabe in dem schwer verkäuflichen Naturstoffe würde gegenwärtig wenig lästig fallen.

Vermöchte man nur, aus einer abstrakten Berechnung nach Summen klingenden oder nur eingebildeten Geldes, sich in die Realität wirklicher Lebensverhältnisse hinüberzudenken, so möchte das überflüssigste aller Übel, das Übel des Überflusses, leicht zu heben sein. Denn es ist in der Tat Reichtum und Überfluß an Kraft zu außerordentlichen Werken, wenn in einem Staate Menschen vorhanden sind, welche durch die Bedürfnisse der Privatpersonen nicht in Anspruch genommen werden, welche aber dennoch ernährt werden können. Nur wo man einen solchen Überfluß wirksamer Menschenkräfte besitzt, kann man Werke anlegen, wie die Wasserleitungen, Brücken und Heerstraßen der Römer, wie das Bewässerungssystem der Lombardei und ähnliches, was seine Entstehung nicht dem Gelde, sondern dem standhaften Willen der Menschen verdankt.

Drittes Kapitel
Von den Bewegungen und Zuständen des Gemütes, die man vermeiden soll, in sich selbst oder in anderen während des Essens anzuregen oder zu unterhalten

Es gibt Gemütsbewegungen, welche ein übermäßiges Austreten der Galle veranlassen; andere, welche die Nerven reizen und schädliche Zusammenziehungen in den Werkzeugen der Verdauung bewirken; es gibt endlich auch Gemütszustände, welche die Tätigkeit eben dieser Organe lähmen.
Folgende Gemütsbewegungen bringen die voranbezeichnete Wirkung hervor:
Erstlich: das Auffahren. Hierzu wird man gereizt, wenn etwas vorgebracht wird, welches unsere Person, unsere Freunde oder gar unsere Meinungen auf eine unerwartete Weise beleidigt. Wer sich auf die Menschen versteht, wird nicht leicht ohne eine Absicht die Persönlichkeit verletzen; absichtlichen Beleidigungen aber sollte man vorzüglich während der Mahlzeit gänzlich entsagen. Personen, die wenig Weltkenntnis und Bequemlichkeit des Umganges haben, verfallen aber gar leicht in absichtslose Beleidigungen. Der Verständige, der sie übersieht, soll es daher mit ihnen nicht so genau nehmen und sich bemeistern,

damit er nicht selbst das Opfer eines nutzlosen Auffahrens werde. Auf der andern Seite ist es leicht, Personen, die etwas dumm sind und den Scharfsinn nicht besitzen, jede Schattierung eines Ausdruckes richtig aufzufassen, auch ohne alle Absicht zu beleidigen. Verständige Kommensalen messen daher ihre Ausdrücke viel strenger ab, wenn sie mit dummen Leuten reden, und hüten sich besonders vor der Ironie, die den Einfältigen meist ganz unverständlich bleibt. Wenn lauter dumme Menschen miteinander speisen, so ist es noch ein Glück, wenn sie auch recht phlegmatischen Temperamentes sind. Wo das Gegenteil stattfindet, wird es nützlich sein, ihnen eine lärmende Tafelmusik zu machen, die ich in allen übrigen Fällen als schädlich und störend verwerfe.

Die Beleidigungen, welche an Freunden verübt werden, pflegen die Menschen meist viel gleichgültiger aufzunehmen als solche, die ihre Person betreffen. Allein man kann hieraus keine Regel abziehen, weil auch in der Freundschaft eine so mannigfaltige Abstufung stattfindet. Es genüge die Bemerkung, daß man besonders sowohl völlig neue als völlig alte oder erprobte Freunde schonen müsse; denn solche, die weder recht neu noch recht abgelegen sind, pflegen uns gleichgültiger zu sein.

Die Beleidigung der Meinungen ist aber eine gar zarte Sache, der man so viel, als immer möglich ist, aus dem Wege gehen muß. Denn es haben die Menschen von ihren Meinungen die allergrößte Meinung; sie halten sie so wert, als ihre eigenen Kinder; ja sie lieben sie nur um so mehr, als sie sich unfähiger fühlen, andere oder neue hervorzubringen.

Unter den Meinungen besteht jedoch dieser Unterschied, daß einige im Laufe des Lebens allmählich in die Seele sich eingeknorpelt haben, während andere in hellen Augenblicken wie Blitze in die Seele gedrungen sind. Den ersten darf man nun und nimmer nicht zu nahe treten; die anderen aber lassen sich noch allenfalls durch Witz und andere leichte Geistesgeschütze wieder herausblitzen und donnern, eben wie sie hineingekommen sind.

Zweitens: der Zorn. Zu diesem wird man durch solche Gespräche gereizt, welche das Auffahren verlängern und unmerk-

lich bis zu einer dauernden Stimmung steigern. Der Zorn also ist nichts anderes als ein verlängertes Auffahren und hat mit diesem denselben Beweggrund. Wenn man daher das Auffahren vermeidet, so geht man auch dem Zorn aus dem Wege. Doch ist es noch Zeit, den Zorn abzuwenden, nachdem das Auffahren stattgefunden hat. Denn gleich wie man bisweilen einer Feuersbrunst vorbeugt, indem man ein Haus niederreißt, so kann man auch das Auffahren bald durch Ruhe und Nachgiebigkeit, bald durch passende Entschuldigungen besänftigen. Alsdann tritt der fürchterliche Zorn nicht weiter ein.
Drittens: der Ärger. Dieser Zustand ist ein unterdrückter Zorn und entspringt wiederum aus denselben Beweggründen als die schon genannten. Es kommt hier nur dieses hinzu, daß der Zornige entweder aus Übermaß des Reizes oder aus Furcht und Scheu seinen Affekt nicht mehr herauslassen kann. Wie die tückische Hyäne das fürchterlichste Raubtier, so ist auch dieser Affekt bei Mahlzeiten der allerungedeihlichste.
Zusammenziehungen des Magens werden durch nachfolgende Gemütszustände bewirkt:
Erstlich: durch die Peinlichkeit. Diese entsteht zunächst aus solchen Gesprächen, in denen kein Teil seine Meinung recht heraussagt. In diesen schädlichen Zustand pflegen zu verfallen: Eheleute, Tisch- und andere Freunde, die gegeneinander ein Mißtrauen, eine Fremdigkeit, eine Verstimmung gefaßt haben, welche zum Ausbruche noch nicht reif ist. In diesem Falle wird man wohltun, einige Zeit vor dem Mahle sich rücksichtslos auszusprechen, und wenn die Mißverständnisse gar nicht zu beseitigen sind, lieber nicht miteinander zu speisen. Ferner entsteht die Peinlichkeit auch wohl daraus, daß man gegen die Kommensalen keine Blöße zeigen will, wie bei Tischgesellschaften sich ereignen kann, deren einzelne Glieder nicht alle gleichmäßig geistreich, gelehrt oder anderweitig ausgebildet sind. Niemand mache daher bei einer Mahlzeit überlegene Kenntnisse und Verdienste geltend und zitiere gar in Sprachen, welche nicht alle Kommensalen hinreichend verstehen. Ich möchte sogar widerraten, seinen Tischfreunden den etwaigen Unterschied des Ranges und Standes auf eine unentschiedene

oder halbe Weise fühlbar zu machen, weil auch hieraus, bei übrigens obwaltender Gleichheit der Geistesbildung, ein gewisser Grad von Peinlichkeit entstehen kann. Die gefährlichste Höhe erreicht die Peinlichkeit, wenn Gespräche eingeleitet werden, in denen ein Teil dem andern weder geradezu beipflichten, noch offen widersprechen kann. In dieser Lage kann man z. B. diplomatische Personen versetzen, welche wenigstens bei Kannegießereien gar selten ihre Meinung gerade heraussagen dürfen. Es ist in diesem besonderen Falle ein großes Glück, wenn solche Personen in den schönen Wissenschaften geübt, auch sonst mit einem heiteren, geselligen Witze begabt sind; denn es wird alsdann sowohl ihnen selbst, als anderen sehr leicht werden, schuldlos ergötzliche Gespräche anzuknüpfen und weiter fortzuführen.

Zweitens: durch die Beschämung. Diese wird in einem Tischfreunde hervorgebracht, indem körperliche oder geistige Übelstände und Schwächen, Fehler oder gar Laster, welche zufällig nicht in geselligem Ansehen stehen, an ihm hervorgezogen werden. Anspielungen auf ärgerliche Vorgänge, von denen man im Laufe des Lebens selten ganz rein bleibt, sind gar etwas Schlimmes. Denn wir schämen uns vor den Menschen einer bestimmten Handlung willen ungleich mehr als deshalb, weil uns die Fähigkeit oder Gewohnheit, sie zu begehen, angemutet wird. Leute, die sich sehr viel einbilden oder wenigstens sich über andere sehr viel herausnehmen, dürfen während der Mahlzeit durchaus nicht zu dem Bewußtsein ihrer Leerheit und Nichtigkeit gebracht werden. Wenn es durchaus notwendig ist, so muß man zu den Bußpredigten die Morgenstunden wählen, was sie notwendigerweise sehr beschämen wird, wenn sie anders noch nicht gänzlich verhärtet sind. – Sehr alberne Menschen können auch dadurch beschämt werden, daß man sie eine Überlegenheit des Ranges oder des Reichtums fühlen läßt.

Es ist menschlich, anderen Beschämungen zu ersparen; empfehlenswert, bei Tische gegen alle Scham sich zu verhärten.

Drittens: durch die Unruhe. Diese wird hervorgebracht durch schwankende, abspringende Gespräche; durch ungefähres Durcheinanderreden; durch Gespräche über Dinge, von denen

keiner etwas Rechtes versteht; endlich, indem man Leute, die keine Logik besitzen, über einen Gegenstand disputieren hört, sollten sie gleich von demselben einige Kenntnis haben.
Bei einiger Aufmerksamkeit auf sich selbst und bei etwas Gewalt über seine Eitelkeit und Eigenliebe läßt jegliche Veranlassung zur Unruhe während der Tafel sich gar leicht vermeiden.
Viertens: durch die Anstrengung. Diese wird durch Gedanken veranlaßt, die sich nicht anders als mühsam aussprechen und begreifen lassen. Gespräche, die in das Metaphysische oder Mathematische einschlagen, sollten von guten Tafeln auf immer verbannt werden. Freilich haben die Griechen darin ganz anders gedacht; uns aber, die wir nur Deutsche sind, wird es herzlich schwer, selbst über Gegenstände des häuslichen und öffentlichen Lebens uns deutlich und im Zusammenhang auszudrücken.
Gemütszustände, welche die Organe der Verdauung lähmen, sind die nachfolgenden:
Zuerst: die Schläfrigkeit. Diese gefährliche Stimmung wird teils durch eigene Gedankenlosigkeit herbeigeführt, teils und vornehmlich, indem ein und der andere Tischfreund das Gespräch an sich reißt, um unbedeutende Gedanken in einem schleppenden Tone vorzutragen.
Zweitens: die Betäubung; sie ist die Folge eines zu lauten Geräusches oder sinnlosen Durcheinanderredens, heftigen Lachens und ähnlicher Ausschweifungen. Auch die Tafelmusik pflegt zu betäuben und ist daher verwerflich. Schon Shakespeare wirft den Deutschen vor, bei Tische überlaut zu sein. Dieser Vorwurf trifft gegenwärtig mehr die Gastzimmer der deutschen Wirtshäuser oder die bürgerlichen Gelage mancher Landstriche, als das Allgemeine der Nation.

Viertes Kapitel
Vom rechten Gebrauche häuslicher Mahlzeiten

Ich nehme nicht Anstand, zu behaupten, daß es ungleich mehr darauf ankomme, alle Tage des Jahres ein hinreichendes wohlanständiges, reinliches, einladendes Mahl zu haben, als von Zeit zu Zeit ein prachtvolles und reiches Gastgebot. Denn, mag es gleich ergötzlich und dienlich sein, abwechselnd reichliche Schmäuse zu geben, seine Freunde um sich her zu versammeln und der Freude über das gewöhnliche Maß hinaus sich hinzugeben, so ist es doch nur der Umlauf der täglichen Mahle, welcher wahrhaft ernährt und belebt, die Kräfte ersetzt und aufrichtet.

Eben daher war ich in den vorangehenden Büchern standhaft darauf bedacht, die wohlfeilsten und zuträglichsten Nahrungsmittel in ihrer einfachsten Bereitung zu beschreiben, und überging, wo die Wahl offen war, lieber eine Leckerei oder Seltenheit, als eine gewöhnliche Haus- und Landesspeise.

Wer nun meinen Geist recht gefaßt hat, dem wird es im ganzen Laufe des Jahres nicht an mancherlei Speisen fehlen, welche auch da, wo dem Überfluß entsagt werden muß, den Tisch hinreichend und ergötzlich besetzen. Nach einer kräftigen Suppe, sie möge nun aus der Brühe von Fleisch oder Fischen oder nur aus Wasser mit allerlei durchgetriebenen Mehlfrüchten verfertigt werden, wird es nunmehr einer vorsorgenden Hausmutter[1] nicht fehlen an allerlei Gesalzenem oder säuerlich Eingemachtem, an frischer Butter, Radieschen und ähnlichem. Diese Sächlein nämlich werden ihr zum zierlich in kleinen Tellern aufgetragenen Imbiß dienen. Gesalzene Heringe und gesäuerte Gurken; Radieschen und frische Butter; einige Schnitte guter Wurst oder hartgeräucherten Schinkens; oder

Überreste von gekochtem Gesalzenem aller Art werden ihr auch ohne großen Aufwand die Mittel an die Hand geben, zwei oder vier Tellerchen zum Imbiß aufzusetzen. Dann folgt das Gesottene; dann das Gemüse, mit Beilagen von gebackenem oder auf dem Rost gebratenem Fleisch, und Fische, wenn etwa dem beschränkten Hausstande nicht täglich den Braten zu geben gestattet ist. Endlich beschließen das Mahl leichte Mehlspeisen, geronnene Milch, oder Käse und Früchte, welche die Jahreszeit gibt oder die Kunst aufbewahrte.

Häusliches Mahl an einem Fasttage Suppe von aufgeriebenen Kartoffeln, mit Fleischbrühe bereitet (siehe Zwölftes Kapitel), oder von Krebsen mit durchgetriebenen Erbsen, oder von Grünigkeiten, die man in heißer Butter leicht übergangen hat, oder andere.
Imbiß: Frische Heringe oder Sardinen, geräucherter Lachs, Kaviar, auch andere geräucherte Fische, welche, wie der Aal, oder wie die schwarze Forelle von Berchtesgaden, des Erwärmens auf dem Roste bedürfen; endlich auch marinierte Fische. In Seegegenden dafür Austern, Muscheln oder Strandkrebse. Gegenüber gesäuerte Gurken oder kleine Gurken, Veitsbohnen, Blumenkohl und andere mit Spezereien in Essig eingesottene Vegetabilien. Anders: ein Tellerchen mit frischer Butter und gegenüber Radieschen, schwarzer Rettich, oder wenn die Jahreszeit sie nicht gibt, etwas härtlich abgesottener Sellerie in Scheiben geschnitten und mit Salz, Pfeffer und Essig.
Eingang: Ein gesottener Fisch, auf trockengesottene Kartoffeln gelegt, welche erst auf der Platte selbst die Fischbrühe eingesogen haben. Ist der Fisch mager, so belegt man die Schüssel mit etwas frischer Butter (siehe 1. Buch, Kap. 10).
Leicht verdauliche Gemüse, als Spinat, Sauerampfer, Gemengsel von Kräutern u. dgl. mit gebackenem Fisch, oder in Ermangelung mit Eiern oder gebackenem Weißbrote.
Endlich ein Fisch am Spieß oder auf dem Roste gebraten, mit Salat; oder auch eine Mehlspeise, die mit Obst oder Zucker versüßt ist.

Häusliches Mahl an einem Fleischtage Fleischbrühe mit Brot, Gemüse oder allerlei Bereitungen aus Mehl.
Imbiß: Einige Schnitte Schinken oder geräucherter Wurst; gegenüber ein Tellerchen mit kaltem Braten oder Fleisch unter Gallert. Die Vegetabilien wie gegenüber. Eine geschickte Köchin gibt hier von Zeit zu Zeit auch einige in Schmalz abgebackene Kleinigkeiten.
Eingang: Gesottenes Fleisch mit oder ohne vegetabilische Beilage.
Gemüse mit gebackenem oder auf dem Roste gebratenem Fleische. Wenn man einen Braten hat, so gebe man Salat dazu und setze das Gemüse in zwei kleineren Schüsseln neben dem Gesottenen auf. Der Nachtisch bestehe aus Obst, Käse und kalten Milchspeisen.
Bei dieser Art, die Mahlzeit mit einem Imbiß zu beginnen, welche in Italien mehr als in Deutschland üblich ist, kann man mit leckeren und mithin häufig kostbaren Sachen sparsam umgehen; diese fallen auch zu Anfang der Mahlzeit mehr in die Sinne und dienen zugleich, die Tätigkeiten des Magens anzuregen und den jähen Hunger abzustumpfen, welcher zu dem nachteiligen Schnellessen oder Verschlingen geneigt macht. Im Hildesheimischen pflegt man die kalten Fleischreste nach der Suppe aufzutragen; eine löbliche Gewohnheit, wenn sie von Sinn für Schönheit und Ordnung begleitet wäre.
Reinlichkeit der Tisch- und Mundtücher ist den Essenden sehr anzuempfehlen. Die meisten Menschen sind dem Eindrucke des Ekels ausgesetzt; zudem gehört die Reinlichkeit und Glätte des Weißzeuges zu den Veranlassungen ästhetischer Empfindungen, die man während der Mahlzeit auf alle Weise anzuregen bemüht sein muß. Ich rate daher nicht minder, auch bei häuslichen Mahlzeiten den Tisch mit einem hübschen Gefäß voll Blumen zu schmücken, wenigstens solange, als die Jahreszeit gestattet, sie ohne große Unkosten herbeizuschaffen.
Den oben verzeichneten Gemütsbewegungen muß man auch bei häuslichen Mahlzeiten auszuweichen suchen. Der Ehemann sollte niemals seine Geschäftsverdrießlichkeiten oder gar seine Verstimmungen gegen die Gattin mit an den Tisch bringen. Es

ist schon dies ein Übel, daß die Kinder, wenn solche vorhanden sind, dem Unfrieden ihrer Eltern bisweilen als Zeugen dienen. Nun gar die nachteiligen Folgen des Zornes und des Ärgers, dem man während der Mahlzeit Raum gegeben! Häusliche Mißhelligkeiten eignen sich daher vielmehr für die sogenannten Gardinenpredigten, obgleich auch diese dem Tadel unterliegen.
Auf diese Veranlassung will ich bemerken, daß auch den besten Hausfrauen, Köchen und Köchinnen von Zeit zu Zeit eine Schüssel mißglücken kann. Dies hat seinen Grund: subjektiv in Unpäßlichkeit der Kochenden, objektiv in der Witterung, z.B. bei Speisen, welche aufgehen sollen, oder in der zufällig schlechten Beschaffenheit eines bestimmten Naturstoffes. In solchen Fällen müssen Eheleute und Hausherrn sich zu mäßigen wissen, denn sie werden durch das Auffahren weder die Mahlzeit des Tages verbessern noch für die Zukunft durch eine Ungerechtigkeit gewinnen können.

Fünftes Kapitel
Von Gastereien und Schmäusen

Von jeher waren die Menschen geneigt, in festlichen Mahlzeiten alles Maß zu überschreiten. Denn es gilt in diesen nicht die Eßlust, nicht die Lüsternheit allein; auch die Eitelkeit und Ruhmredigkeit glaubt in der Auslegung eines großen Überflusses Befriedigung zu finden.
Nüchterne und über das billige Maß hinaus frugale Nationen pflegen schwelgerische Gelage zu lieben, weil die Gegensätze gefallen und weil das Gefühl der Leere zur Überfüllung anreizt. Nationen aber, die sich gut und reichlich ernähren, sind

selten zur Schwelgerei geneigt. Wo jedoch ungeheuere Reichtümer in den Händen roher, für die Genüsse des Gefühls wenig empfänglicher Menschen sich anhäufen, da pflegt die Schwelgerei auch wohl in die tägliche Lebensweise überzugehen, wie im alten Rom gegen das Ende des Freistaates, und wiederum vor dem gänzlichen Ableben des Weltreiches. Einseitige Verstandesbildung, bei unverhältnismäßig größerer Rohigkeit des sittlichen Gefühles, schützt noch lange nicht vor dem Versinken in das seelentödlichste aller sinnlichen Laster.

In diesem Stücke, wie überhaupt in sinnlichen Dingen ist die Mittelstraße, ja ich möchte sagen die Mittelmäßigkeit, sehr preiswürdig; möge sie auch immerhin in geistigen unerträglich sein.

Ein wohlhäbiges und gebildetes Volk soll daher bei Gastereien wohl die Vorstellung des Überflusses erwecken, wie das Meer oder der gestirnte Himmel die Idee der Unendlichkeit. Allein der einzelne Gast soll nur um so schneller zu dem Bewußtsein seiner Beschränktheit zurückkehren und von dem Unerreichbaren sich abwenden, um dem behaglichen Gefühle Raum zu geben, daß auch für seine Individualität in dem großen Ganzen ein Raum vorhanden sei, in welchem er sich frei, wie der Fisch in der Flut, bewegen könne.

Es sollten also die festlichen Mahlzeiten, eben wie die häuslichen, aus einer Grundlage von vier Speisen bestehen, welche für alle taugen, in großen Schüsseln aufgetragen und sämtlichen Gästen gereicht werden. Diese Speisen sind: Suppe, wo sie üblich ist, gesottenes und gebratenes Fleisch, gesottene und gebratene Fische. Alles dies, wie sich versteht, in dem einfachsten und natürlichsten Zustande, und daher, mit Ausnahme einiger harten oder überfetten Fleisch- und Fischarten, selbst einem Kranken oder Leibesschwachen darreichbar.

Alle andern zusammengesetzten oder einfachen, reizenden oder kühlenden, erweichenden oder schwerverdaulichen Speisen, ordne man jedesmal als einen für sich bestehenden Gang um jene vier Hauptschüsseln und trage Sorge, daß sie so aufgestellt werden, daß ein jeder sie sehen und davon begehren könne.

Ich glaube, den Leser zu verbinden, indem ich nachstehend ein Beispiel der Anordnungen bekannt mache, welche während meiner Dienstjahre in gräflichen und fürstlichen Häusern von mir befolgt wurden:

1. Suppe; an einer runden Tafel eine einzige, und diese zwar sehr kräftig, aber mit leicht verdaulichen, alle ansprechenden Zusätzen; an einer langen Tafel aber zwei verschiedene und sich entgegengesetzte; z. B. Kalbskopf- (s. Erstes Buch, zwölftes Kapitel) und Krebs-Suppe (ebendas.); oder Kraftbrühe mit Makkaroni, die ganz davon eingedrungen sind, mit beigegebenem Parmesankäse, und gegenüber Suppe von Kräutern oder auch von durchgetriebenen grünen Erbsen, Wurzeln oder Körnern.

Um die Suppe ordne man nach der Größe der Tafel und der Gesellschaft vier, acht oder zwölf Eingänge zum Imbiß an. Jene Suppennäpfe können nun allerdings, wenn sie von schöner Form sind, einer Tafel einige Zierde gewähren. Doch enthält man sich bisweilen, sie auf die Tafel zu setzen, und läßt sie vielmehr auf den Schenktisch stellen und von der Dienerschaft vorlegen. In diesem Falle wird die Stelle, welche die Suppennäpfe eingenommen hätten, durch Schaugerichte ersetzt. Sie wurden in der Perückenzeit aus läppischen Figuren von Porzellan, die man auf Gestelle verteilte, zusammengebildet. Man hatte sich damals ganz wunderbar an die Häßlichkeit gewöhnt, und solches nicht ohne Einwirkung der hochbewunderten Chinesen, deren Wunderlichkeiten England und Frankreich für das übrige Europa verarbeiteten. In neueren Zeiten kamen kunstgerechte Aufsätze zum Vorschein, als Nachbildungen antiker Statuen und Tempel; auch diese, wenn gleich gefälliger, als jene Puppen, zeugten noch immer von Geistesarmut und Magerkeit des Formengefühls. Eine widrige Verniedlichung ist den gesuchten Bronzearbeiten der Franzosen vorzüglich eigen. Alabasterne Vasen, wenn nach guten antiken Mustern treu abgebildet, mögen unter dem Modernen noch immer das Empfehlenswürdigste sein, weil man sie reichlich mit frischen Blumen besetzen und durch die natürliche

Fülle die Dürftigkeit moderner Kunstart halbhin verdecken kann.
Auf einer runden Tafel nun wird man wohltun, eine einzige hinreichend große Alabastervase, mit einer Fülle schöner, meist geruchloser Blumen besteckt, in die Mitte der Nebengerichte aufzustellen. Zum Nachtisch aber verwechsle man dieses Prachtgefäß mit einem andern von wohlriechenden Blumen angefüllten. Denn während der Mahlzeit würde der Wohlgeruch mit den Dünsten der animalischen Speisen vermischt, einen Gestank hervorbringen; auch möchte der anhaltende Nervenreiz die Essenden stören und verstimmen. Beim Nachtisch aber wirkt der Blumengeruch wohltätig, regt auf und verdrängt den Nachgeruch der Speisen. Vor alters pflegte man deshalb beim Nachtische sogar duftende Zahnstocher zu reichen.
Auf einer langen Tafel aber werden zwei Vasen besser anstehen, als eine einzige. Um jede ordne man vier kleine Eingänge oder Nebenspeisen. In der Mitte aber, in gleich weiter Entfernung von jeglicher der beiden Vasen, setze man, ebenfalls von vier Nebenschüsseln umgeben, ein niedriges Schaugericht, z. B. eine Tafel von Scagliola oder eine auf antike Weise gebildete Patina aus Porzellan mit auserwählter Malerei. Zum Nachtische kann man eine solche antike Schüssel mit Büscheln von Veilchen oder von anderen wohlriechenden Blumen belegen, und, wenn man will, mag man diese dem Frauenzimmer zum Schlusse darreichen.
Ich kehre nach dieser Abschweifung auf den Imbiß zurück. Der Imbiß soll aus kleinen, meist kalten Speisen bestehen, welche die Magensäure aufregen und den schädlichen Heißhunger abstumpfen. Hierhin gehört alles Gesalzene, z. B. Zungen, Schinken, geräucherte Würste, Heringe, Sardinen, geräucherter Lachs, Kaviar, Bottargen, Oliven, eben wie allerlei salzig marinierte Fische, als Kiloströmlinge aus Norwegen, Neunaugen, Anguilotti und dergleichen. Alle diese Sächlein gebe man in feinen Scheiben, kleinen Stückchen oder, wie den Kaviar, auf sehr klein zugeschnittenen, gerösteten Semmelscheiben. Denn es ist nicht gut, davon viel zu genießen, mithin Menschenpflicht, seine Tischfreunde dazu nicht anzureizen.

Vier Platten gesalzener Sachen können abwechseln mit vier Platten frischer Sächlein, z. B. Austern; diese immer auf allen vier Platten. Ferner Strandkrebslein, ausgemacht, auf Butterscheiben, oder mit Öl, Salz, Pfeffer und Limonensaft; geräucherter Aal, der in heißem Wasser gelaugt, von der Haut befreit, gepfeffert und stückweise in Papier abgeröstet worden, mit Zitronensäure. Ferner auf dem Roste gebraten: Schwarzreuter aus Berchtesgaden oder geräucherte Renken aus dem Stahremberger See oder ähnliches, wie es die Landesart jedesmal hervorbringt. Endlich kann man auch allerlei Schnittchen zarten Fleisches aufsetzen, z. B. kalten Schweinebraten in feinen Scheiben, kleine Kotelette oder Rippenschnitte von Lamm und Kalbfleisch, in Kraftbrühe gedünstet oder im Papiereinschlag auf dem Roste gebraten. Trüffeln auf italienisch, eingemachte Schwämme, Radieschen und ähnliche vegetabilische Dinge können hie und da eingereiht werden.
Zu diesen füge man vier Platten mit kleinen Pastetchen oder mit abgebackenem Gehäcksel oder mit kleinen abgebackenen Fischen, als frischen Sardinen, Schmerlen, kleinen, in Stücke geschnittenen Forellen und dergleichen.
Setzt man aber nur vier Eingänge auf, so wähle man sie aus allen drei angeführten Arten, damit Abwechslung da sei.
Hat man Überfluß an Austern, so lasse man sie lieber, während von den Eingängen genossen wird, auf großen Schüsseln herumgeben, ohne sie aufzusetzen.

2. Ein großes ansehnliches Stück gesottenen Rindfleisches. Ist die Tafel groß, so kann man zugleich ein Stück gebratenen Rindfleisches (Roastbeef) oder auch ein Stück geräucherten oder lufttrockenen Hamburg-Fleisches auf den Vorschneidetisch setzen, aufschneiden und herumgeben. Ist die Tafel klein, so wird man besser tun, mit gesottenem oder gebratenem Rindfleische sich zu begnügen.
Tunken, Kartoffeln und andere allgemein beliebte Beilagen des Fleisches rate ich nicht aufzusetzen, sondern herumzureichen. Die Platten, welche diesen Gang begleiten, sollen aus Gemüsen mit und ohne Beilagen, aus allerlei Gerichten von zerschnitte-

nem Geflügel und zarterem Fleische bestehen. Überhaupt müssen die aufgetragenen Nebenspeisen so eingerichtet sein, daß sie nicht brauchen vorgelegt zu werden und daß mit einer eigenen Gabel oder mit einem Löffel jeder seinen Teil daraus hervorlangen könne.

3. Ein großer gesottener oder gebratener Fisch; je nachdem man die Mahlzeit mit gesottenem oder gebratenem Fleische begonnen hat, mag man dem Fische die entgegengesetzte Bereitung geben.

In den vier, acht oder zwölf Nebenschüsseln trägt man allerlei Gerichte aus kleineren Fischen auf; ferner leckere Würstchen, Salmy, Frikassee, einiges davon unter der Reisdecke oder auf einer Kruste von Butterteig; endlich Mehlspeisen von kräftigem Geschmack, als Makkaroni oder Kartoffeln mit Parmesankäse, Pollenta mit Trüffeln und dergleichen.

4. Der Braten, als Hauptschüssel. Z. B. eine Kalbskeule, ein kalekutischer Hahn oder drei Fasanen, neun Rebhühner oder Schnepfen, und was dergleichen mehr ist.

Die Nebenspeisen bestehen aus Salat, kalten Speisen unter säuerlichem Gallert, z. B. feinen Fischen, Geflügel, Schinken oder Wildschwein. Endlich aus Torten und süßen Mehlspeisen zum Übergang auf den Nachtisch.

5. Der Nachtisch; er bestehe aus leicht verdaulichen, verdünnenden und auflösenden Sachen, d. i. aus gekochten und eingemachten Früchten, Gallerten, Cremes, leckeren Milchspeisen, Gefrorenem, eingemachten Gewürzen und anderem Zuckerwerke, feinem Käse und frischen Früchten jeglicher Art.

In der Anordnung der Früchte suche man, wenn deren viele vorhanden sind, den Eindruck der Fülle hervorzubringen. Erhabene Schüsseln, welche auf antike Weise einen hohen Fuß und weiten Rand haben, belege man in der Mitte mit Ananas und Melonen, und umher mit Pfirsichen, Feigen und über den Rand hinabneigenden Trauben. Armut an Früchten aber verstecke man durch eine geschickte Verteilung derselben über verschiedene kleine Teller oder Fruchtkörbe, je nachdem man gerade eingerichtet ist.

Die Mahlzeit ist nun geordnet. Nehmen Sie Platz, gütige Leser.

Sechstes Kapitel
Von der Kochkunst für Kranke und Genesende

Die vorangehenden Bücher enthalten bereits die Grundzüge einer wahrhaft diätetischen Kochart. Indes konnte dabei auf Kranke und Siechende keine spezielle Rücksicht genommen werden, weshalb ich mir gestatte, mit Hinweisung auf schon Gesagtes und Gelehrtes, dieses neue Kapitel den alten anzuhängen, wozu vielfältige Bitten und Anfragen wohlgesinnter Ärzte mich besonders veranlaßt haben.

Eigentlichen Kranken nützt und hilft genau genommen keine Speise; sie essen mehr aus Gewöhnung als Bedürfnis; wenigstens nicht aus dem Bedürfnisse der Ernährung, wenn auch aus jenem einer gewissen Repletion.

Ich rede hier nur vom eigentlichen Krankheitszustande; in den Intervallen tritt freilich ein vorübergehendes Bedürfnis der Speisung ein; allein gerade was man in diesen dem Kranken reicht, ist von größtem Belange.

In Wasser erweichte, nach ihrer Art gebrochene oder ganze Körner mit dem Zusatze von einer Wallnußgroß frischer Butter, dieses ungefähr in der Mitte der ganzen Bereitung, das nötige Salz ganz zuletzt (s. oben Mackenzies richtige Bemerkung über den Einfluß des Salzes auf die Operation der Auflösung durch das Sieden); das wären die unschädlichsten und sogar dem wahren Kranken nicht widerstehenden Suppen. Der Buchweizen will am wenigsten erweicht sein, nur kurze Zeit kochen; nach ihm der Reis (dem ich die Butter mit Weizenmehl durchknetet zuzusetzen rate, auch wohl einige feingehackte kleine Kräuter nach dem Geschmacke des Kranken); Gerste, gebrochene Spelten und Hafer wollen langsam und lange gekocht sein; Grütze von türkischem Weizen ist nur in

Fleischbrühe gesotten palatabel; allein von abgelegenem, dann lange in Wasser gesottenem Weizenbrote entsteht, wenn es nicht gerührt, sondern nur geschüttelt wird, durch den Zusatz von weniger Butter eine beinahe fleischähnliche Substanz, welche, bei großer Empfänglichkeit des Stoffes für leicht würzende Zusätze, als Petersilie, Dragon, Basilikum, die obige Klasse erst ergänzt. Diese Suppen müssen überhaupt, ohne breiig zu sein, doch zum Brei sich hinüberneigen. Die Diät eigentlicher Kranker, deren Einbildung nicht aufgeregt, deren Gelüste nicht geweckt werden darf, rate ich auf eine Abwechslung in obigen Suppen einzuschränken.

Die Tisanen (von Phthisis), Schleime, oder wie man sonst diese Getränke nennt, entspringen offenbar aus ähnlichen Beobachtungen als jene, auf welchen mein Rat beruht. Indes pflegt man sie zu versüßen und durch Zitronensaft palatabel zu machen; ferner, sie nicht auf einmal und als Speise, sondern als Getränk und den ganzen Tag, auch wohl die Nacht hindurch, dem Kranken darzureichen. Daher entsteht, daß alle solche Tisanen teils seine ohnehin geschwächte Verdauungstätigkeit unablässig stören, teils auch ihm Stoffe zuführen, welche wenigstens in dieser Verbindung ihm nicht zuträglich sind. Denn bei längeren Krankheiten entsteht bei den Patienten stets ein Widerwille gegen jene sauer-süßlichen Getränke, welche man ihnen zu reichen pflegt. Man erinnere sich hier an die Wirkung einer Limonade, bald nach der Mahlzeit genommen. Das eau de ris in Hühnerbrühe der alten französischen Krankenpflege und der rheinische Gerstenschleim in dünner Kalbfleischbrühe erhalten sich länger beliebt als jene gezuckerten Getränke; obwohl sie unstreitig, zwar als Suppe gut, doch als Getränk zu substantiell sind.

An irgendeinem Übel langsam Hinsiechende, besonders doch die Genesenden, bedürfen schon mehr ausgebender Speisen. Allein eben bei diesen ist es so wichtig, die erwachende oder nur krankhaft gereizte Eßlust nicht irrezuleiten durch Zurichtungen, welche mehr auf das Auge und den Gaumen als auf den Zustand des Patienten berechnet sind.

Folgende Zurichtungen sind in solchen Fällen die zuverlässigsten. Unter den Suppen, die Bouillon de prime (s. oben Buch I, Kap. 11), welche als Getränk gereicht oder auf leicht gerösteten Brotscheiben bei der Mahlzeit kann gegeben werden. Consommes Gallerte von ausgekochtem Fleische würden durch jene Bereitung entbehrlich gemacht, wenn sie überhaupt nützten. Leichter verdauliche Fleischarten auf dem Rost oder am Spieße gebraten (Buch I, Kap. 5, 6, 7). Eingehacktes von Geflügel, Kalbfleisch, einigen Wildarten (Buch I, Kap. 15), doch mit Weglassung aller scharfen, erhitzenden, reizenden Würzen. Gesottenes Geflügel und Kalbfleisch, besser unmittelbar aus der Suppe, weil alles Gesottene trocken gelegt, sogleich sich etwas verhärtet.

Unter den Gemüsen empfiehlt sich die Möhre, wenn sie in Fleischbrühe langsam eingesotten ist. Die Kartoffel nach reichlicher Wässerung bis zum Zerfallen aus Wasser und Salz gesotten, später vielleicht mit Fleischbrühe und einiger Butter versetzt. Unter den Blättergemüsen der Lattich und die Endivie, nach meinen Vorschriften. Die grüne Erbse sehr jung in der Suppe und als Gemüse in reichlicher Fleischbrühe nicht zu sehr eingedämpft, weil sie im Trockenen leicht sich verhärtet. Die Zwergbohne sehr jung gebrochen, leicht abgesotten, in Fleischbrühe gedämpft. Die weißen Wurzeln ohne Ausnahme; doch keine Rüben, kein Kohl, keine Saubohne, noch Artischocke, Cardone. Eingedämpfte Gurken, gesottene und nachgedämpfte junge Kürbisse sind erfrischende, leicht verdauliche Zugemüse.

Spinat ist sehr zweifelhaft; als Versüßung zur Brunnenkresse und zum Löwenzahn, verbessert er diese, indem jene ihn selbst indifferenzieren.

Diese kurzen Andeutungen haben den Zweck, Ärzte und Krankenpfleger auf solches hinzuweisen, was in den beiden ersten Büchern für sie einen praktischen Wert haben kann. Tiefer auf diesen Gegenstand hier einzugehen, dürfte Wiederholungen veranlassen, denen ich begierig ausweiche.

Anhang

Bruchstück aus den Reisebemerkungen meines Vetters Ernst Krüsch, ehemaligen Kammerdieners, nunmehrigen Gastgebers zum Bären in Aranjuez[1]

Wer auf die Zurüstungen zu einer Reise in die pyrenäische Halbinsel einige Tage zu verwenden hat, kann solche nicht besser als in dem wohlbestellten Gasthause St. Etienne in Bayonne zubringen, welches in goldenen Buchstaben auch den Namen Posada de Sant Esteban führt. Er versäume nicht, sich die eigentümlichen Leckerbissen dieses Landes des Wohllebens vorsetzen zu lassen; den saftigen Ortolan, der nirgend so schön als in dem Lande gefunden wird, die berühmten cuisses d'oie, die in dieser Stadt besonders schmackhaft als Sülze zubereitet und in Töpfen versandt werden, um nachher, leicht gebraten, verzehrt zu werden; er vergesse nicht, wenn es sein kann, mit der frischen grünen Feige eine Schnitte Bayonner Schinken zu genießen und unter dem Reichtume trefflicher Seefische, den Thunfisch, frisch aus dem Wasser, und mariniert zu versuchen.

Das Andenken dieser Genüsse wird dazu dienen, seinen Mut unter den Entbehrungen aufrecht zu halten, denen er entgegengeht. Die spanische Venta kennt überall keine Küche, als die der Reisende selbst macht; etwa mit einem von den Bauernknaben erhandelten oder selbst geschossenen Rebhuhn, oder ein Paar wilder Tauben, von einigen unterwegs erstandenen Forellen, Eiern und Ziegenmilch. Die Posada bietet nur das schlechteste Geschmiere halbfranzösischer Zubereitung der Speisen dar.

Die Nationalküche muß in Spanien, wie überall, in den Häusern des wohlhabenden Bauern und des mittleren Bürgerstandes gesucht werden. Sie ist nicht mannigfaltig, nicht künstlich, und daher durch übelverstandene Willkür und Erfindsamkeit, so wie durch noch unglücklichere Nachahmung fremder Traditionen, häufig entstellt, verkünstelt und verdrängt worden.

Man pflegt, von Hörensagen, frischweg die sogenannte Olla potrida als ausschließliches Nationalgericht der Spanier anzuführen und ein verworren gedachtes Gemengsel eßbarer Dinge darunter zu verstehen. Wir haben hierbei mehrere Mißverständnisse aufzuklären. Zuvörderst ist uns im Lande selbst dies Gericht nie anders als unter der einfachen Bezeichnung der Olla schlechtweg vorgekommen, und es scheint das Beiwort aus einer früheren Zeit in Reisebeschreibungen übergegangen, im Lande aber verschollen zu sein. Sodann ist es erforderlich, den Begriff der Olla als eines höchst Zusammengesetzten und augenscheinlich sukzessiv Entstandenen, zugleich auf seinen Ursprung und auf seine einfachere Form zurückzuführen. Wir müssen daher, bevor wir von der Olla handeln, die Beschaffenheit des Puchero erläutern, welcher, zwar selbst ein Mannigfaltiges, doch eine in sich geschlossene Einheit, in zweckmäßigster Vereinigung, der zu einem nahrsamen und wohlschmekkenden Mahl erforderten Stoffe darstellt. Vegetabilisches und Animalisches in demselben Gefäße bis zur völligen Durchdringung der Säfte, nicht der Substanzen, gekocht, bilden den Puchero.

Als animalischer Bestandteil wird meist Hammelfleisch (carnero) als das häufigere und seiner Beschaffenheit nach vorzüglichere Schlachtfleisch angewandt. Nicht selten auch Rindfleisch (vaca), zuweilen mag ein weniges von beiden vorgezogen werden. Das Gemüse, das nach seinem Bedürfnisse später hinzugefügt wird, besteht abwechselnd in weißem Kohl, – Kohlrabi, Broccoli, Karotten, vorzüglich aber darf der Garbanzo, die große Kichererbse, der Spanier Lieblingsgemüse, nicht fehlen; eine Zutat von mehreren dieser Gemüse macht den Puchero nur reicher; doch halten wir den Grundsatz fest, daß schon aus einem Fleisch und einem Gemüse, zusammengekocht, in möglichst engem Gefäß und ohne auf Gewinn der Suppe die erste Rücksicht zu nehmen, der Puchero vollständig erzielt wird. Einige Würze pflegt der Ärmere durch Tomaten (Liebesäpfel), Lauch oder Zwiebeln, der Wohlhabende durch eine Zutat jener pikanten Saucischen zu geben, die der Spanier Chorizos nennt, und die in Estremadura von unübertrefflicher Feinheit, man behauptet mit Unrecht aus Maultierfleisch, verfertigt und durch ganz Spanien versandt werden. Gewöhnlich wird das Ganze durch ein hinzugetanes Stück Speck (tocino) oder Schinken (jamon), bei den Ärmeren oft das Surrogat des Fleisches selbst, geschmeidigt und verbunden, was bei der Magerkeit des Schlachtviehes auch nicht getadelt werden kann. – Suppe, Fleisch und Gemüse wird nun aus *einem* Topfe, in *einer* Schüssel aufgetragen, und gibt, reinlich zubereitet, in die Brühe das feine Weizenbrot des Landes gebrockt, eine ebenso gesunde als schmackhafte Mahlzeit.

Wenden wir die Grundsätze des Puchero nun in einer weiteren Ausdehnung auf eine Zusammensetzung aus allen Arten von Fleisch und Gemüsen, deren man habhaft werden kann, das Geflügel, selbst das wilde nicht ausgeschlossen, an, so entsteht unter unseren Händen die Olla, die ihrer Natur nach auf dem Tische, wie ein aus mächtigen Flözen, Geschieben und Nestern bestehendes Gebirge erscheint, in dessen Zusammensetzung das riesenhafte Steertstück die runde Kuppe des Urgebirges darstellt, an das sich abgedacht die schwächeren Bildungen lehnen, bis die Gruppen der möglichst gesondert zu haltenden Gemüse den letzten Abhang mit einer Reihe duftender Chorizos verbinden, die den Fuß des Berges kränzen. – Weil die Olla große Zurüstung und nicht geringe Geschicklichkeit des Kochenden erfordert, um jeden Bestandteil im Punkte der rechten Zeitigung auf die Tafel zu liefern, auch zahlreiche Mitesser voraussetzt, die der Spanier selten zu versammeln gewohnt ist, so kann man sie auch kein häufiges, noch weniger ein eigentliches

Volksgericht nennen, während, von aller Ostentation fern, der trauliche Puchero überall anzutreffen ist, und in hundert Abstufungen, wie er keine Zutat verschmäht, und jeden glücklichen Zufall, jedes Überbleibsel des Marktes benutzt, so auch jedem Vermögen, wie jeder Zunge zusagt.
Wir übergehen eine Zahl willkürlich gemengter, gebackener, geschmorter Gerichte und Mehlspeisen, deren sich eine oder die andere Provinz rühmt; ohne Grund, unseres Erachtens, weil sie weder durch Zweckmäßigkeit noch Wohlgeschmack Auszeichnung zu verdienen scheinen, – um uns sofort zu einem andern Nationalgericht, dem Gaspacho, zu wenden, der sich ebenfalls in zwei höchst verschiedenartigen Gestalten zeigt: und zwar beim Volk und auf der Tafel der Reichen.
Auch hier ging die Entstehung von der einfachsten, wohlfeilsten und nahrhaftesten Zusammensetzung aus, und, irren wir nicht, so möchte sie an das höchste Altertum eines kriegerischen und arbeitenden Volkes anzuknüpfen sein; die Nahrung des wandernden Hirten, des Soldaten, des Boten, der, was von den allgemeinsten Erzeugnissen des Bodens sich unter der Hand findet, ohne zeitraubende Zurichtung, ja ohne Mitwirkung des Feuers zu bereiten wünschen wird; leicht und verdaulich, dabei nachhaltig und die Verdauungskräfte wie die Nerven gegen den auflösenden Einfluß der brennenden Sonne zu stählen geeignet.
Die Bereitung des Gaspacho ist folgende: Eine große Krume feinen Weizenbrotes wird in einen Mörser getan, mit Olivenöl, das durch Geruch und Geschmack sich der Wahrnehmung aufdringt, genetzt, Salz, einige Knoblauchzwiebeln, allenfalls ein Paar Schoten des grünen oder roten Pimiento dazu geworfen, das Ganze nunmehr zu einem steifen Brei zerstampft und frisch aus der Hand verzehrt[2]. Wir haben dieses Mörsergericht von Männern der arbeitenden Klasse nicht nur mit großem Wohlgeschmack verzehren, wir haben sie, mit einem Frühstücke von einer Handvoll dieser Masse, die heftigsten und anhaltendsten Anstrengungen in glühender Mittagssonne und ohne weitere Nahrung den größten Teil des Tages über ausdauern gesehen.
Es ist nicht die einzige Wahrnehmung, die wir von der nerven-

stärkenden Eigenschaft des Knoblauch gemacht haben. In Andalucia scheint das Gericht zu Hause.
Auf den Tafeln der Wohlhabenden nimmt der Gaspacho eine andere Gestalt an. Was nur von marinierten Fischen, Krebsen und pikantem Eingemachten, sauren Gurken, Tomaten, Pimientos, den Gaumen reizen kann, wird in einer großen Schüssel aufgetragen und mit Eiergebackenem in gallertartiger Umgebung, auch mit Essig und Öl genossen.
Einer besonderen Erwähnung verdient die Art, wie in Valencia der Reis bereitet wird, offenbar aus maurischer Zeit herübergebracht. Locker und vollkommen mürbe, doch einzeln gesondert, liegen die Körner übereinander. Es scheint, daß sie nur durch die Zubereitung mit Öl die goldgelbe Farbe erhalten, die durch eine Zutat von Tomaten auf das Angenehmste rötlich tingiert wird. Der *Arroz a la Valenciana* wird in ganz Spanien geachtet.
An der Grenze von Portugal verschwindet der Puchero. In jedem Bürger- und wohlhabenden Bauernhause findet man, von Badajoz an, als Nationalgericht, und bis Lissabon das einzig Genießbare, den polho com arroz, das gesottene Huhn mit Reis nach Art des orientalischen Pillaw bereitet; der Reis gekörnt wie der Valencianische, seltener die Zutat der Tomaten.

Anmerkungen

Vorrede des Herausgebers

1 Sprengel, Apol. des Hippias, Tl. I. S. 88f. sucht dem Hippokrates die Bücher de diaeta zu entziehen und will, daß sie von einem alexandrinischen Neuplatoniker herstammen. Indes spricht gerade die Einfachheit der Nahrungsmittel, die in jenen Büchern beurteilt werden, für ihr Altertum, gegen ihre Neuheit.

2 Unter den neueren ärztlichen Arbeiten der Art zeichnet sich durch Eleganz aus: Lud. Nonnii, Diaeteticon, sive de re cibaria lib. IV. Antv. 1646. 4 to; durch Vollständigkeit aber Jul. Alexandrini salubrium, sive de sanitate tuenda. Col. Agripp. 1575. fo. libro XVIII. et XIX. Letzteres vortrefflichste aller diätetischen Kochbücher verdiente eine neue Bearbeitung, mit Zuziehung alles dessen, welches der gegenwärtige Zustand des Lebens und der Wissenschaft begehrungswürdig macht.

3 Hiervon wird man, ohne viel zu blättern, sich überzeugen können aus der gehaltreichen Compilation des *Bergius über die Leckereien.* Aus dem Schwedischen usw. Halle 1792. 8.

4 Ich könnte hier sogar Beispiele von völlig abgeschriebenen, mit verändertem Titel herausgegebenen Kochbüchern anführen.

Einleitung

1 Nachfolgender Titel eines neuern höchst manierten Kochbuches möge das oben bemerkte unterstützen:

Der aus dem Parnasso ehemals entlauffenen vortrefflichen *Köchin,* welche bei denen Göttinnen Ceres, Diana und Pomona viele Jahre gedienet, Hinterlassene Und bißhero, bey unterschiedlichen der Löbl. Koch-Kunst beflissenen Frauen zu Nürnberg, zerstreuet und in großer Geheim gehalten gewesene *Bemerk Zettul;* Woraus zu erlernen, Wie man tausend neun hundert acht und zwanzig, sowol gemeine, als rare Speisen; in Suppen, Musen, Pasteten, Brühen, Essigen, Saläten, Salsen, Sulzen, Vor - richten, Neben - Essen, Eyern, gebraten-gebachen-gesotten- und gedämpfften Fischen, Wildpret, Geflügel, Fleisch, auch eingemachten Sachen, Dorten und Zucker - werk bestehend; Wohlgeschmack und Leckerhafft, nach eines jeden Belieben, zu zubereiten und zu kochen; auch zu welcher Zeit man alle Zugehörungen einkauffen und bemeldete Speisen auftragen solle. Mit unermüdeten Fleiß zusammen gesammlet, und denen wohl-geübten Künstlerinnen zu beliebiger Censur, denen unerfahrnen aber zur Lehr und Unterricht durch alle Titul mercklich und nun durch öffentlichen Druck in dieser zweyten Edition vom neuen mitgetheilet. Nürnberg. In Verlegung Wolffgang Moritz Endters. Gedruckt bey Joh. Ernst Adelhülner. 1702. 4.

2 »Cur eget indignus quisquam te divite? quare / Templa ruunt antiqua Deum? cur, improbe, carae / Non aliquid patriae tanto emetiris avervo?« Hor.

3 – »laudas, insane, trilibrem
Mullum, in *singula* quem minuas *pulmenta* necesse est.

In den letzten Worten dieses Verses spiegelt sich die eiserne Gewalt des Herge-

brachten, die Starrheit, welche bereits in der römischen Kochkunst einzutreten anfing.
Ich weiß übrigens nicht, weshalb einige Ausleger wollen, daß: pulmentum hier der jedem Gaste vorgelegte Teil, die Portion, sei. Wenn wir, nach dem Charakter der ausartenden römischen Küche, annehmen, daß dieser Fisch als ein Gehäcksel, oder als eine durchgetriebene Speise, in einzelnen Frikandellen aufgetragen wurde, so erscheint die Verschwendung der Schlemmer, welche Horaz bezeichnet, in einem viel grelleren Lichte. In der Tat wurde dieser Fisch nicht in seiner natürlichen Gestalt aufgetragen. Apicius lib. IX. cap. XIII. (de mullo): »et si volueris *in Formella piscem formabis*«, – und Seneca epist. 95. – »torti distractique sine *ullis ossibus* mulli.« –

4 Apicii Coelii de obsoniis etc. cum annot. Mart. Lister. Amstelod. 1709. 8. Lib. II. cap. I.

5 Liquamen; hier für garum, etwas unserer Soya Verwandtes. S. Lister zum Apicius.

6 So suppliere ich aus dem Sinn, und vorzüglich aus dem nachfolgenden Plural: involutantur, der eine nicht namentlich ausgedrückte, aber intendierte Veränderung des Objektes anzeigt!

7 In omentum et singula involutantur folia lauri; Lister meint, die Klößchen seien in einzelne Lorbeerblätter eingewickelt worden, und übersieht das vorangehende: in omentum, welches sich ungleich besser zum Einwickeln eignet, als die spröden Lorbeerblätter, die nur durch Hilfe der Netzhaut mitgehn. Ein ähnliches, doch einfacheres Gericht ist noch jetzt in Italien üblich.

8 Sat. II. 2.

9 Deipnosoph. lib. I. XXX.

10 S. vorzüglich Plinius hist. nat. lib. IX. cap. LIV-LVI.; die Versetzung des Scarus an die campanische Küste in demselben Buche, cap. XVII. Cicero ad Attic. – Qui ita sunt stulti, ut amissa republica piscinas suas fore salvas sperare videantur.

11 Ich bin weit entfernt davon, den Büchern dieser Art jegliche Brauchbarkeit abzusprechen. Ein bereits ausgebildeter Koch, der Urteil besitzt und das Törichte vom Vernünftigen unterscheiden kann, wird aus den meisten einiges erlernen können. So hat das bayerische Kochbuch (Regensburg, bei Daisenberger) eine systematische Tendenz und enthält viele nützliche Hausregeln. Allein es genügt, den einzigen Artikel der Hammelschlegel durchzugehn, um einzusehn, daß die Geschmacksverwirrung der Herausgeberin der Apicischen nicht ungleich ist. Neubauers Kochbuch (München 1783) ist der Form nach weniger wissenschaftlich, aber die Anweisungen sind im französischen Geschmack und brauchbarer. Die *oberdeutschen Kochbücher* mischen in alles Zitronenschalen, die norddeutschen aber Mandeln, Rosinen und Rosenwasser. Die Franzosen waren vor der Revolution auf den Teufelsdreck verfallen. Alles dies schmeckt nach Manier, und zwar nach schlechter. Mein Buch widerlegt jene im Ganzen, weshalb ich mich nicht dabei aufhalten will, sie im einzelnen anzugreifen.

12 In Neubauers Vorrede wird der Landesküche Bayerns geradezu der Krieg erklärt. »Wer«, sagt er, »den alten Modum, zu kochen, nach dem heutigen brauchen wollte, würde ehender zu einer Bauernhochzeit, als herrschaftlichen Tafel seinen

Fleiß angewendet haben.«
13 Opera di Bartol. Scappi, cuoco secreto di Papa Pio V. divisa etc. con il discorso funerale, che fu fatto nelle esequie di Papa Paolo III. 4 to.
14 Unter diesen ist das folgende, mit Holzschnitten von Jost Amman und Hanns Burgkmair gezierte, eine wahre Prachtausgabe:
Ein New Kochbuch etc. durch M. Marxen Rumpolt, Churf. Meintzischen Mundkoch, 1581. Gedruckt zu Frankfurt am Mayn in Verlegung M. Marx Rumpolts und Siegmundt Feyerabendts. Fol.
Der Verfasser dieses Buches mag den Schlemmern seiner Zeit sehr gut in die Hände gearbeitet haben; von dem häuslichen Bedürfnis ist jedoch gar wenig die Rede. In der Wahl und Anordnung der Speisen zu allerlei kaiserlichen und fürstlichen Banketten hat er mit dem erwähnten Scappi vieles gemein. Ich werde in der Folge einige schöne Stellen aus diesem seltenen Buche mitteilen.
Früher war zu Augsburg die Übersetzung eines italienischen Werkes gedruckt worden, unter dem Titel: Von der eerlichen, zierlichen, auch erlaubten Wolust des Leibes etc. durch – Bapt. Platina von Cremona etc., jetz gründlich aus dem latein verdeutscht durch M. Stephanum Vigilium Vadimontanum. Im jar 1542.
Zu dieser alten Verbreitung italienischer Kochmanieren kam auch noch eine wälsche Vorschneidekunst. So gibt es z. B. ein: Trincier Büchlein. Das ist eine Anweisung, wie man nach Italienischer Manier allerhand Speisen zuschneiden und vorlegen kann. Dantzigk 1639. queerfol.
15 Nat. hist. lib. XII. cap. VII.
16 Mehlpasten, in der Brühe von Kapaunen, kommen freilich schon bei den italienischen Novellisten vor. Doch ist diese Anwendung sehr einseitig und gewiß nicht weiter ausgedehnt worden.
17 Folgende will ich des Beispiels willen namentlich anführen.
Almanac des Gourmands (der mit Lüsternheit Gefräßigen). Die ersten Probestücke gefielen durch ihre Munterkeit; in der Folge, nachdem es einen gewissen Kreislauf durchschritten hatte, ermüdete das Werklein sich selbst und andere. Es gibt auch mehrere dichterische Versuche in diesem Felde. Nützlicher sind:
Le cuisinier royal (wenn ich nicht irre derselbe, welcher sonst impérial hieß), ou l'art de faire la cuisine et la pâtisserie *pour toutes les Fortunes*. Letzteres zeigt eine löbliche Richtung an. – Huitième édition revue et corrigée par A. Vard, homme de bouche, Paris, chez Barba 1814. 8. – Richtige Benutzung der Gemüse und Kräuter; Fleischbrühe, als Grundlage aller Verdünnungen.
Le pâtissier royal Parisien etc. composé par M. A. Carème, de Paris etc. II Tomes. 8. Paris 1815. Dieses Buch ist ebenfalls lehrreich, verliert sich aber bereits in müßigen Spielen eines empörenden Luxus. Seine Richtung spricht der Verfasser in folgenden Worten der Vorrede aus:
»Si notre tourmente révolutionnaire a été funeste aux progrès de notre art pendant une dixaine d'années, les suivantes lui furent plus propices.«
Daß die französische Kochart auch in England eingedrungen sei, und wenigstens von den Tafeln der Hauptstadt die nationalen Gerichte haben zu verdrängen begonnen, sieht man unter anderm aus: John Simpson, a complete system of cookery etc. third edition, London 1813. 8. – Der Verfasser ist nur ein Garkoch, der mit vornehmen Dedikationen sich das Ansehn eines Fashionable zu geben

sucht. Auch das brauchbare Buch: A new System of domestic cookery etc. London 1812. 8. enthält neben dem Nationalen eine Anzahl französischer Gerichte.
Physiologie du goût, ein geistreiches Werk, vor kurzem erschienen, enthält wichtige Winke.
18 Vergl. Hauschronik, Hamburg, bei Perthes und Besser 1822. S. 16.
19 Der Ausdruck eines großen Regenten des Altertums, Trajans, S. Plin. ep. XLIII. lib. X.

Erstes Buch

Erstes Kapitel

1 Er war schon den Griechen bekannt; seine Erfindung muß jedoch in dem reisbauenden Indien aufgesucht werden.
2 Le pâtissier royal Parisien. Discours préliminaire, p. XV.

Zweites Kapitel

1 Eigentlich: das Osmazoma, nach neueren Entdeckungen die feinste, nahrhafteste Substanz des Fleisches.
2 Carême 1. c. – »et de ce bizarre galimatias ils masquaient des mets, qui n'avaient aucun rapport avec ces mauvais ingrédiens. Voilà l'ennemi du bien; voilà véritablement le décor que les gourmands détestent, et que le bon goût du jour rejette et désavoue!«
3 S. Alexander von Humboldt und andere gelehrte Reisende über die mehligen Knollen und Wurzeln, welche in Amerika angebaut werden. Vergl. A. A. Cadet de Vaux Abhandlungen usw. aus dem Französischen. Weimar 1822. S. 77 f. »Vom Vegetationswasser der Kartoffeln«.

Drittes Kapitel

1 Hippocr. de diaeta lib. III. – αὐτῶν τε τῶν σίτων πολλὺ διαφορὰ.
2 S. Blumenbach (Beiträge zur Naturgeschichte) über einige abweichende Mumien.
3 S. über die Steinkohlenarten: Raumer.

Fünftes Kapitel

1 Allerneuestes Kochbuch. München. 1783 8.
2 In dem ganz vortrefflichen Buche: Culinary Chemistry etc. by Fredr. Accum, operative Chemist etc. London, published by R. Ackermann 1821, 8. befindet sich S. 83. eine Anweisung zum Braten, welcher manche vielleicht nur um so eher Folge leisten werden, weil sie von einem Engländer herrührt. Hier wird nur angeraten, den Braten anfangs weiter entfernt zu halten, dann immer näher zum Feuer zu bringen, damit er durchaus gar werde. Diese Vorschrift widerspricht nun freilich der meinigen. Aber S. 96. f. desselben Buches gibt uns derselbe Autor eine gründliche Vorschrift zum Braten auf dem Roste, wo, gerade aus denselben

Gründen, welche ich oben für meine Methode angeführt habe, den Köchen anempfohlen wird, das Fleisch sogleich einer heftigen Hitze auszusetzen, damit seine Oberfläche sich zusammenziehe oder eine Kruste bilde, welche die Ausdünstung verhindert. Nun sehe ich in der Tat nicht ein, weshalb bei einem Spießbraten weniger wünschenswert sein soll, den Gallertstoff und andere schmackhafte und nährende Säfte in dem Fleische zu erhalten, als bei einem Rostbraten. Übrigens ist es nicht meine Absicht, die Oberfläche der Braten von Anfang her verbrennen zu machen; sie soll sich nur ganz leicht zusammenziehen, eine härtliche Haut bilden.

Zwölftes Kapitel

1 Eine schöne Apologie der Suppen findet sich in Hufelands Kunst, das menschliche Leben zu verlängern. Der Gebrauch der Suppen ist übrigens sehr neu. In Italien waren sie im 16. Jahrhundert noch nicht üblich. In England sind sie der Landesküche noch immer fremd.

Dreizehntes Kapitel

1 Tunke, vom Eintunken. In vielen deutschen Kochbüchern nennt man die Tunke fälschlich: Brühe; Brühe aber kommt von brühen, absieden; es ist die Bouillon, und nicht die Sauce.

2 Soße kommt aus dem französischen Sauce; dieses aus dem italienischen salza, oder geradezu aus dem lateinischen salsum, salsa, Gesalzenes. Salsugo und Salsilago für Salzlake, bei Plinius; in salso, bei Apicius (lib. IX.), wo die Auslegung schwieriger ist, als daß die Erklärer sich damit hätten abgeben mögen. Die Sauce, nach unsern Begriffen, hieß bei den Römern: jus. Diese jura hatten sich im Mittelalter höchst wahrscheinlich zu einer Salzlake vereinfacht, vielleicht mit Öl und Essig vereinigt, woher unser neueuropäisches Wort: *Salat*, und Salza, Sauce und Soße entstanden sein mag.

3 Cato de re rustica c. 87. gibt uns seine Art der Bereitung des Amylon ausführlich an. Apicius gibt sein amylum an die Speisen, ohne uns zu sagen, wie er es bereitete.

Neunzehntes Kapitel

1 Im Hamburgischen Korrespondenten 1822, Junius 15., Beilage, befindet sich folgende Anzeige:

»Louise Meynier mythologische Unterhaltungen für Deutschlands gebildete Töchter. 2 Theile. 8. 1 Rthlr.

Die Mythen der Griechen und Römer werden in diesem Werkchen auf die angenehmste Weise vorgetragen, und die jungen Leserinnen erhalten die ihnen in jedem gebildeten Zirkel so nötigen Kenntnisse derselben, ohne daß im mindesten ihre Moralität gefährdet werde. Leipzig, im April 1822. A. Wienbrack.«

Mit andern Worten: Die jungen Leserinnen erlangen durch dies Buch eine unvollständige Kunde von einer unvollständigen Wissenschaft, und erwerben eben dadurch Gelegenheit, in jedem gebildeten Zirkel Blößen zu geben und dem Spotte mutwilliger Herrchen sich auszusetzen.

2 Was auch Sismondi und die Menschlichkeit dagegen einwenden möge, so

macht es dennoch dem Geschmacke der Engländer Ehre, daß sie eine unfreudige Bevölkerung aus dem schottischen Hochlande verdrängt und durch eine blühende Viehzucht ersetzt haben. Denn so allein konnte den englischen Tafeln eine hinreichende Kopfzahl gewanderten Schlachtviehs gesichert werden.

3 S. Odyssee Buch 18. V. 43 und 118ff.

4 S. Apicius de arte coq. Lib. I. c. VIII.

5 von Kotzebue. Entdeckungsreise in die Südsee usw. 1. Bd. Weimar 1821. 4.

6 Das S. 10 und 11.

Zweites Buch

Erstes Kapitel

1 S. die Einwendungen dagegen bei Schubert, die Urwelt und die Fixsterne. Dresden 1822. 8. S. 537 ff.

2 Clio. Den Mais fand Mungo Park im Innern von Afrika überall verbreitet, was anzunehmen zwingt, daß er in dem alten Kontinent ebensowohl heimisch sei, als im neuen, dessen Spielarten sogar abzuweichen scheinen. – Die Geschichte der Maiskultur in Europa ist dunkel.

Zweites Kapitel

1 Plin. h. n. lib. XVIII c. 8. – »Pulte autem, non pane, longo tempore vixisse Romanos manifestum.«

Drittes Kapitel

1 de diaeta. II. x.

2 Man sagt auch: der Hefen. Indessen ist: die Hefe nach allen Analogien das Richtigere, gleichsam die Hebung, das Hebende. Auf eine ähnliche Weise ist das italienische lievito aus levare, sich heben, aufsteigen, gebildet.

3 In den Abhandlungen des Cadet de Vaux, Weimar 1822, – deutsch – wird die Kartoffel zum Brotbacken anempfohlen. Doch befolgt der Verfasser dabei eine bessere, als die in Deutschland bisher übliche Methode, den Nahrungsstoff der Kartoffel von ihrem Wasser abzusondern.

4 S. Heyne, De originibus paneficii frugumque inventarum initiis, in dessen opusc. acad. Vol. I. p. 330.

Sechstes Kapitel

1 De Diaeta III. 8. Vergl. II. 8.

2 Gazophylacium ling. Pers. Amstel. 1684 fol. p. 348 a. d. vocem: riso.

3 Cauli neri, eine dem mittleren Italien eigentümliche Varietät.

Achtes Kapitel

1 Solanum tuberosum esculentum, Linn. Miller, v. Lyopersicon.

2 Cynara; unter den Varietäten ist die kugelrunde, hortensis, die lieblichste, im Norden beliebteste.

3 Cynara – Cardunculus.
4 Cucurbita, pepo.
5 C. longa, folio molli, flore albo.
6 Pisum, sativum, hortense. Es gibt davon viele mehr und minder süße Varietäten, über welche die Schriftsteller vom Gartenbaue nachgesehen werden können. Z. B. Lueder, Succow und andere.
7 Faba, major. Auch unter den kleineren gibt es sehr schmackhafte Varietäten.
8 Phaseolus. Siehe über ihre mannigfaltigen Spielarten die Gartenkünstler, Landwirte und Botaniker.
9 Civer sativus: die spanischen Garavanços, ein Haupterfordernis der Olla.
10 Apium dulce, degener, radice rapacca. Eppich. Eine ganz erschöpfende Abhandlung über die Arten und Benennungen dieser wichtigen Gemüsepflanze findet sich in den gelehrten Anmerkungen zur neuesten Auflage der berühmten Luise des J. H. Voß.
11 Pastinaca sativa.
12 Daucus sativus, Carota; dessen Varietäten den Gärtnern und Köchen bekannt sein sollten.
13 Scorzonera, Hispanica, latifolia sinuata.
14 Rapa (Brassica Linn.)
15 Rotunda, sativa, radice candida. Teilt sich in verschiedene Varietäten.
16 Napus sativa, radice alba.
17 Apium. – Petroselinum latifolium.
18 Beta vulgaris, rubra radice.
19 Hortensis; alba vel pallescens.
20 Cucumis, Kummerling, Kukumer. Sativus, vulgaris.

Neuntes Kapitel

1 Asparagus; über die große Anzahl der Varietäten des Gartenspargels, s. die Gärtner.
2 Brassica – Botrytis – cauliflora.
3 Italica purpurea, *broccoli* dicta; von dieser gibt es wieder eine weiße, mindergeschätzte Abart.
4 Brassica oleracea.
5 Capitata alba.
6 Brassica, oleracea, capitata rubra.
7 Brassica Sabanda – Wersékohl.
8 Brassica Napus.
9 B. peregrina, moschum olens.
10 Cauli neri.
11 Crithmum, s. foeniculum maritimum minus. Meerfenchel.

Zehntes Kapitel

1 Allium.
2 Allium sativum.
3 Allium Scorodoprasum.
4 Allium Cepa.

5 Cepa vulgaris, floribus et tunicis purpurescentibus.
6 Cepa Ascalonica.
7 Cepa sectilis, juncifolio. – Allium schoenoprasum.
8 Porrum sativum commune capitatum.
9 Spinacia, oleracea. S. glabra. Hiervon wiederum die den Gärtnern bekannten Varietäten.
10 Beta hortensis, alba. Schweizer Varietät.
11 Acetosa: sie zerfällt in viele Varietäten. s. Linn. Rumex.
12 Endivia vulgaris, s. Cichorium latifolium.
13 Endivia crispa.
14 Lactuca.
15 Apium, Petroselinum, hortense.
16 Chaerophyllum.
17 Origanum. Majorana vulgaris.
18 Thymus vulg. erectus.
19 Ocymum, medium.
20 Angelica sativa.
21 Absynthium Ponticum.
22 Capparis spinosa.
23 Er wird aus dem Crocus sativus gemacht, auch wohl aus dem Charthamus tinctorius surrogiert.
24 Lycopersicon (Solanum Linn.) esculentum.
25 Mentha.
26 Glabra und candicans.
27 Salvia.
28 Ruta, hortensis.
29 Sambucus, nigra.
30 Anethum.
31 Erysimum vernum.
32 Nasturtium aquaticum majus et amarum (Cardamine).
33 Campanula, radice esculenta, Rapunculus.
34 Cochlearia, officinalis.
35 Poterium, Pimpinella sanguisorba.
36 Borrago officinalis.

Elftes Kapitel

1 Cuminum.
2 Coriandrum sativum.
3 Anethum vulgare. Finocchio dolce.
4 Sinapis, nigra.
5 Capsicum.
6 Caps. minimum.
7 Amomum Zingiber.
8 Caryophyllus aromaticus.
9 Tellina Garum.
10 Herbar. Amboin. Amst. 1741–50. fol.

Zwölftes Kapitel

1 l. c.
2 De la vida del picaro Guzman de Alfarache etc. libro III. cap. VII. Ed. Milan. 1603 a. p. 559.

Schlußkapitel

1 Erw. Kochbuch usw.

Drittes Buch

Erstes Kapitel

1 Diese, eben wie die später erwähnte Kupferplatte war im Ätzen gänzlich verunglückt, und hat deshalb auf Andringen des Künstlers unterdrückt werden müssen.
2 Jugendspiegel usw. durch Christophorum Achatium Hagerium, Francomont. Misn. usw. Hamburg 1643. 12. Viertes, fünftes und sechstes Kapitel des ersten Teiles.

Zweites Kapitel

1 Eine vortreffliche Anregung dieses Gegenstandes in Joh. v. Müllers allgemeiner Geschichte.

Beispiele

1 »Alles, was ihr die Jahrszeit gibt, das bringt sie bei Zeiten / Dir auf den Tisch und weiß mit jeglichem Tage die Speisen / Klug zu wechseln.« *Goethe.*

Anhang

1 Standes-Personen kann ich mit gutem Gewissen die fonda do'l Oso empfehlen. K.
2 cf. P. Virgilii M. Moretum. Ed. Heyn. IV. p. 226. 27.
Wem fiele nicht bei der im Texte beschriebenen Bereitung des Gaspacho dies zierliche kleine Gedicht ein, das dem Virgilus zugeschrieben wird, wo ein ackerbauender Mann sich dem Schlaf entrafft, Licht zündet und Feuer schürt, um sich einen frischen Brotkuchen zu backen, dann im Garten Knoblauch und andere Kräuter ausrauft, sie, nachdem sie gesäubert worden, in dem steinernen Mörser mit Öl, Essig und einigen andern Zutaten zerstampft, um den Brei samt dem Brote mit auf die Feldarbeit zu nehmen.

Register

Inhalt

Drittes Buch: Vom Essen

Anhang

Chroniken, Historisches und Biographisches

Petr Kropotkin. Memoiren eines Revolutionärs
Mit einem Nachwort von George Woodcock und zeitgenössischen Illustrationen. it 21

Gertrud von le Fort. Leben und Werk in Daten, Bildern und Zeugnissen. Von Gisbert Kranz. it 195

Carl von Linné. Lappländische Reise
Mit Zeichnungen des Autors. Aus dem Schwedischen von H. C. Artmann. it 102

Novalis. Dokumente seines Lebens und Sterbens
Herausgegeben von H. Hesse und K. Isenberg. it 178

Proust-Album. Leben und Werk im Bild
Zusammengestellt und erläutert von Pierre Clarac und André Ferré. Aus dem Französischen von Hilda von Born-Pilsach. it 328

Eduard Pöppig. In der Nähe des ewigen Schnees
Eine Anden-Reise im 19. Jahrhundert. Mit zeitgenössischen Illustrationen. Herausgegeben und mit einem Nachwort von Dieter Kühn. it 166

Rainer Maria Rilke. Leben und Werk im Bild
Mit einer biographischen Einführung und einer Zeittafel. Von Ingeborg Schnack. it 35

George Sand. Geschichte meines Lebens
Auswahl aus ihrem autobiographischen Werk. Herausgegeben von Renate Wiggershaus. it 313

Schiller. Leben und Werk in Daten und Bildern
Ausgewählt und erläutert von Bernhard Zeller und Walter Scheffler. it 226

Robert Walser. Leben und Werk in Daten und Bildern
Herausgegeben von Peter Hamm. it 264

Oscar Wilde. Leben und Werk in Daten und Bildern
Herausgegeben mit einem Essay von N. Kohl. it 158

Heinrich Zimmer. Yoga und Buddhismus
Indische Sphären. Mit zwölf Tafeln. it 45

Geschichten, Sammlungen, Märchen und Abenteuer

Aladin und die Wunderlampe
Aus dem Arabischen von Enno Littmann. Mit Illustrationen einer französischen Ausgabe von 1001 Nacht von 1865/66. it 199

Ali Baba und die vierzig Räuber
und die Geschichten von den nächtlichen Abenteuern des Kalifen aus 1001 Nacht. Aus dem Arabischen von Enno Littmann. Mit Illustrationen einer französischen Ausgabe von 1001 Nacht von 1865/66. it 163

Allerleirauh
Viele schöne Kinderreime versammelt von H. M. Enzensberger. Mit Abbildungen. it 115

Hans Christian Andersen. Märchen
Mit Illustrationen von Vilhelm Pedersen und Lorenz Frølich. Aus dem Dänischen von Eva-Maria Blühm. Drei Bände in Kassette. it 133

Ambrose Bierce. Mein Lieblingsmord
Erzählungen. Aus dem Amerik. von G. Günther. it 39

Gottfried August Bürger. Wunderbare Reisen zu Wasser und zu Lande. Feldzüge und lustige Abenteuer des Freiherrn von Münchhausen
Mit Holzschnitten von Gustave Doré. it 207

Wilhelm Busch. Kritisch-Allzukritisches
Gedichte. Ausgewählt von Theo Schlee. Mit Illustrationen von Wilhelm Busch und einem Nachwort des Herausgebers. it 52

J. H. Campe. Bilder-Abeze
In 23 Fabeln und illuminierten Kupfern. Herausgegeben und mit einem Nachwort von Dietrich Leube. it 135

Lewis Carroll. Alice hinter den Spiegeln
Mit Illustrationen von John Tenniel. Übersetzt von Christian Enzensberger. it 97

Lewis Carroll. Alice im Wunderland
Mit 42 Illustrationen von John Tenniel. Übersetzt und mit einem Nachwort von Christian Enzensberger. it 42

insel taschenbücher
Alphabetisches Verzeichnis

Chateaubriand: Das Leben des Abbé de Rancé it 240
Claudius: Wandsbecker Bote it 130
Cooper: Lederstrumpferzählungen (5 Bde.) it 179-183
Dante: Die Göttliche Komödie (2 Bände) it 94
Daudet: Tartarin von Tarascon it 84
Daumier: Macaire it 249
Defoe: Robinson Crusoe it 41
Denkspiele it 76
Dickens: Oliver Twist it 242
Die großen Detektive it 101
Diderot: Die Nonne it 31
Dumas: Der Graf von Monte Christo (2 Bände) it 266
Dumas: König Nußknacker it 291
Eichendorff: Aus dem Leben eines Taugenichts it 202
Eichendorff: Gedichte it 255
Eisherz und Edeljaspis it 123
Die Erzählungen aus den Tausendundein Nächten
(12 Bände in Kassette) it 224
Fabeln und Lieder der Aufklärung it 208
Der Familienschatz it 34
Ein Fisch mit Namen Fasch it 222
Fabre: Das offenbare Geheimnis it 269
Flaubert: Ein schlichtes Herz it 110
Flaubert: Lehrjahre des Gefühls it 276
Flaubert: Madame Bovary it 167
Fontane: Der Stechlin it 152
Fontane: Effi Briest it 138
Fontane: Unwiederbringlich it 286
le Fort. Leben und Werk im Bild it 195
Caspar David Friedrich: Auge und Landschaft it 62
Manuel Gassers Köchel-Verzeichnis it 96
Gasser: Tante Melanie it 192
Gebete der Menschheit it 238
Das Geburtstagsbuch it 155
Geschichten der Liebe aus 1001 Nächten it 38
Goethe: Dichtung und Wahrheit (3 Bde.) it 149-151
Goethe: Die Leiden des jungen Werther it 25
Goethe: Die Wahlverwandtschaften it 1
Goethe: Faust (1. Teil) it 50
Goethe: Faust (2. Teil) it 100
Goethe: Gedichte in zeitlicher Folge (2 Bände) it 350
Goethe: Hermann und Dorothea it 225
Goethe: Italienische Reise it 175

Goethe: Liebesgedichte it 275
Goethe: Maximen und Reflexionen it 200
Goethe: Reineke Fuchs it 125
Goethe – Schiller: Briefwechsel (2 Bände) it 250
Goethe: Tagebuch der italienischen Reise it 176
Goethe: Über die Deutschen it 325
Goethe: West-östlicher Divan it 75
Gogh: Briefe it 177
Gogol: Der Mantel it 241
Grandville: Staats- und Familienleben der Tiere (2 Bde.) it 214
Grimmelshausen: Courasche it 211
Gundert: Marie Hesse it 261
Hauff-Märchen (2 Bände in Kassette) it 216/it 217
Hebel: Bildergeschichte vom Zundelfrieder it 271
Hebel: Kalendergeschichten it 17
Heine: Memoiren des Herren von Schnabelewopski it 189
Heine: Buch der Lieder it 33
Heras: Am Anfang war das Huhn it 185
Hesse: Dank an Goethe it 129
Hesse: Geschichten aus dem Mittelalter it 161
Hesse: Hermann Lauscher it 206
Hesse: Kindheit des Zauberers it 67
Hesse: Leben und Werk im Bild it 36
Hesse: Meisterbuch it 310
Hesse: Piktors Verwandlungen it 122
Hesse/Schmögner: Die Stadt it 236
Hesse/Weiss: Der verbannte Ehemann it 260
Hillmann: ABC-Geschichten it 99
E. T. A. Hoffmann: Der unheimliche Gast it 245
E. T. A. Hoffmann: Elixiere des Teufels it 304
E. T. A. Hoffmann: Kater Murr it 168
Hölderlin-Chronik it 83
Hölderlin: Dokumente seines Lebens it 221
Homer: Ilias it 153
Horváth: Leben und Werk it 237
Ricarda Huch: Der Dreißigjährige Krieg (2 Bde.) it 22/23
Hugo: Notre-Dame von Paris it 298
Jacobsen: Die Pest in Bergamo it 265
Jacobsen: Niels Lyhne it 44
Kant-Brevier 61

Kaschnitz: Courbet it 327
Kaschnitz: Eisbären it 4
Kästner: Die Lerchenschule it 57
Kästner: Die Stundentrommel vom heiligen Berg
  Athos it 56
Kästner: Griechische Inseln it 118
Kästner: Kreta it 117
Kästner: Ölberge, Weinberge it 55
Keller: Züricher Novellen it 201
Kinderheimat it 111
Kinder- und Hausmärchen gesammelt durch
  die Brüder Grimm (3 Bde.) it 112-114
Kin Ping Meh it 253
Kleist: Erzählungen it 247
Kleist: Geschichte meiner Seele it 281
Kleist: Der zerbrochene Krug it 171
Klingemann: Nachtwachen von Bonaventura it 89
Klinger: Leben und Werk in Daten und Bildern it 204
Knigge: Über den Umgang mit Menschen it 273
Konfuzius: Materialien it 87
Konfuzius und der Räuber Zhi it 278
Laclos: Schlimme Liebschaften it 12
Lamb: Shakespeare Novellen it 268
Das große Lalula it 91
Lévi-Strauss: Der Weg der Masken it 288
Liebe Mutter it 230 } (in Kassette)
Lieber Vater it 231 }
Lichtenberg: Aphorismen it 165
Linné: Lappländische Reise it 102
Lobel: Die Geschichte vom Jungen it 312
Lobel: König Hahn it 279
Longus: Daphnis und Chloë it 136
Lorca: Die dramatischen Dichtungen it 3
Der Löwe und die Maus it 187
Majakowski: Werke I it 16 Werke II it 53 Werke III it 79
Malory: König Artus (3 Bände) it 239
Marc Aurel: Wege zu sich selbst it 190
Märchen der Romantik (2 Bände) it 285
Märchen deutscher Dichter it 13
Maupassant: Bel-Ami it 280
Maupassant: Das Haus Tellier it 248
Maupassant: Pariser Abenteuer it 106
Mäusegeschichten it 173

Melville: Moby Dick it 233
Merkprosa it 283
Michelangelo: Zeichnungen und Dichtungen it 147
Michelangelo. Leben und Werk it 148
Minnesinger it 88
Mirabeau: Der gelüftete Vorhang it 32
Montaigne: Essays it 220
Mordillo: Das Giraffenbuch it 37
Mordillo: Das Giraffenbuch 2 it 71
Mordillo: Träumereien it 108
Morgenstern: Alle Galgenlieder it 6
Mörike: Alte unnennbare Tage it 246
Mörike: Die Historie von der schönen Lau it 72
Mozart: Briefe it 128
Musäus: Rübezahl it 73
Mutter Gans it 28
Nestroy: Stich- und Schlagworte it 270
Die Nibelungen it 14
Nietzsche: Also sprach Zarathustra it 145
Nietzsche: Ecce Homo it 290
Novalis. Dokumente seines Lebens it 178
Orbeliani: Die Weisheit der Lüge it 81
Orbis Pictus it 9
Oskis Erfindungen it 227
Ovid: Ars Amatoria it 164
Paul: Der ewige Frühling it 262
Paul: Des Luftschiffers Gianozzo Seebuch it 144
Petzet: Das Bildnis des Dichters it 198
Phaïcon 1 it 69
Phaïcon 2 it 154
Pocci: Kindereien it 215
Polaris 1 it 30
Polaris 3 it 134
Pöppig: In der Nähe des ewigen Schnees it 166
Potocki: Die Handschrift von Saragossa (2 Bde.) it 139
Quincey: Der Mord
als eine schöne Kunst betrachtet it 258
Rabelais: Gargantua und Pantagruel (2 Bände) it 77
Die Räuber vom Liang Schan Moor (2 Bände) it 191
Reden und Gleichnisse des Tschuang Tse it 205
Rilke: Ausgesetzt auf den Bergen des Herzens it 98
Rilke: Das Buch der Bilder it 26
Rilke: Duineser Elegien / Sonette an Orpheus it 80